D1641986

Gemeindeordnung Baden-Württemberg

vom 25. Juli 1955 (GBl. S. 129);
i. d. F. vom 24. Juli 2000 (GBl. S. 582, ber. S. 698),
zuletzt geändert durch
Gesetz vom 17. Dezember 2015 (GBl. 2016 S. 1)

Textausgabe

Konrad Freiherr von Rotberg
Ministerialdirigent a. D., früher
Innenministerium Baden-Württemberg, Stuttgart
Honorarprofessor an der Hochschule
für öffentliche Verwaltung Ludwigsburg

fortgeführt von

Hermann Königsberg
Oberamtsrat,
Innenministerium Baden-Württemberg

32., aktualisierte Auflage

Verlag W. Kohlhammer

32. Auflage 2016

Alle Rechte vorbehalten
© W. Kohlhammer GmbH, Stuttgart
Gesamtherstellung: W. Kohlhammer GmbH, Stuttgart

Print:
ISBN 978-3-17-028842-3

E-Book-Formate:
pdf: ISBN 978-3-17-028843-0
epub: ISBN 978-3-17-028844-7
mobi: ISBN 978-3-17-028845-4

Für den Inhalt abgedruckter oder verlinkter Websites ist ausschließlich der jeweilige Betreiber verantwortlich. Die W. Kohlhammer GmbH hat keinen Einfluss auf die verknüpften Seiten und übernimmt hierfür keinerlei Haftung.

Vorwort

Das Gemeinderecht ist für viele Menschen von Interesse, denn es betrifft ihre Rechtsstellung in der engsten örtlichen Gemeinschaft, in der zahlreiche für das alltägliche Leben entscheidende Leistungen erbracht werden. Für die Bürgerinnen und Bürger, insbesondere aber für die Frauen und Männer, die sich als ehrenamtliche Kräfte in den Dienst der bürgerschaftlichen Selbstverwaltung der Gemeinde stellen, soll im Folgenden ein Überblick über dieses Rechtsgebiet gegeben werden. Darüber hinaus soll ihnen sowie den hauptamtlichen Kräften der Gemeindeverwaltung für die praktische tägliche Arbeit eine handliche Zusammenstellung aller gemeinderechtlichen Bestimmungen zur Verfügung gestellt werden.

Die Gemeindeordnung für Baden-Württemberg vom 25. Juli 1955 (GBl. S. 129), die vom Landtag nach eingehenden Beratungen am 21. Juli 1955 in Dritter Lesung verabschiedet worden ist, trat am 1. April 1956 in Kraft. Vom gleichen Zeitpunkt ab waren auch die beiden Durchführungsverordnungen und der 1. Runderlass des Innenministeriums über die Ausführung der Gemeindeordnung anzuwenden. Damit war das erste grundlegende Gesetz zur Ausführung der Landesverfassung geschaffen und ein bedeutsamer Schritt zur Vereinheitlichung des Rechts getan. Bei der Neuordnung dieses Rechtsgebiets wurde auf die alten bewährten Regelungen in Baden und in Württemberg, die im Wesentlichen keine grundlegenden Unterschiede aufwiesen, zurückgegriffen, es wurden aber auch neue Gestaltungsformen, die dem veränderten Demokratieverständnis entsprachen, eingebaut. Nach ihrem Inkrafttreten wurde die Gemeindeordnung vielfach geändert und zuletzt in der Neufassung vom 24. Juli 2000 (GBl. S. 582, ber. S. 698) bekannt gemacht.

Danach wurden

- durch Gesetz vom 19. Dezember 2000 (GBl. S. 745) § 106b (Vergabe von Aufträgen) eingefügt,
- durch Gesetz vom 28. Mai 2003 (GBl. S. 271) und durch das Verwaltungstruktur-Reformgesetz vom 1. Juli 2004 (GBl. S. 469) personalrechtliche Vorgaben für die kommunale Selbstverwaltung verringert,

Vorwort

- durch Gesetz vom 14. Dezember 2004 (GBl. S. 882) die Hinderungsgründe für die Bediensteten der Rechtsaufsichtsbehörden verändert,
- durch das Elektronik-Anpassungsgesetz vom 14. Dezember 2004 (GBl. S. 884) die Formvorschriften der Gemeindeordnung der elektronischen Kommunikation geöffnet,
- durch das Gesetz zur Neuregelung des Gebührenrechts vom 14. Dezember 2004 (GBl. S. 895) § 129 Abs. 4 zur Abgabenerhebung bei Pflichtaufgaben nach Weisung geändert,
- durch Gesetz vom 28. Juli 2005 (GBl. S. 578) u. a. die Möglichkeiten der Bürgerbeteiligung erweitert, die Zusammenlegung von Wahlen und Bürgerentscheiden ermöglicht, die Möglichkeiten, den Anschluss- und Benutzungszwang für die Versorgung mit Nah- und Fernwärme einzuführen, erleichtert, die eingetragene Lebenspartnerschaft in einigen Vorschriften den Pflichten unterworfen, die auch für die Ehe gelten, und die Hinderungsgründe auf leitende Angestellte kommunal beherrschter Unternehmen in Privatrechtsform erweitert, jedoch die Hinderungsgründe der Verwandtschaftsverhältnisse auf Gemeinden bis zu 10 000 Einwohnern beschränkt,
- durch Gesetz vom 1. Dezember 2005 (GBl. S. 705) u. a. das Gemeindewirtschaftsrecht dahin geändert, dass einerseits der Subsidiaritätsgrundsatz, der außerhalb der Daseinsvorsorge gilt, verschärft und andererseits die wirtschaftliche Tätigkeit der Gemeinde über die Gemeindegrenzen hinaus erleichtert wurde,
- durch Gesetz vom 14. Februar 2006 (GBl. S. 20) die Einwerbung, Annahme und Vermittlung von Zuwendungen Dritter als gemeindliche Aufgaben festgelegt,
- durch Artikel 4 des Gesetzes zur Neuordnung des Landesdisziplinarrechts vom 14. Oktober 2008 (GBl. S. 343) die Bezüge zum Disziplinarrecht angepasst,
- durch das Gesetz zur Reform des Gemeindehaushaltsrechts vom 4. Mai 2009 (GBl. S. 185) das gemeindliche Haushaltsrecht von der Kameralistik auf die Kommunale Doppik umgestellt,
- durch das Gesetz zur Reform des Notariats- und Grundbuchwesens in Baden-Württemberg vom 29. Juli 2010 (GBl. S. 555) die Regelung über die Aufgaben des Ratschreibers auf dem Gebiet der

Vorwort

freiwilligen Gerichtsbarkeit aus der Gemeindeordnung mit Wirkung zum 1. Januar 2018 entfernt,
- durch das Dienstrechtsreformgesetz vom 9. November 2010 (GBl. S. 793) die Bestimmung über das Zeitbeamtenverhältnis der Beigeordneten redaktionell angepasst,
- durch das Gesetz zur Änderung kommunalwahlrechtlicher und gemeindehaushaltsrechtlicher Vorschriften vom 16. April 2013 (GBl. S. 55) das Mindestalter für das Bürgerrecht auf 16 Jahre abgesenkt und die Fristen für die Umstellung auf das neue Haushalts- und Rechnungswesen um vier Jahre verlängert,
- durch das Gesetz zur Änderung kommunalverfassungsrechtlicher Vorschriften vom 28. Oktober 2015 (GBl. S. 870) u. a. bei Bürgerbegehren und Bürgerentscheiden die Quoren gesenkt und die Frist für Bürgerbegehren gegen Beschlüsse des Gemeinderats verlängert, Bürgerantrag und Bürgerversammlung zu Einwohnerantrag und Einwohnerversammlung erweitert, Fraktionen im Gemeinderat gesetzlich geregelt, die Quoren bei Minderheitenrechten abgesenkt, bestimmte Veröffentlichungen im Internet geregelt, die Rechte der Jugendvertretung erweitert, die Wählbarkeitshöchstaltersgrenze für Bürgermeister und Beigeordnete auf 68 Jahre erhöht und die Möglichkeit zur Einführung der Bezirksverfassung in allen Stadtkreisen und Großen Kreisstädten eröffnet,
- durch das Gesetz zur Änderung der Gemeindeordnung, des Gesetzes über kommunale Zusammenarbeit und anderer Gesetze vom 15. Dezember 2015 (GBl. S. 1147) die selbstständige Kommunalanstalt als weitere Rechtsform zur wirtschaftlichen Betätigung der Gemeinde eingeführt und
- durch das Gesetz zur Änderung gemeindehaushaltsrechtlicher Vorschriften vom 17. Dezember 2015 (GBl. 2016 S. 1) bestimmte Regelungen des neuen Kommunalen Haushalts- und Rechnungswesens weiterentwickelt, vereinfacht und flexibilisiert.

Mit dem Gesetz vom 4. Mai 2009 wurden das gemeindliche Haushaltsrecht und Rechnungswesen grundlegend umgestaltet. Die wesentlichen Änderungen sind in der nachfolgenden Einleitung erörtert. Da für die Einführung der Doppik eine Übergangsfrist bis 2020 gilt, sind auch die entsprechenden Vorschriften für die bisherige kameralistische Buchführung abgedruckt.

Vorwort

Die Verwaltungsvorschrift des Innenministeriums zur Gemeindeordnung für Baden-Württemberg (VwV GemO) vom 1. Dezember 1985 (GABl. S. 1113), geändert durch Verwaltungsvorschriften vom 17. Mai 1988 (GABl. S. 530) und vom 24. November 1989 (GABl. S. 1276), ist aufgrund der Vorschriftenanordnung vom 23. November 2004 (GABl. 2005, S. 194) zum 31. Dezember 2005 förmlich außer Kraft getreten. Zwar war die VwV GemO seit 1989 nicht mehr aktualisiert worden und deshalb trafen einige Ausführungen nicht mehr zu; da die Verwaltungsvorschrift aber im Übrigen gerade für die in der kommunalen Praxis Tätigen noch zutreffende wichtige und hilfreiche Aussagen enthält, ist sie nochmals in diese Textausgabe aufgenommen worden. Nicht mehr aufgenommen wurden allerdings die Regelungen der VwV GemO zum Dritten Teil der Gemeindeordnung (§§ 77 bis 117), weil sie durch das Gesetz zur Reform des Gemeindehaushaltsrechts inhaltlich weitgehend überholt sind.

Stuttgart, im Dezember 2015   Hermann Königsberg

Inhaltsverzeichnis

Vorwort... V

Übersicht über den Inhalt der Gemeindeordnung für
Baden-Württemberg................................. 1

Verfassungsrechtliche Bestimmungen 23
1. Auszug aus dem Grundgesetz für die Bundesrepublik
   Deutschland vom 23. Mai 1949 (BGBl. S. 1) 23
2. Auszug aus der Verfassung des Landes Baden-Württemberg
   vom 11. November 1953 (GBl. S. 173) 24

Gesetzestext der Gemeindeordnung für Baden-Württemberg
inklusive der Bestimmungen der Durchführungsverordnung
und der Verwaltungsvorschrift zur Gemeindeordnung Baden-
Württemberg 28
  Erster Teil: Wesen und Aufgaben der Gemeinde 34
    1. Abschnitt: Rechtsstellung.................. 34
    2. Abschnitt: Gemeindegebiet................. 47
    3. Abschnitt: Einwohner und Bürger 53
  Zweiter Teil: Verfassung und Verwaltung der Gemeinde ... 80
    1. Abschnitt: Organe 80
    2. Abschnitt: Gemeinderat 80
    3. Abschnitt: Bürgermeister 111
    4. Abschnitt: Gemeindebedienstete 128
    5. Abschnitt: Besondere Verwaltungsformen..... 130
      1. Verwaltungsgemeinschaft................... 130
      2. Bürgermeister in mehreren Gemeinden........ 138
      3. Bezirksverfassung.......................... 139
      4. Ortschaftsverfassung....................... 140
  Dritter Teil: Gemeindewirtschaft 150
    1. Abschnitt: Haushaltswirtschaft.............. 150

Inhaltsverzeichnis

2. Abschnitt:	Sondervermögen, Treuhandvermögen	164
3. Abschnitt:	Unternehmen und Beteiligungen	167
4. Abschnitt:	Prüfungswesen	182
	1. Örtliche Prüfung	182
	2. Überörtliche Prüfung	185
	3. Programmprüfung	186
5. Abschnitt:	Besorgung des Finanzwesens	187
6. Abschnitt:	Unwirksame und nichtige Rechtsgeschäfte	187
Vierter Teil:	Aufsicht	188
Fünfter Teil:	Übergangs- und Schlussbestimmungen	205
1. Abschnitt:	Allgemeine Übergangsbestimmungen	205
2. Abschnitt:	Vorläufige Angleichung des Rechts der Gemeindebeamten	206
3. Abschnitt:	Schlussbestimmungen	206

Übergangsvorschriften bis zur Einführung der Kommunalen Doppik 212

Stichwortverzeichnis 223

Übersicht über den Inhalt der Gemeindeordnung für Baden-Württemberg

Erster Teil: Wesen und Aufgaben der Gemeinde (§§ 1–22 GemO)

Die im ersten Abschnitt behandelte Rechtsstellung der Gemeinde ist in ihren Grundzügen schon in der Landesverfassung (LV) festgelegt. Die Gemeindeordnung (GemO) bezeichnet die Gemeinde als Grundlage und Glied des demokratischen Staates, deren Wesen dadurch gekennzeichnet ist, dass sie in bürgerschaftlicher Selbstverwaltung das gemeinsame Wohl der in ihrer Gemeinschaft lebenden Menschen fördert. Die Teilnahme an der bürgerschaftlichen Verwaltung der Gemeinde ist das vornehmste Recht, aber auch Pflicht des Bürgers.

Der **Wirkungskreis der Gemeinde** ist umfassend (universell). Das bedeutet, dass sie berechtigt ist, alle öffentlichen Angelegenheiten **aufzugreifen**, die das Wohl ihrer Einwohner betreffen. Nur durch Gesetz können ihr hierbei Beschränkungen auferlegt werden. Grundsätzlich verwaltet die Gemeinde ihre Aufgaben unter eigener Verantwortung; ihre Organe entscheiden nach pflichtgemäßem Ermessen darüber, welche Maßnahmen für die Gemeinde notwendig und zweckmäßig sind (weisungsfreie Aufgaben – § 2 Abs. 1). Dabei müssen nur die durch Gesetz festgelegten Richtlinien und Schranken beachtet werden, während ein Weisungsrecht der Aufsichtsbehörde grundsätzlich nicht gegeben ist. Von diesem Grundsatz der eigenverantwortlichen Verwaltung sind zwei Ausnahmen gemacht. Durch Gesetz kann die Gemeinde verpflichtet werden, bestimmte Maßnahmen durchzuführen (Pflichtaufgaben – § 2 Abs. 2). Auch diese Aufgaben werden grundsätzlich eigenverantwortlich erfüllt und haben die Vermutung für sich, dass ein Weisungsrecht der Aufsichtsbehörde nicht besteht. Jedoch kann durch das Gesetz, das die Gemeinde zur Erfüllung solcher Aufgaben verpflichtet, ein Weisungsrecht vorbehalten werden (Weisungsaufgaben – § 2 Abs. 3); der Umfang des Weisungsrechts muss im Gesetz festgelegt werden. Werden den Gemeinden die Erledigung von Aufgaben übertragen, sind dabei Bestimmungen über die

Übersicht Wesen und Aufgaben der Gemeinde

Deckung der Kosten zu treffen; entsteht ihnen dadurch, durch spätere Aufgaben- und Kostenänderungen oder durch die Umwandlung von freiwilligen Aufgaben in Pflichtaufgaben eine finanzielle Mehrbelastung, ist ein finanzieller Ausgleich zu schaffen (Art. 71 Abs. 3 LV; § 2 Abs. 2 Satz 2 und 3).
Diese Grundsätze des örtlichen Wirkungskreises gelten für alle Gemeinden des Landes. Auch die **Städte**, die **Stadtkreise** und die **Großen Kreisstädte** unterliegen der gleichen Regelung und leben grundsätzlich nach dem gleichen Gemeinderecht. Die GemO legt nur fest, welche Voraussetzungen gegeben sein müssen, damit eine Gemeinde zum Stadtkreis oder zur Großen Kreisstadt erklärt werden kann. Aus der Zuerkennung dieser Eigenschaft ergeben sich für die Gemeinde nur wenige Besonderheiten (z.B. erhält der Bürgermeister die Amtsbezeichnung Oberbürgermeister; sie ist zur Einrichtung eines Rechnungsprüfungsamts verpflichtet, wenn sie sich nicht eines anderen kommunalen Rechnungsprüfungsamts bedient), jedoch bedeutet dies keine Durchbrechung des Grundsatzes der Einheitsgemeindeverfassung. Durch das Landesverwaltungsgesetz werden den Stadtkreisen alle und den Großen Kreisstädten ein großer Teil der Zuständigkeiten der unteren Verwaltungsbehörde als Weisungsaufgaben auferlegt.
Als **Gebietskörperschaft** (§ 1 Abs. 4) ist die Gemeinde Trägerin bestimmter **Hoheitsrechte** (z.B. Recht der Abgabenerhebung; Trägerin der Funktionen der Ortspolizeibehörde). Eines der bedeutsamsten Hoheitsrechte der Gemeinde ist das Recht zum Erlass von Satzungen. Dieses Recht ist zwar grundsätzlich auf die Regelung der weisungsfreien Angelegenheiten beschränkt; jedoch kann die örtliche Gesetzgebungsbefugnis auch im Bereich der Weisungsaufgaben gegeben sein, wenn sie in einem die Weisungsaufgabe regelnden Gesetz vorgesehen ist.
Zu den wichtigsten **Satzungen** gehören die Hauptsatzung, die Haushaltssatzung, die Satzung über die öffentliche Bekanntmachung und die Satzungen über den Anschluss- und Benutzungszwang. Es besteht nur insoweit eine Pflicht zum Erlass einer Hauptsatzung, als Angelegenheiten geregelt werden, die nach der GemO der Hauptsatzung vorbehalten sind. Die Hauptsatzung bestimmt die Organisation der Gemeindeverwaltung mit; deshalb schreibt die GemO für die Beschlussfassung über die Hauptsatzung eine qualifizierte Mehrheit

vor. Satzungen bedürfen, von der Genehmigung des in der Haushaltssatzung festgesetzten Gesamtbetrags der Kreditaufnahmen und des Höchstbetrags der Kassenkredite abgesehen, nach der Gemeindeordnung keiner Genehmigung mehr. Dagegen sind die Satzungen allgemein der Rechtsaufsichtsbehörde anzuzeigen (§ 4 Abs. 3 Satz 3), damit diese von dem auch sie bindenden Ortsrecht Kenntnis erhält. Bei dieser Gelegenheit kann sie dann auch auf etwaige rechtliche Mängel hinweisen.

Gemeindegrenzen können nur aus Gründen des öffentlichen Wohls geändert werden. Für das dabei zu beachtende Verfahren sind die grundlegenden Bestimmungen in Art. 74 LV vorgezeichnet. In erster Linie kann das Gebiet der Gemeinde durch Vereinbarung der beteiligten Gemeinden, die der Genehmigung der zuständigen Rechtsaufsichtsbehörde bedarf, geändert werden. Kommt keine Vereinbarung zu Stande, oder wird durch die Gebietsänderung aus Teilen einer oder mehrerer Gemeinden eine neue Gemeinde gebildet (auch nach früherer Auflösung bei der Gemeindereform wiedergebildet), ist ein Gesetz erforderlich. Unfreiwillige Gebietsänderungen können dann durch Verordnung des Innenministeriums ausgesprochen werden, wenn der Bestand der beteiligten Gemeinden nicht gefährdet wird. Bei der Beurteilung der Gründe des öffentlichen Wohls ist nicht etwa nur von den Interessen der einen oder anderen beteiligten Gemeinde oder gar von den Interessen besonderer Gruppen der Einwohner auszugehen, sondern es sind die Gesamtbelange und die Auswirkung auch auf die überörtliche Gemeinschaft in Betracht zu ziehen. Die Rechtsfolgen der Gebietsänderung und die Auseinandersetzung unter den beteiligten Gemeinden werden durch die genehmigungspflichtige Vereinbarung, das Gesetz oder die Verordnung geregelt. Bei einer durch Gesetz herbeigeführten Gebietsänderung kann diese Regelung auch der Vereinbarung der beteiligten Gemeinden oder einer Verordnung vorbehalten werden.

Außer dem Gemeindegebiet setzt die Gemeinde auch das Bestehen einer örtlichen Gemeinschaft voraus, für die sie ihre Aufgaben erfüllt und die ihre bürgerschaftliche Verwaltung trägt. Es wird zwischen Gemeindeeinwohnern und Gemeindebürgern unterschieden. **Einwohner** sind die Personen, die im Gebiet der Gemeinde wohnen. Die Förderung des Wohls dieser Menschen ist die eigentliche Aufgabe der Ge-

Übersicht — Wesen und Aufgaben der Gemeinde

meinde. Der Einwohner ist berechtigt, alle von der Gemeinde geschaffenen öffentlichen Einrichtungen zu benutzen; er ist aber auch verpflichtet, durch Entrichtung von Steuern, Gebühren, Beiträgen und sonstigen Abgaben und Entgelten die Gemeindelasten mitzutragen.

Eine wichtige Einrichtung ist die **Einwohnerversammlung** (§ 20a). Sie dient nicht nur der Unterrichtung der örtlichen Gemeinschaft über die von der Gemeindeverwaltung zur Erfüllung ihrer Aufgaben in Angriff genommenen oder beabsichtigten Maßnahmen, sondern sie soll vor allem die Erörterung wichtiger Gemeindeangelegenheiten mit den Einwohnern zum Gegenstand haben. Diese haben dabei das Recht, Vorschläge zu machen und Anregungen zu geben, die von den für die Angelegenheit sachlich zuständigen Gemeindeorganen in der Regel innerhalb einer Frist von drei Monaten behandelt werden müssen. Die Einwohnerversammlung wird vom Gemeinderat anberaumt, aber auch eine bestimmte Zahl von Einwohnern kann eine Einwohnerversammlung beantragen. Eine weitere Mitwirkungsmöglichkeit ist mit dem **Einwohnerantrag** (§ 20b) gegeben, durch den der Gemeinderat zur Behandlung bestimmter Angelegenheiten veranlasst werden kann. Beide Einrichtungen sind besonders geeignet, das Interesse der Einwohner an der Gemeindeverwaltung zu fördern und Verantwortungsfreude zu wecken.

Aus dem Kreis der Einwohner sind die **Bürger** als die politischen Träger der in der Gemeindeverwaltung ausgeübten öffentlichen Gewalt herausgehoben. Nur ihnen steht das Wahl- und Stimmrecht zu, und nur sie sind grundsätzlich zur Teilnahme an der Verwaltung der Gemeinde berufen (§ 1 Abs. 3). Wenn auch zum Erwerb des Bürgerrechts nicht mehr besondere Voraussetzungen der Geburt, des Besitzstands usw. erfüllt sein müssen, so ist doch die Bürgereigenschaft an bestimmte Voraussetzungen geknüpft (z. B. Mindestalter von 16 Jahren, Hauptwohnsitz in der Gemeinde); sind die gegeben, besteht das Bürgerrecht automatisch (§ 12). Seit 1. Dezember 1995 besitzen auch **Unionsbürger** – das sind Bürger, die die Staatsangehörigkeit eines anderen Mitgliedstaates der Europäischen Union besitzen – das Bürgerrecht.

Hauptinhalt des **Bürgerrechts** sind das Wahlrecht zu den Gemeindewahlen (Gemeinderatswahl, Bürgermeisterwahl und in Gemeinden mit Ortschaftsverfassung auch die Wahl der Ortschaftsräte sowie in

Wesen und Aufgaben der Gemeinde — Übersicht

Gemeinden mit Bezirksverfassung, die die Direktwahl der Bezirksbeiräte eingeführt haben, die Wahl der Bezirksbeiräte) sowie das Stimmrecht in sonstigen Gemeindeangelegenheiten (Anhörung bei Gemeindegrenzänderungen, Bürgerentscheid und Bürgerbegehren) und das Recht und die Pflicht zu **ehrenamtlicher Tätigkeit**. Da eine demokratische Selbstverwaltung ohne Mitwirkung der Bürger nicht denkbar ist, sind sie allgemein zur Teilnahme an der Verwaltung der Gemeinde verpflichtet; die einzelnen Rechte und Pflichten sind in den §§ 15 bis 19 festgelegt. Jeder Bürger ist verpflichtet, eine Wahl in den Gemeinderat, den Ortschaftsrat und den Bezirksbeirat ebenso wie die Bestellung zu anderer ehrenamtlicher Tätigkeit anzunehmen (§ 15). Eine Ablehnung oder Niederlegung dieser Tätigkeit ist nur gestattet, wenn besondere Gründe wie z. B. Krankheit, starke berufliche Inanspruchnahme oder das Lebensalter dies rechtfertigen und der Gemeinderat dies anerkennt (§ 16). Bei grundloser Verweigerung der Erfüllung dieser Bürgerpflichten kann außer den Maßnahmen nach dem Landesverwaltungsvollstreckungsgesetz ein Ordnungsgeld verhängt werden.

Neben dieser Pflicht zur Annahme und Ausübung der Tätigkeit bestehen für den zu ehrenamtlicher Tätigkeit bestellten Bürger weitere im Interesse der Sauberkeit der Verwaltung liegende Verpflichtungen, so insbesondere die Pflicht zur Verschwiegenheit über Angelegenheiten, für die Geheimhaltung gesetzlich vorgeschrieben, besonders angeordnet ist oder für die sich diese aus der Natur der Sache ergibt. Weiter ist dem ehrenamtlich tätigen Bürger verboten, Ansprüche und Interessen Dritter gegen die Gemeinde geltend zu machen. Er ist wegen **Befangenheit** u. a. von der Betätigung, insbesondere von der Beratung und Beschlussfassung im Gemeinderat dann ausgeschlossen, wenn es sich um Angelegenheiten handelt, deren Entscheidung ihm selbst oder nahen Verwandten oder ihm sonst verbundenen Dritten (Arbeitgeber, Gesellschafter usw.) einen unmittelbaren Vorteil oder Nachteil bringen kann oder der ehrenamtlich Tätige in derselben Angelegenheit schon in anderer Eigenschaft tätig gewesen ist.

Die weitestgehenden Formen unmittelbarer gestaltender Mitwirkung in der Verwaltung der Gemeinde sind der **Bürgerentscheid** und das **Bürgerbegehren** (§ 21). Diese Formen der unmittelbaren Demokratie sind Ausnahmen von dem Prinzip der repräsentativen Demokratie, das der GemO nach Art. 28 Abs. 1 Satz 1 und 2 GG und Art. 72

Abs. 1 LV zugrunde liegt. Durch die Gesetze vom 28. Juli 2005 (GBl. S. 578) und 28. Oktober 2015 (GBl. S. 870) sind Bürgerentscheid und Bürgerbegehren deutlich erleichtert worden, u. a. ist das für den Erfolg des Bürgerentscheids erforderliche Quorum auf 20 % der Stimmberechtigten herabgesetzt worden. Durch Gemeinderatsbeschluss mit Zweidrittelmehrheit kann jede Angelegenheit, für die die Gemeinde zuständig ist (Verbandszuständigkeit) und für die innerhalb der Gemeinde der Gemeinderat zuständig ist (Organzuständigkeit), der Entscheidung durch die Bürger unterstellt werden (Bürgerentscheid). Das Gesetz nimmt nur bestimmte Angelegenheiten von einer Entscheidung durch die Bürgerschaft aus, die hierfür ungeeignet sind. Außer durch den Gemeinderat kann ein Bürgerentscheid auch durch die Bürgerschaft beantragt werden (Bürgerbegehren). Ein solches Begehren muss von mindestens 7 % der Bürger beantragt werden. Außerdem muss der Antrag eine Begründung und einen brauchbaren, gesetzlich zulässigen Vorschlag für eine gegebenenfalls notwendige Finanzierung der beantragten Maßnahme enthalten. Sind die gesetzlichen Voraussetzungen erfüllt, muss dem Bürgerbegehren stattgegeben und ein Bürgerentscheid durchgeführt werden. Der Bürgerentscheid wird wie eine Wahl nach den Bestimmungen des **Kommunalwahlgesetzes** und der **Kommunalwahlordnung** durchgeführt. Er hat die Wirkung eines endgültigen Beschlusses des Gemeinderats.

Zweiter Teil: Verfassung und Verwaltung der Gemeinde (§§ 23–73 GemO)

1. Abschnitt: Organe (§ 23 GemO)

Da die früher möglichen wahlweisen Verfassungsformen (Bürgerausschuss und Gemeindeversammlung) keine große praktische Bedeutung erlangt haben, kennt die GemO seit 1974 nur noch die Gemeinderatsverfassung mit den beiden Organen Gemeinderat und Bürgermeister. Entsprechend den Festlegungen des Art. 28 Abs. 1 GG und des Art. 72 LV ist der Gemeinderat die örtliche Volksvertretung. Dem ebenfalls aus Volkswahl hervorgehenden Bürgermeister kommt die Stellung des Geschäftsführungs- und Vollzugsorgans mit bedeutsamen eigenen gesetzlichen Zuständigkeiten zu.

2. Abschnitt: **Gemeinderat (§§ 24–41b GemO)**

Der Gemeinderat ist das **Hauptorgan** der Gemeinde. Er legt die Grundsätze für die Verwaltung der Gemeinde fest und ist für die Entscheidung aller Angelegenheiten der Gemeinde **zuständig**, sofern nicht durch Gesetz die Zuständigkeit des Bürgermeisters begründet ist (z. B. laufende Verwaltung; Weisungsaufgaben) oder der Gemeinderat ihm Zuständigkeiten übertragen hat. Über die wichtigsten Angelegenheiten der Gemeinde kann nur der Gemeinderat Beschluss fassen. Insbesondere entscheidet der Gemeinderat über die Ernennung, Einstellung und Entlassung der Gemeindebediensteten, soweit diese Entscheidung nicht zur laufenden Verwaltung gehört oder der Gemeinderat sie auf den Bürgermeister übertragen hat. Allerdings bedarf der Gemeinderat für seine personalrechtlichen Entscheidungen des Einvernehmens mit dem Bürgermeister, da dieser für den ordnungsmäßigen Gang der Verwaltung verantwortlich ist. Kann das Einvernehmen nicht hergestellt werden, ist der Gemeinderat befugt, die Entscheidung mit Zweidrittelmehrheit allein zu treffen.

Obwohl zwischen dem Gemeinderat und dem Bürgermeister kein Über- und Unterordnungsverhältnis besteht, räumt die GemO dem Gemeinderat im Hinblick auf seine Funktion als Hauptorgan doch das Recht ein, die Ausführung seiner Beschlüsse durch den Bürgermeister zu überwachen. Ebenso obliegt es ihm, dafür zu sorgen, dass Missstände, die in der Gemeindeverwaltung auftreten, durch den Bürgermeister beseitigt werden.

Der Gemeinderat kann die ihm als Vertretung der Bürgerschaft zukommende Verantwortung nur tragen, wenn ihm ein umfassendes **Informationsrecht** zusteht. Der Bürgermeister ist verpflichtet, den Gemeinderat über alle wichtigen, die Gemeinde und ihre Verwaltung betreffenden Angelegenheiten zu unterrichten (§ 24 Abs. 3 u. 4 und § 43 Abs. 5). Den Antrag auf Unterrichtung kann schon ein Sechstel der Gemeinderäte oder eine Gemeinderatsfraktion stellen. Darüber hinaus kann auch jeder Gemeinderat schriftliche oder in einer Sitzung

Übersicht — Verfassung und Verwaltung der Gemeinde

des Gemeinderats mündliche Anfragen an den Bürgermeister stellen (§ 24 Abs. 4).

Der Gemeinderat **besteht** aus dem Bürgermeister als Vorsitzendem und einer im Gesetz für die einzelnen Gemeindegrößengruppen festgelegten Zahl von ehrenamtlichen Mitgliedern, den Gemeinderäten; diese führen in Städten die Bezeichnung Stadtrat. Die Zahl der Gemeinderäte ist zwingend festgelegt; jedoch kann durch die Hauptsatzung die nächstniedrigere Zahl gewählt werden. Im Übrigen kann von der zwingend festgelegten Zahl von Gemeinderäten im Falle der unechten Teilortswahl abgewichen werden (§ 25 Abs. 2 Sätze 2 und 4). Die Zahl der Gemeinderäte kann bei dieser Form der Wahl auch durch die im Verhältnisausgleich zuzuteilenden Ausgleichsitze erhöht werden (§ 25 Abs. 2 Satz 3). Die Beigeordneten gehören nicht dem Gemeinderat an, nehmen aber an seinen Sitzungen mit beratender Stimme teil (§ 33 Abs. 1). Ortsvorsteher können an den Sitzungen des Gemeinderats mit beratender Stimme teilnehmen (§ 71 Abs. 4).

Der Gemeinderat wird grundsätzlich nach dem System der Verhältniswahl gewählt; wird nur ein oder kein Wahlvorschlag eingereicht, wird Mehrheitswahl durchgeführt. Bei Verhältniswahl besteht die Möglichkeit der beschränkten Stimmenhäufung (Kumulieren) und der Übernahme von Bewerbern anderer Wahlvorschläge (Panaschieren). In Gemeinden mit räumlich getrennten Ortsteilen kann **unechte Teilortswahl** durchgeführt werden, durch die sichergestellt wird, dass sich die Mandate des Gemeinderats in einem bestimmten Verhältnis auf die einzelnen Ortsteile verteilen. Das Nähere zur Gemeinderatswahl ist im **Kommunalwahlgesetz** und in der **Kommunalwahlordnung** geregelt.

Wählbar in den Gemeinderat sind Bürger, die mindestens 18 Jahre alt sind und bei denen nicht bestimmte, eine Wahl ausschließende Gründe vorliegen. Der Eintritt eines Gewählten in den Gemeinderat ist dann ausgeschlossen, wenn ein **Hinderungsgrund** vorliegt. Insbesondere sind von den Gemeindebediensteten alle Beamten und Arbeitnehmer der Gemeinde, nicht aber solche Arbeitnehmer der Gemeinde, die überwiegend körperliche Arbeit verrichten, an der Zugehörigkeit zum Gemeinderat gehindert. Dasselbe gilt für leitende Bedienstete von Körperschaften und Stiftungen, die in enger Verbindung zur Gemeinde stehen, sowie seit der Novellierung vom Juli 2005 auch für leitende Bedienstete von Unternehmen in Privatrechtsform, wenn die Gemeinde an dem

Unternehmen zu mehr als 50 % beteiligt ist. Außerdem sind zur Vermeidung von Interessenkollisionen auch die Bediensteten der Rechtsaufsichtsbehörde, der oberen und obersten Rechtsaufsichtsbehörde, die unmittelbar mit der Ausübung der Rechtsaufsicht befasst sind, am Eintritt gehindert. Die Hinderungsgründe aufgrund bestimmter Verwandtschafts- oder Gesellschaftsverhältnisse (§ 29 Abs. 2 bis 4) entfallen ab den Kommunalwahlen 2019.

Die Amtszeit der **Gemeinderäte** beträgt fünf Jahre. Ihre Rechtsstellung ist dadurch gekennzeichnet, dass sie in einem ehrenamtlichen Verhältnis besonderer Art zur Gemeinde stehen; sie sind keine Ehrenbeamten. Die Gemeinderäte entscheiden im Rahmen der Gesetze nur nach ihrer freien, allein durch das Gesetz und das öffentliche Wohl bestimmten Überzeugung und sind weder an Verpflichtungen noch an Aufträge gebunden (§ 32 Abs. 3). Die Bildung von Fraktionen im Gemeinderat war schon bisher weit verbreitet; seit 2015 gibt es hierfür eine ausdrückliche Rechtsgrundlage (§ 32a). Obwohl die Gemeinderäte keine Ehrenbeamten sind, werden ihnen bei einem Dienstunfall dieselben Rechte wie diesen eingeräumt.

Die Einberufung der **Sitzungen** kommt dem Bürgermeister zu. Zu seiner Beratung in Fragen der Tagesordnung kann durch Hauptsatzung ein Ältestenrat vorgesehen werden. Der Bürgermeister bestimmt grundsätzlich auch, ob eine Angelegenheit in öffentlicher oder nichtöffentlicher Sitzung behandelt wird, wobei er an die gesetzlichen Vorgaben (§ 35) gebunden ist. Bezüglich der in nichtöffentlicher Sitzung behandelten Angelegenheiten besteht Verschwiegenheitspflicht, bis der Bürgermeister von der Schweigepflicht entbindet.

Eine eingehende Regelung hat die **Beschlussfassung** durch den Gemeinderat erfahren, da dieses Verfahren für die Rechtsgültigkeit der gefassten Beschlüsse von besonderer Bedeutung ist. Eine Beschlussfassung ist nur möglich, wenn die Sitzung ordnungsgemäß einberufen und geleitet ist. Ferner muss die **Beschlussfähigkeit** gegeben, d. h. es muss grundsätzlich mindestens die Hälfte der Mitglieder einschließlich des Vorsitzenden anwesend sein. Bei Befangenheit von mehr als der Hälfte aller Mitglieder ist der Gemeinderat beschlussfähig, wenn mindestens ein Viertel aller Mitglieder anwesend und stimmberechtigt ist. Bei Beschlussunfähigkeit wegen Abwesenheit oder Befangenheit muss eine zweite Sitzung einberufen werden, in der der Gemeinderat be-

Übersicht — Verfassung und Verwaltung der Gemeinde

schlussfähig ist, wenn mindestens drei Mitglieder anwesend und stimmberechtigt sind. Eine zweite Sitzung entfällt bei Beschlussunfähigkeit wegen Befangenheit, wenn von vornherein weniger als drei Mitglieder stimmberechtigt sind. Die Entscheidung kommt letztlich dem Bürgermeister oder einem Beauftragten zu, wenn wegen Abwesenheit oder Befangenheit auch unter den erleichterten Bedingungen keine Beschlussfähigkeit zu Stande kommt.

Die beiden Arten der Beschlussfassung des Gemeinderats sind die **Abstimmung** und die **Wahl**. Abstimmungen werden durch einfache Mehrheit der abgegebenen gültigen Stimmen entschieden; Stimmenthaltungen bleiben außer Betracht. Bei Stimmengleichheit ist der Antrag abgelehnt. Bei Wahlen ist im ersten Wahlgang absolute Mehrheit erforderlich. Wird sie nicht erreicht, findet Stichwahl unter den beiden Bewerbern mit der höchsten Stimmenzahl statt, bei der die einfache Stimmenmehrheit entscheidet. Der Bürgermeister hat sowohl bei Abstimmungen als auch bei Wahlen Stimmrecht, jedoch steht ihm bei Stimmengleichheit kein Stichentscheid zu.

Der Gemeinderat kann sich dadurch entlasten, dass er einen Teil seiner Zuständigkeiten auf **beschließende Ausschüsse** überträgt. Sie entscheiden an Stelle des Gemeinderats, der grundsätzlich weder Weisungen erteilen noch die Beschlüsse ändern kann. Allerdings kann sich der Gemeinderat durch Regelung in der Hauptsatzung das Recht vorbehalten, Weisungen zu erteilen, jede Angelegenheit an sich zu ziehen und Beschlüsse, solange sie noch nicht vollzogen sind, zu ändern oder aufzuheben. Außerdem können zur Vorbehandlung von einzelnen Angelegenheiten **beratende Ausschüsse** gebildet werden. In die Ausschüsse können nicht nur sachkundige Bürger, sondern auch sachkundige Einwohner und damit auch Jugendliche unter 16 Jahren und Ausländer aus Nicht-EU-Staaten, als beratende bzw. (bei beratenden Ausschüssen) stimmberechtigte Mitglieder berufen werden, deren Zahl jedoch die Zahl der Gemeinderäte in dem betreffenden Ausschuss nicht erreichen darf.

Die Gemeinde ist zu einer angemessenen Beteiligung von Kindern und Jugendlichen verpflichtet, die Art und Weise bleibt jedoch ihr überlassen (§ 41a). Entscheidet sich die Gemeinde für eine Jugendvertretung (z. B. einen Jugendgemeinderat), so sind deren Mitglieder ehrenamtlich tätig und es müssen ihr in der Geschäftsordnung des Gemeinde-

Verfassung und Verwaltung der Gemeinde **Übersicht**

rats ein Rede-, Anhörungs- und Antragsrecht eingeräumt werden. Auch andere, in der GemO nicht geregelte Beteiligungsformen sind möglich.

Die Bildung besonderer Gremien für Angelegenheiten, die die Integration von Menschen mit Migrationshintergrund betreffen (Integrationsausschuss, Integrationsrat), sind im **Partizipations- und Integrationsgesetz** geregelt.

3. Abschnitt: **Bürgermeister (§§ 42–55 GemO)**

Die **Amtszeit** des Bürgermeisters beträgt in jeder Wahlperiode acht Jahre. Er ist Vorsitzender des Gemeinderats, Leiter der Gemeindeverwaltung und vertritt die Gemeinde. In Stadtkreisen und Großen Kreisstädten führt der Bürgermeister die Amtsbezeichnung Oberbürgermeister.

Der Bürgermeister ist in Gemeinden mit 2000 und mehr Einwohnern immer **hauptamtlicher Beamter auf Zeit**. In Gemeinden mit weniger als 2000 Einwohnern ist der Bürgermeister grundsätzlich **Ehrenbeamter auf Zeit**; in Gemeinden mit mehr als 500 Einwohnern kann aber durch die Hauptsatzung bestimmt werden, dass auch dort der Bürgermeister hauptamtlich ist. Soweit nichts Besonderes geregelt ist, richtet sich die beamtenrechtliche Stellung nach dem allgemeinen Beamtenrecht. Die Besoldung der hauptamtlichen Bürgermeister richtet sich nach dem **Landeskommunalbesoldungsgesetz**, die Aufwandsentschädigung der ehrenamtlichen Bürgermeister nach dem **Aufwandsentschädigungsgesetz**.

Als Vorsitzender des Gemeinderats hat der Bürgermeister das Recht und unter Umständen die Pflicht, gesetzwidrigen oder für die Gemeinde nachteiligen Beschlüssen des Gemeinderats zu **widersprechen**. Dadurch wird innerhalb der Verwaltung der Gemeinde eine wirksame Selbstkontrolle ausgeübt. Auf den Widerspruch muss der Gemeinderat nochmals beraten und entscheiden. Bei erneutem Gesetzesverstoß durch den Gemeinderat muss der Bürgermeister nochmals widersprechen und die Entscheidung der Rechtsaufsichtsbehörde herbeiführen; ist der erneute Beschluss des Gemeinderats nur nachteilig, bleibt es bei dieser Entscheidung. Dem Bürgermeister kommt ferner das Eilent-

scheidungsrecht, d. h. die Befugnis zu, unter bestimmten Voraussetzungen an Stelle des Gemeinderats zu entscheiden.
Als Verwaltungsleiter ist der Bürgermeister für die gesamte Gemeindeverwaltung verantwortlich. Er erledigt in eigener **Zuständigkeit** die Angelegenheiten der laufenden Verwaltung sowie die Weisungsaufgaben. In diesem Bereich ist er vom Gemeinderat unabhängig. Außerdem ist der Bürgermeister Vorgesetzter, Dienstvorgesetzter und oberste Dienstbehörde aller Gemeindebediensteten, auch der Beigeordneten.
Der Bürgermeister, auch der ehrenamtliche, wird in allen Fällen von den Gemeindebürgern **gewählt**. Im ersten Wahlgang ist gewählt, wer mehr als die Hälfte der gültigen Stimmen erreicht hat. Ist die erste Wahl ergebnislos geblieben, findet keine Stichwahl unter den beiden erfolgreichsten Bewerbern, sondern Neuwahl statt. Bei dieser Wahl sind, obwohl die Wahl nicht mehr ausgeschrieben zu werden braucht, neue Bewerber zugelassen. Die Neuwahl wird durch einfache Mehrheit entschieden. Das Nähere zur Bürgermeisterwahl ist im **Kommunalwahlgesetz** und in der **Kommunalwahlordnung** geregelt.
In Gemeinden ohne Beigeordnete werden **Stellvertreter des Bürgermeisters** aus der Mitte des Gemeinderats bestellt, die den Bürgermeister im Falle der Verhinderung vertreten. In Stadtkreisen müssen hauptamtliche ständige Stellvertreter, die **Beigeordneten**, bestellt werden. Diese Art der Stellvertretung können aber auch schon Gemeinden mit mehr als 10 000 Einwohnern wählen. Für den Fall der Verhinderung des Bürgermeisters und der Beigeordneten können daneben Stellvertreter nach § 48 Abs. 1 gewählt werden. Die Beigeordneten vertreten den Bürgermeister ständig in dem ihnen zugewiesenen Geschäftskreis. Darüber hinaus ist der Erste Beigeordnete ständiger allgemeiner Stellvertreter des Bürgermeisters auf dessen gesamtem Arbeitsgebiet. Die Amtszeit der Beigeordneten beträgt, wie diejenige des Bürgermeisters, acht Jahre. Um auch bei Gemeinden ohne Beigeordnete bei längerer Verhinderung des Bürgermeisters eine den Erfordernissen der Verwaltung gerecht werdende Stellvertretung zu ermöglichen, ist die Bestellung eines **Amtsverwesers** zugelassen (§ 48). Unter besonderen Voraussetzungen kann ein Amtsverweser auch in Gemeinden mit Beigeordneten bestellt werden (§ 48 Abs. 3).

4. Abschnitt: Gemeindebedienstete (§§ 56–58 GemO)

Die Bestimmung über die Einstellung der für die Wahrnehmung der Gemeindeaufgaben erforderlichen geeigneten Bediensteten enthält nicht nur eine Verpflichtung, sondern bringt zugleich die auch in § 2 Nr. 1 des Beamtenstatusgesetzes ausdrücklich festgelegte Dienstherrnfähigkeit der Gemeinde zum Ausdruck. Die Planstellen für Beamte sind durch den Stellenplan zu bestimmen. Jede Gemeinde muss mindestens einen Bediensteten mit der Befähigung zum gehobenen oder höheren Verwaltungsdienst (Gemeindefachbediensteten) anstellen, sofern sie nicht einer Verwaltungsgemeinschaft angehört und diese einen Gemeindefachbediensteten zur Verfügung stellt (§ 58).

5. Abschnitt: Besondere Verwaltungsformen (§§ 59–73 GemO)

1. Verwaltungsgemeinschaft (§§ 59–62 GemO)

Die Verwaltungsgemeinschaft wurde durch das Gesetz zur Stärkung der Verwaltungskraft kleinerer Gemeinden vom 26. März 1968 (GBl. S. 114) eingeführt und durch eine Reihe von Novellierungen weiterentwickelt bzw. modifiziert. Mit dieser Einrichtung ist den Gemeinden der Weg eröffnet, ihre Verwaltungskraft durch interkommunale Zusammenarbeit zu heben. Eine Verwaltungsgemeinschaft kann die Form eines **Gemeindeverwaltungsverbands** oder einer **vereinbarten Verwaltungsgemeinschaft** haben, bei der die erfüllende Gemeinde für die anderen beteiligten Gemeinden die Aufgaben eines Gemeindeverwaltungsverbands übernimmt. Die Verwaltungsgemeinschaft kann Anstellungskörperschaft eines Gemeindebediensteten sein, der den Mitglieds- oder den beteiligten Gemeinden zur Erledigung ihrer Geschäfte wie ein Gemeindebediensteter zur Verfügung gestellt werden kann. Im Unterschied zum früheren gemeinsamen Fachbeamten des Landkreises kann aber dieser Bedienstete von den Bürgermeistern der einzelnen Mitgliedsgemeinden bzw. betreuten Gemeinden nach § 53 Abs. 1 beauftragt werden und daher in weiterem Umfang für die Gemeinde nach außen hin handeln. Kraft Gesetzes kommen der Verwaltungsgemeinschaft eine Reihe von **Erledigungs- und Erfüllungsaufgaben** zu. Bei den Erledigungsaufgaben bleibt die sachliche Entscheidung

Übersicht Verfassung und Verwaltung der Gemeinde

bei den beteiligten Gemeinden und obliegt der Verwaltungsgemeinschaft nur die verwaltungsmäßige Abwicklung. Bei den Erfüllungsaufgaben dagegen geht die Aufgabe und damit die gesamte Verantwortung für ihre Erfüllung auf die Verwaltungsgemeinschaft über. Durch die Verbandssatzung bzw. die öffentlich-rechtliche Vereinbarung können der Verwaltungsgemeinschaft weitere Erledigungs- und Erfüllungsaufgaben übertragen werden.

Für die Verwaltungsgemeinschaft gelten die Vorschriften des **Gesetzes über kommunale Zusammenarbeit**, soweit nichts anderes bestimmt ist. Bezüglich der **Organe** der Verwaltungsgemeinschaft enthält § 60 die wichtigsten Sonderregelungen; hier wird die Zusammensetzung der Verbandsversammlung geregelt und für die vereinbarte Verwaltungsgemeinschaft als Hauptorgan der gemeinsame Ausschuss vorgesehen, der grundsätzlich an Stelle des Gemeinderats der erfüllenden Gemeinde über die Erfüllungsaufgaben entscheidet.

2. Bürgermeister in mehreren Gemeinden (§ 63 GemO)

Eine weitere besondere Verwaltungsform ist der Bürgermeister in mehreren Gemeinden. Benachbarte kreisangehörige Gemeinden können dieselbe Person zum Bürgermeister wählen. Die Wahl wird in jeder der beteiligten Gemeinden getrennt durchgeführt, so dass auch verschiedene Amtszeiten möglich sind.

3. Bezirksverfassung (§§ 64–66 GemO)

Zur Förderung des örtlichen Gemeinschaftslebens können in **Stadtkreisen** und **Großen Kreisstädten** Gemeindebezirke eingerichtet und Bezirksbeiräte gebildet werden. In anderen Gemeinden besteht diese Möglichkeit für **räumlich getrennte Ortsteile**. In die Bezirksbeiräte können durch den Gemeinderat sachkundige Einwohner widerruflich als beratende Mitglieder berufen werden. Der vom Gemeinderat für jeden Bezirk zu bestellende Bezirksbeirat hat einen Anspruch, vom Gemeinderat zu wichtigen Angelegenheiten seines Gemeindebezirks gehört zu werden; außerdem hat er die Aufgabe, die örtliche Verwaltung des Gemeindebezirks, die in den äußeren Stadtbezirken eingerichtet werden kann, in allen wichtigen Angelegenheiten zu beraten.

Für **Gemeinden mit mehr als 100 000 Einwohnern** hat der Gesetzgeber durch das Gesetz vom 8. November 1993 (GBl. S. 657) eine weitere

Form der Bezirksverfassung eingeführt (§ 65 Abs. 4). Der Gemeinderat kann in der Hauptsatzung bestimmen, dass die Bezirksbeiräte direkt durch die Bürgerschaft gewählt werden. In diesem Fall gelten die Vorschriften über die Ortschaftsverfassung entsprechend, u. a. die Vorschriften über die Wahl des Ortsvorstehers (Bezirksvorsteher) und die Rechtsstellung der Ortschaftsräte (Bezirksbeiräte). Hat der Gemeinderat von dieser Möglichkeit Gebrauch gemacht, können den Bezirksbeiräten durch die Hauptsatzung bestimmte Angelegenheiten zur Entscheidung übertragen werden (§ 65 Abs. 4 i. V. m. § 70 Abs. 2).

4. Ortschaftsverfassung (§§ 67–73 GemO)

Seit dem Zweiten Gesetz zur Stärkung der Verwaltungskraft der Gemeinden vom 28. Juli 1970 (GBl. S. 419) können **Gemeinden mit räumlich getrennten Ortsteilen** die Ortschaftsverfassung einführen. Voraussetzung dafür ist, dass in der Gemeinde räumlich von dem Kernort getrennte Ortsteile vorhanden sind. Die Möglichkeit, die unechte Teilortswahl einzuführen oder beizubehalten und (für andere Ortsteile) Gemeindebezirke einzurichten, wird dadurch nicht ausgeschlossen. Alle Formen sind innerhalb einer Gemeinde nebeneinander anwendbar.

Die Ortschaftsverfassung wird dadurch eingeführt, dass durch die Hauptsatzung **Ortschaften** eingerichtet werden. Diese sind jedoch keine eigenständigen Rechtsträger. Die Einrichtung von Ortschaften hat dann zur Folge, dass in den Ortschaften Ortschaftsräte zu bilden sind und ein Ortsvorsteher zu bestellen ist. Außerdem kann eine örtliche Verwaltung eingerichtet werden. Die Zahl der Ortschaftsräte wird durch die Hauptsatzung bestimmt. Vorsitzender des Ortschaftsrats ist der Ortsvorsteher.

Die **Ortschaftsräte** werden von den in der Ortschaft wohnenden Bürgern der Gemeinde nach den für die Wahl der Gemeinderäte geltenden Vorschriften grundsätzlich gleichzeitig mit den Gemeinderäten gewählt. Lediglich im Falle einer Eingemeindung müssen die Ortschaftsräte erstmals nach Einführung der Ortschaftsverfassung in einer besonderen Wahl gewählt werden, wenn nicht die bisherigen Gemeinderäte als Ortschaftsräte übernommen werden. Kraft Gesetzes hat der Ortschaftsrat die Aufgabe, die örtliche Verwaltung zu beraten; zu wichtigen, die Ortschaft betreffenden Angelegenheiten ist der Ortschaftsrat zu hören. Außerdem hat er ein Vorschlagsrecht in allen Angelegenheiten, die die Ortschaft betreffen. Der Gemeinderat kann darüber hinaus durch die Hauptsatzung bestimmte, die Ortschaft betreffende Angelegenheiten dem Ortschaftsrat zur Entscheidung übertragen. Insoweit entscheidet der Ortschaftsrat im Rahmen der ihm zur Verfügung stehenden Mittel an Stelle des Gemeinderats für die Gemeinde, beschränkt auf den örtlichen Teilbereich der Ortschaft. Der **Ortsvorsteher** wird grundsätzlich auf Vorschlag des Ortschaftsrats aus dem Kreis der zum Ortschaftsrat wählbaren Bürger, seine Stellvertreter aus der Mitte des Ortschaftsrats vom Gemeinderat gewählt. Der Ortsvorsteher ist zum Ehrenbeamten auf Zeit zu ernennen. Seine Amtszeit richtet sich nach der Amtszeit der Ortschaftsräte und damit nach der Amtszeit der Gemeinderäte. Es kann aber auch ein Gemeindebeamter im Einvernehmen mit dem Ortschaftsrat zum Ortsvorsteher bestellt werden. Ein nicht aus der Mitte des Ortschaftsrats gewählter Ortsvorsteher hat im Ortschaftsrat kein Stimmrecht. Der Ortsvorsteher vertritt den Bürgermeister in seiner Ortschaft kraft Gesetzes ständig beim Vollzug der Beschlüsse des Ortschaftsrats und bei der Leitung der Verwaltung. Damit ist er auch für einen Teilbereich gesetzlicher Vertreter der Gemeinde an Stelle des Bürgermeisters. Im Übrigen finden auf den Ortschaftsrat und den Ortsvorsteher die Vorschriften der Gemeinderatsverfassung über den Gemeinderat und den Bürgermeister sinngemäß Anwendung.

Dritter Teil: **Gemeindewirtschaft (§§ 77–117 GemO)**

Das **Gemeindehaushaltsrecht** ist durch das Gesetz zur Reform des Gemeindehaushaltsrechts vom 4. Mai 2009 (GBl. S. 185) grundlegend verändert worden. An Stelle des kameralistischen Haushalts- und Rechnungswesens wurde die **Kommunale Doppik** nach angepassten betriebswirtschaftlichen Grundsätzen eingeführt (§ 77 Abs. 3). Das Geldverbrauchskonzept wurde ersetzt durch das Ressourcenverbrauchskonzept: Der Haushaltssteuerung und dem Rechnungssystem werden nicht mehr nur die Geldvermögensveränderungen, sondern zusätzlich die Veränderungen an Personal- und Sachmitteln einschließlich Abschreibungen und Rückstellungen zugrunde gelegt.

Die neuen haushaltsrechtlichen Bestimmungen sind zum 1. Januar 2009 in Kraft gesetzt worden, können von den Gemeinden also sofort angewandt werden. Um den Gemeinden jedoch Zeit zu geben, die umfangreichen Voraussetzungen für die Anwendung der neuen Vorschriften zu schaffen, wurde ihnen eine **Übergangszeit** für die Anwendung des neuen Haushaltsrechts bis zum Haushaltsjahr 2016 eingeräumt, die durch Gesetz vom 16. April 2013 (GBl. S. 55) bis zum Haushaltsjahr 2020 verlängert wurde. Bis dahin können die bisherigen Regelungen für die Haushaltswirtschaft angewandt werden (Art. 13 des o. a. Reformgesetzes).[*]

Als Ergebnis einer Evaluierung der bisherigen Erfahrungen mit dem neuen kommunalen Haushalts- und Rechnungswesen wurden durch das Gesetz zur Änderung gemeindehaushaltsrechtlicher Vorschriften vom 17. Dezember 2015 (GBl. 2016 S. 1) einige Bestimmungen weiterentwickelt, vereinfacht und flexibilisiert.

Wesentliche Elemente des **Ressourcenverbrauchskonzepts** und der veränderten **Haushaltssteuerung** sind u. a. die Darstellung der Verwaltungsleistungen als Produkte, die produktorientierte Gliederung des Haushaltsplans, die Budgetierung der bereitgestellten personellen und sachlichen Ressourcen nach Aufgabenbereichen, die Dezentralisierung der Bewirtschaftungskompetenz, eine Kosten- und Leistungsrechnung in allen Verwaltungsbereichen, die Darstellung von Kennzahlen über Kosten und Qualität von Verwaltungsleistungen zur Steuerung nach Leistungszielen, eine geänderte Form des Jahresabschlusses zur Vermittlung eines vollständigen Bildes über die tatsächliche Vermögens-, Ertrags- und Finanzlage und die Zusammenfassung des Jahresabschlusses der Gemeinde mit den Jahresabschlüssen der mit der Gemeinde verbundenen Einheiten und Gesellschaften zu einem Gesamtabschluss (konsolidierter Abschluss) als Rechnungslegung über alle Aktivitäten der Gemeinde.

Die wesentliche Leitlinie der gemeindlichen **Haushaltswirtschaft** bleibt die stetige Erfüllung der Aufgaben unter Berücksichtigung der kon-

---

[*] Gesetz zur Reform des Gemeindehaushaltsrechts; hier abgedruckt nach dem Gesetzestext der Gemeindeordnung.

junkturpolitischen Erfordernisse (§ 77). Für die Ertragspolitik der Gemeinde gilt nach § 78 der Grundsatz, dass die Kosten für die einzelnen Leistungen in erster Linie von demjenigen zu tragen sind, dem diese Leistungen zugutekommen. Im Übrigen hat die Gemeinde die erforderlichen Erträge und Einzahlungen aus Steuern zu beschaffen, soweit die sonstigen Erträge und Einzahlungen nicht ausreichen.

Die Gemeinde muss die Haushaltswirtschaft für jedes Jahr in einem **Haushaltsplan,** der durch die Haushaltssatzung förmlich festgesetzt wird, im Voraus planen. Der Haushaltsplan ist in einen Ergebnishaushalt und einen Finanzhaushalt zu gliedern. Das Ergebnis aus ordentlichen Erträgen und Aufwendungen soll ausgeglichen werden. Ist der Ausgleich nicht möglich, kann unter bestimmten Voraussetzungen ein Fehlbetrag in die drei folgenden Haushaltsjahre vorgetragen werden. Ist auch danach ein Ausgleich nicht möglich, ist als letzte Stufe eine Verrechnung des Fehlbetrags mit dem Basiskapital (Eigenkapital) vorzunehmen (§ 80). Spätestens in einer solchen Situation kann die Rechtsaufsichtsbehörde die Vorlage eines Haushaltskonsolidierungskonzepts verlangen.

Die im Haushaltsplan festgesetzten Aufwendungen und Auszahlungen dürfen nur unter bestimmten Voraussetzungen überschritten werden. Bei erheblichen Abweichungen vom Haushaltsplan oder wenn ein erheblicher Fehlbetrag entstehen würde, hat die Gemeinde den Haushaltsplan rechtzeitig durch eine **Nachtragshaushaltssatzung** an die neuen Verhältnisse anzupassen (§§ 84, 82). Zur Leistung von Investitionsausgaben in den künftigen Jahren darf sich die Gemeinde grundsätzlich nur verpflichten, wenn der Haushaltsplan dazu ausdrücklich ermächtigt (§ 86).

Die jährliche Haushaltsplanung wird durch eine mittelfristige **Finanzplanung** ergänzt, die sich über das laufende und das folgende Haushaltsjahr hinaus auf weitere drei Jahre erstreckt und die vor allem den Rahmen für die künftige Investitionspolitik absteckt (§ 85). Dem Finanzplan ist ein Investitionsprogramm zugrunde zu legen, das nach Jahren getrennt die Aufwendungen und Auszahlungen für die fortzusetzenden und für neue Maßnahmen sowie die dazu erforderlichen Finanzierungsmöglichkeiten erhält.

Die Gemeinde darf **Kredite** nur zum Ausgleich des Finanzhaushalts und nur im Rahmen der Investitionsausgaben und zur Umschuldung aufnehmen und dies auch nur dann, wenn eine andere Finanzierung nicht möglich ist oder wirtschaftlich unzweckmäßig wäre (§ 78 Abs. 3, § 87). **Rücklagen** werden im Ressourcenverbrauchskonzept über die Ergebnisverwendung gebildet. Für ungewisse Verbindlichkeiten und Aufwendungen sind **Rückstellungen** zu bilden (§ 90). Die **Liquiditätssicherung** um Auszahlungen rechtzeitig leisten zu können, ggf. auch durch die Aufnahme von **Kassenkrediten,** ist in § 89 geregelt.

Im Rahmen der Haushaltswirtschaft kann die Gemeinde das für ihre Aufgaben benötigte **Vermögen erwerben** und hat nicht mehr benötigte Gegenstände zu **veräußern.** Eine weit vorausschauende Bodenvorratspolitik ist zulässig. Veräußert werden darf grundsätzlich nur zum vollen Wert; mit der Haushaltsrechtsreform wurden Vorschriften über Wertansätze eingeführt, die durch Bewertungsgrundsätze in der Gemeindehaushaltsverordnung ergänzt werden (§ 91 Abs. 4).

An die Stelle der Jahresrechnung ist im neuen Gemeindehaushaltsrecht der **Jahresabschluss** getreten (§ 95). Ihm kommt in der Kommunalen Doppik gesteigerte Bedeutung zu. Der Jahresabschluss hat die tatsächliche Vermögens-, Ertrags- und Finanzlage der Gemeinde darzustellen und dazu sämtliche Vermögensgegenstände, Schulden, Rückstellungen, Rechnungsabgrenzungsposten, Erträge, Aufwendungen, Einzahlungen und Auszahlungen auszuweisen. Der Jahresabschluss besteht aus der Ergebnisrechnung, der Finanzrechnung und der Bilanz; als Anhang sind eine Vermögensübersicht und eine Schuldenübersicht vorzulegen.

Ein Kernpunkt des neuen Gemeindehaushaltsrechts ist der **Gesamtabschluss,** in dem die Jahresabschlüsse der von der Gemeinde ausgegliederten Aufgabenträger mit dem Jahresabschluss der Gemeinde zu konsolidieren sind (§ 95a). Der Gesamtabschluss ist durch eine Kapitalflussrechnung zu ergänzen und in einem Konsolidierungsbericht zu erläutern. Die Vorschriften über den Gesamtabschluss sind von allen betroffenen Gemeinden spätestens ab dem Haushaltsjahr 2022 anzuwenden.

Der Jahresabschluss ist innerhalb von sechs Monaten (der Gesamtabschluss innerhalb von neun Monaten) aufzustellen und vom Gemeinderat innerhalb eines Jahres (der Gesamtabschluss innerhalb von 15 Monaten), jeweils nach Ende des Haushaltsjahres, festzustellen

Übersicht

(§ 95b). Das Nähere zur Haushalts- und Finanzplanung, zur Haushaltsführung und zum Jahresabschluss ist in der **Gemeindehaushaltsverordnung** geregelt. Die Kassenführung richtet sich nach §§ 93 und 94 sowie nach der **Gemeindekassenverordnung**.

Der 3. Abschnitt regelt die Voraussetzungen für die **wirtschaftliche Betätigung** der Gemeinde und ihre **Beteiligung** an rechtlich selbstständigen Unternehmen des Privatrechts. In öffentlich-rechtlicher Form können wirtschaftliche Unternehmen als rechtsfähige **selbstständige Kommunalanstalt** (§§ 102a–102d) oder als rechtlich unselbstständiger **Eigenbetrieb** nach dem **Eigenbetriebsgesetz** betrieben werden. In erster Linie gilt für die Führung der Unternehmen, dass der öffentliche Zweck zu erfüllen ist; es ist aber auch ein Ertrag für den Haushalt anzustreben. Seit der Novelle vom 1. Dezember 2005 darf die Gemeinde außerhalb der kommunalen Daseinsvorsorge nur noch dann wirtschaftlich tätig werden, wenn der Zweck nicht ebenso gut und wirtschaftlich durch einen anderen Anbieter erfüllt wird oder erfüllt werden kann – **Subsidiaritätsklausel** (§ 102 Abs. 1 Nr. 3); darüber hat der Gemeinderat nach Anhörung der örtlichen Selbstverwaltungsorganisationen von Handwerk, Industrie und Handel zu entscheiden. Das Gemeindewirtschaftsrecht des Landes steht neben den Wettbewerbs- und vergaberechtlichen europäischen Rechtsvorschriften.

Die **Finanzkontrolle**, nämlich die örtliche und überörtliche Prüfung der Haushalts-, Kassen- und Rechnungsführung und der Vermögensverwaltung sowie die **Programmprüfung** sind im 4. Abschnitt (§§ 109–114a) sowie in der **Gemeindeprüfungsordnung** geregelt. Der 5. Abschnitt (§ 116) befasst sich mit der **Organisation des Finanzwesens**. Im 6. Abschnitt (§ 117) ist schließlich bestimmt, dass genehmigungsbedürftige Rechtsgeschäfte bis zur Genehmigung unwirksam bleiben und verbotene Rechtsgeschäfte nichtig sind.

Vierter Teil: Aufsicht (§§ 118–129 GemO)

Die GemO unterscheidet zwischen der Aufsicht in weisungsfreien Angelegenheiten – **Rechtsaufsicht** – und derjenigen über die Erfüllung von Weisungsaufgaben – **Fachaufsicht**. Die Rechtsaufsicht dient der Kontrolle darüber, dass die Gemeinden bei Erfüllung der weisungsfreien Aufgaben den ihnen durch Gesetz auferlegten Pflichten nachkommen und die gesetzlichen Schranken beachten; sie hat grundsätzlich nicht die Kontrolle der Zweckmäßigkeit der Gemeindeverwaltung zum Gegenstand. Der Inhalt der Fachaufsicht ergibt sich aus den die betreffenden Weisungsaufgaben regelnden Gesetzen. Hier kann in dem in den einzelnen Gesetzen festgelegten Rahmen auch die Zweckmäßigkeit einer Entscheidung geprüft und insoweit auch auf Ermessensentscheidungen Einfluss genommen werden. In jedem Falle aber die Aufsicht so auszuüben, dass die Entschlusskraft und die Verantwortungsfreudigkeit der Gemeinde nicht beeinträchtigt werden (§ 118).

Untere **Rechtsaufsichtsbehörden** sind das Landratsamt als untere Verwaltungsbehörde sowie das Regierungspräsidium für Große Kreisstädte und Stadtkreise. Obere und oberste Rechtsaufsichtsbehörden für alle Gemeinden sind das jeweils zuständige Regierungspräsidium und das Innenministerium (§ 119).

Um ihre Aufgaben durchführen zu können, steht der Rechtsaufsichtsbehörde das Informationsrecht zu. Ferner kann sie gesetzwidrige Beschlüsse und Anordnungen der Gemeinde **beanstanden** und ihre Rückgängigmachung verlangen sowie die Erfüllung einer der Gemeinde gesetzlich obliegenden Pflicht anordnen. Kommt die Gemeinde einer Anordnung auf Unterrichtung der Rechtsaufsichtsbehörde nicht nach, hebt sie die beanstandeten gesetzwidrigen Beschlüsse oder Anordnungen nicht auf oder erfüllt sie trotz der Anordnung der Rechtsaufsichtsbehörde ihre gesetzlichen Pflichten nicht, kann die Rechtsaufsichtsbehörde die erforderlichen Maßnahmen an Stelle und auf Kosten der Gemeinde im Wege der **Ersatzvornahme** selbst durchführen. Schließlich kann die Rechtsaufsichtsbehörde für einzelne oder alle Aufgaben der Gemeinde einen Beauftragten bestellen, wenn die Verwaltung in erheblichem Umfang nicht den Erfordernissen einer gesetzmäßigen Verwaltung entspricht (§§ 120–124).

Gegen Verfügungen auf dem Gebiet der Rechtsaufsicht kann die Gemeinde nach Maßgabe des 8. Abschnitts der **Verwaltungsgerichtsordnung** Anfechtungs- und Verpflichtungsklage erheben. Der eigentlichen

Übersicht

verwaltungsgerichtlichen Klage geht der Widerspruch als Vorverfahren voraus (§ 125).
Ansprüche der Gemeinde gegen Gemeinderäte und gegen den Bürgermeister werden von der Rechtsaufsichtsbehörde geltend gemacht. Ihr sind auch Beschlüsse über Verträge der Gemeinde mit diesem Personenkreis vorzulegen (§ 126). Zur Einleitung einer Zwangsvollstreckung gegen die Gemeinde bedarf der Gläubiger einer Zulassung der Rechtsaufsichtsbehörde.
Die Möglichkeiten der **Fachaufsichtsbehörden**, deren Zuständigkeit sich aus besonderen Gesetzen ergibt, sind nach der GemO auf das Informationsrecht beschränkt. Sondergesetzlich ist den Fachaufsichtsbehörden in der Regel eine weitergehende Einwirkungsmöglichkeit in Form des Weisungsrechts eingeräumt. Soweit der Fachaufsichtsbehörde sondergesetzlich keine über das Informationsrecht hinausgehenden Befugnisse eingeräumt sind, können Aufsichtsmaßnahmen nur von der Rechtsaufsichtsbehörde ergriffen werden, wenn dies zur Sicherstellung einer ordnungsgemäßen Durchführung von Weisungsaufgaben erforderlich ist. Dabei ist zu beachten, dass auch diese Verfügungen der Rechtsaufsichtsbehörde nach § 125 anfechtbar sind (§ 129).
Wenn der Bürgermeister den Anforderungen seines Amts nicht gerecht wird und dadurch so erhebliche Missstände in der Verwaltung der Gemeinde eintreten, dass eine Weiterführung des Amts im öffentlichen Interesse nicht vertretbar ist, kann die Amtszeit des Bürgermeisters vorzeitig für beendet erklärt werden. Weitere Voraussetzung ist, dass andere Maßnahmen nicht ausreichen, um einen geordneten Zustand zu gewährleisten. Ein Verschulden des Bürgermeisters ist nicht erforderlich. Über die vorzeitige Beendigung entscheidet das Verwaltungsgericht auf Antrag der oberen Rechtsaufsichtsbehörde. Die vorzeitige Beendigung der Amtszeit nach § 128 ist keine dienst- oder strafrechtliche Maßnahme. Aus diesem Grunde werden dem Bürgermeister, dessen Amtszeit vorzeitig für beendet erklärt worden ist, seine Dienstbezüge weitergewährt – allerdings ohne Aufwandsentschädigung; auch versorgungsrechtlich ist er so gestellt, wie wenn er im Amt verblieben wäre.

Verfassungsrechtliche Bestimmungen

1. Auszug aus dem Grundgesetz für die Bundesrepublik Deutschland vom 23. Mai 1949 (BGBl. S. 1)[*]

Artikel 28

(1) Die verfassungsmäßige Ordnung in den Ländern muss den Grundsätzen des republikanischen, demokratischen und sozialen Rechtsstaates im Sinne dieses Grundgesetzes entsprechen. In den Ländern, Kreisen und Gemeinden muss das Volk eine Vertretung haben, die aus allgemeinen, unmittelbaren, freien, gleichen und geheimen Wahlen hervorgegangen ist. Bei Wahlen in Kreisen und Gemeinden sind auch Personen, die die Staatsangehörigkeit eines Mitgliedstaates der Europäischen Gemeinschaft besitzen, nach Maßgabe von Recht der Europäischen Gemeinschaft wahlberechtigt und wählbar. In Gemeinden kann an die Stelle einer gewählten Körperschaft die Gemeindeversammlung treten.

(2) Den Gemeinden muss das Recht gewährleistet sein, alle Angelegenheiten der örtlichen Gemeinschaft im Rahmen der Gesetze in eigener Verantwortung zu regeln. Auch die Gemeindeverbände haben im Rahmen ihres gesetzlichen Aufgabenbereiches nach Maßgabe der Gesetze das Recht der Selbstverwaltung. Die Gewährleistung der Selbstverwaltung umfasst auch die Grundlagen der finanziellen Eigenverantwortung; zu diesen Grundlagen gehört eine den Gemeinden mit Hebesatzrecht zustehende wirtschaftsbezogene Steuerquelle.

(3) Der Bund gewährleistet, dass die verfassungsmäßige Ordnung der Länder den Grundrechten und den Bestimmungen der Absätze 1 und 2 entspricht.

---

[*] Artikel 28 wurde geändert durch Gesetze vom 21. Dezember 1992 (BGBl. I S. 2086), vom 27. Oktober 1994 (BGBl. I S. 3146) und vom 20. Oktober 1997 (BGBl. I S. 2470).

LV Art. 69–71

2. Auszug aus der Verfassung des Landes Baden-Württemberg vom 11. November 1953 (GBl. S. 173)[*]

VI. Die Verwaltung

Artikel 69

Die Verwaltung wird durch die Regierung, die ihr unterstellten Behörden und durch die Träger der Selbstverwaltung ausgeübt.

Artikel 70

(1) Aufbau, räumliche Gliederung und Zuständigkeiten der Landesverwaltung werden durch Gesetz geregelt. Aufgaben, die von nachgeordneten Verwaltungsbehörden zuverlässig und zweckmäßig erfüllt werden können, sind diesen zuzuweisen.

(2) Die Einrichtung der staatlichen Behörden im Einzelnen obliegt der Regierung, auf Grund der von ihr erteilten Ermächtigung den Ministern.

Artikel 71

(1) Das Land gewährleistet den Gemeinden und Gemeindeverbänden sowie den Zweckverbänden das Recht der Selbstverwaltung. Sie verwalten ihre Angelegenheiten im Rahmen der Gesetze unter eigener Verantwortung. Das Gleiche gilt für sonstige öffentlich-rechtliche Körperschaften und Anstalten in den durch Gesetz gezogenen Grenzen.

(2) Die Gemeinden sind in ihrem Gebiet die Träger der öffentlichen Aufgaben, soweit nicht bestimmte Aufgaben im öffentlichen Interesse durch Gesetz anderen Stellen übertragen sind. Die Gemeindeverbände haben innerhalb ihrer Zuständigkeit die gleiche Stellung.

(3) Den Gemeinden oder Gemeindeverbänden kann durch Gesetz die Erledigung bestimmter bestehender oder neuer öffentlicher Aufgaben über-

---

[*] Artikel 71 wurde geändert durch Gesetz vom 6. Mai 2008 (GBl. S. 119); Artikel 72 wurde geändert durch Gesetz vom 15. Februar 1995 (GBl. S. 269); Artikel 74 wurde geändert durch Gesetz vom 26. Juli 1971 (GBl. S. 313).

tragen werden. Gleichzeitig sind Bestimmungen über die Deckung der Kosten zu treffen. Führen diese Aufgaben, spätere vom Land veranlasste Änderungen ihres Zuschnitts oder der Kosten aus ihrer Erledigung oder spätere nicht vom Land veranlasste Änderungen der Kosten aus der Erledigung übertragener Pflichtaufgaben nach Weisung zu einer wesentlichen Mehrbelastung der Gemeinden oder Gemeindeverbände, so ist ein entsprechender finanzieller Ausgleich zu schaffen. Die Sätze 2 und 3 gelten entsprechend, wenn das Land freiwillige Aufgaben der Gemeinden oder Gemeindeverbände in Pflichtaufgaben umwandelt oder besondere Anforderungen an die Erfüllung bestehender, nicht übertragener Aufgaben begründet. Das Nähere zur Konsultation der in Absatz 4 genannten Zusammenschlüsse zu einer Kostenfolgenabschätzung kann durch Gesetz oder eine Vereinbarung der Landesregierung mit diesen Zusammenschlüssen geregelt werden.*

(4) Bevor durch Gesetz oder Verordnung allgemeine Fragen geregelt werden, welche die Gemeinden und Gemeindeverbände berühren, sind diese oder ihre Zusammenschlüsse rechtzeitig zu hören.

Artikel 72

(1) In den Gemeinden und Kreisen muss das Volk eine Vertretung haben, die aus allgemeinen, unmittelbaren, freien, gleichen und geheimen Wahlen hervorgegangen ist. Bei Wahlen in Kreisen und Gemeinden sind auch Personen, die die Staatsangehörigkeit eines Mitgliedstaates der Europäischen Gemeinschaft besitzen, nach Maßgabe von Recht der Europäischen Gemeinschaft wahlberechtigt und wählbar sowie bei Abstimmungen stimmberechtigt.

(2) Wird in einer Gemeinde mehr als eine gültige Wahlvorschlagsliste eingereicht, so muss die Wahl unter Berücksichtigung der Grundsätze der Verhältniswahl erfolgen. Durch Gemeindesatzung kann Teilorten eine Vertretung im Gemeinderat gesichert werden. In kleinen Gemeinden kann an die Stelle einer gewählten Vertretung die Gemeindeversammlung treten.

(3) Das Nähere regelt ein Gesetz.

---

* Anm. des Bearbeiters: s. Konnexitätsausführungsgesetz vom 6. Mai 2008 (GBl. S. 119).

LV Art. 73–75

Artikel 73

(1) Das Land sorgt dafür, dass die Gemeinden und Gemeindeverbände ihre Aufgaben erfüllen können.

(2) Die Gemeinden und Kreise haben das Recht, eigene Steuern und andere Abgaben nach Maßgabe der Gesetze zu erheben.

(3) Die Gemeinden und Gemeindeverbände werden unter Berücksichtigung der Aufgaben des Landes an dessen Steuereinnahmen beteiligt. Näheres regelt ein Gesetz.

Artikel 74

(1) Das Gebiet von Gemeinden und Gemeindeverbänden kann aus Gründen des öffentlichen Wohls geändert werden.

(2) Das Gemeindegebiet kann durch Vereinbarung der beteiligten Gemeinden mit staatlicher Genehmigung, durch Gesetz oder auf Grund eines Gesetzes geändert werden. Die Auflösung von Gemeinden gegen deren Willen bedarf eines Gesetzes. Vor einer Änderung des Gemeindegebiets muss die Bevölkerung der unmittelbar betroffenen Gebiete gehört werden.

(3) Das Gebiet von Gemeindeverbänden kann durch Gesetz oder auf Grund eines Gesetzes geändert werden. Die Auflösung von Landkreisen bedarf eines Gesetzes.

(4) Das Nähere wird durch Gesetz geregelt.

Artikel 75

(1) Das Land überwacht die Gesetzmäßigkeit der Verwaltung der Gemeinden und Gemeindeverbände. Durch Gesetz kann bestimmt werden, dass die Übernahme von Schuldverpflichtungen und Gewährschaften sowie die Veräußerung von Vermögen von der Zustimmung der mit der Überwachung betrauten Staatsbehörde abhängig gemacht werden, und dass diese Zustimmung unter dem Gesichtspunkt einer geordneten Wirtschaftsführung erteilt oder versagt werden kann.

(2) Bei der Übertragung staatlicher Aufgaben kann sich das Land ein Weisungsrecht nach näherer gesetzlicher Vorschrift vorbehalten.

Artikel 76

Gemeinden und Gemeindeverbände können den Staatsgerichtshof mit der Behauptung anrufen, dass ein Gesetz die Vorschriften der Artikel 71 bis 75 verletze.

Gemeindeordnung für Baden-Württemberg (Gemeindeordnung – GemO)

in der Fassung vom 24. Juli 2000 (GBl. S. 582, ber. S. 698), zuletzt geändert durch Artikel 1 des Gesetzes vom 17. Dezember 2015 (GBl. 2016 S. 1)

Inhaltsübersicht

Erster Teil: **Wesen und Aufgaben der Gemeinde**

1. Abschnitt: **Rechtsstellung**
- § 1 Begriff der Gemeinde
- § 2 Wirkungskreis
- § 3 Stadtkreise, Große Kreisstädte
- § 4 Satzungen
- § 5 Name und Bezeichnung
- § 6 Wappen, Flaggen, Dienstsiegel

2. Abschnitt: **Gemeindegebiet**
- § 7 Gebietsbestand
- § 8 Gebietsänderungen
- § 9 Rechtsfolgen, Auseinandersetzung

3. Abschnitt: **Einwohner und Bürger**
- § 10 Rechtsstellung des Einwohners
- § 11 Anschluss- und Benutzungszwang
- § 12 Bürgerrecht
- § 13 Verlust des Bürgerrechts
- § 14 Wahlrecht
- § 15 Bestellung zu ehrenamtlicher Tätigkeit
- § 16 Ablehnung ehrenamtlicher Tätigkeit
- § 17 Pflichten ehrenamtlich tätiger Bürger
- § 18 Ausschluss wegen Befangenheit
- § 19 Entschädigung für ehrenamtliche Tätigkeit
- § 20 Unterrichtung der Einwohner
- § 20a Einwohnerversammlung
- § 20b Einwohnerantrag
- § 21 Bürgerentscheid, Bürgerbegehren

Inhaltsübersicht **GemO**

§ 22 Ehrenbürgerrecht

Zweiter Teil: **Verfassung und Verwaltung der Gemeinde**

1. Abschnitt: **Organe**

§ 23

2. Abschnitt: **Gemeinderat**

§ 24 Rechtsstellung und Aufgaben
§ 25 Zusammensetzung
§ 26 Wahlgrundsätze
§ 27 Wahlgebiet, Unechte Teilortswahl
§ 28 Wählbarkeit
§ 29 Hinderungsgründe
§ 30 Amtszeit
§ 31 Ausscheiden, Nachrücken, Ergänzungswahl
§ 32 Rechtsstellung der Gemeinderäte
§ 32a Fraktionen
§ 33 Mitwirkung im Gemeinderat
§ 33a Ältestenrat
§ 34 Einberufung der Sitzungen, Teilnahmepflicht
§ 35 Öffentlichkeit der Sitzungen
§ 36 Verhandlungsleitung, Geschäftsgang
§ 37 Beschlussfassung
§ 38 Niederschrift
§ 39 Beschließende Ausschüsse
§ 40 Zusammensetzung der beschließenden Ausschüsse
§ 41 Beratende Ausschüsse
§ 41a Beteiligung von Kindern und Jugendlichen
§ 41b Veröffentlichung von Informationen

3. Abschnitt: **Bürgermeister**

§ 42 Rechtsstellung des Bürgermeisters
§ 43 Stellung im Gemeinderat
§ 44 Leitung der Gemeindeverwaltung
§ 45 Wahlgrundsätze
§ 46 Wählbarkeit, Hinderungsgründe
§ 47 Zeitpunkt der Wahl, Stellenausschreibung

GemO   Inhaltsübersicht

- § 48 Stellvertreter des Bürgermeisters
- § 49 Beigeordnete
- § 50 Rechtsstellung und Bestellung der Beigeordneten
- § 51 Hinderungsgründe
- § 52 Besondere Dienstpflichten
- § 53 Beauftragung, rechtsgeschäftliche Vollmacht
- § 54 Verpflichtungserklärungen
- § 55 Beirat für geheim zu haltende Angelegenheiten

4. Abschnitt: **Gemeindebedienstete**
- § 56 Einstellung, Ausbildung
- § 57 Stellenplan
- § 58 Gemeindefachbediensteter

5. Abschnitt: **Besondere Verwaltungsformen**

1. Verwaltungsgemeinschaft
- § 59 Rechtsformen der Verwaltungsgemeinschaft
- § 60 Anwendung von Rechtsvorschriften und besondere Bestimmungen für die Verwaltungsgemeinschaft
- § 61 Aufgaben der Verwaltungsgemeinschaft
- § 62 Auflösung der Verwaltungsgemeinschaft und Ausscheiden beteiligter Gemeinden

2. Bürgermeister in mehreren Gemeinden
- § 63

3. Bezirksverfassung
- § 64 Gemeindebezirk
- § 65 Bezirksbeirat
- § 66 Aufhebung der Bezirksverfassung

4. Ortschaftsverfassung
- § 67 Einführung der Ortschaftsverfassung
- § 68 Ortschaften
- § 69 Ortschaftsrat
- § 70 Aufgaben des Ortschaftsrats
- § 71 Ortsvorsteher
- § 72 Anwendung von Rechtsvorschriften
- § 73 Aufhebung der Ortschaftsverfassung
- §§ 74–76 (entfallen)

Inhaltsübersicht **GemO**

Dritter Teil: **Gemeindewirtschaft**
1. Abschnitt: **Haushaltswirtschaft**
§ 77 Allgemeine Haushaltsgrundsätze
§ 78 Grundsätze der Erzielung von Erträgen und Einzahlungen
§ 79 Haushaltssatzung
§ 80 Haushaltsplan
§ 81 Erlass der Haushaltssatzung
§ 82 Nachtragshaushaltssatzung
§ 83 Vorläufige Haushaltsführung
§ 84 Planabweichungen
§ 85 Finanzplanung
§ 86 Verpflichtungsermächtigungen
§ 87 Kreditaufnahmen
§ 88 Sicherheiten und Gewährleistung für Dritte
§ 89 Liquiditätssicherung
§ 90 Rücklagen, Rückstellungen
§ 91 Erwerb und Verwaltung von Vermögen, Wertansätze
§ 92 Veräußerung von Vermögen
§ 93 Gemeindekasse
§ 94 Übertragung von Kassengeschäften
§ 95 Jahresabschluss
§ 95a Gesamtabschluss
§ 95b Aufstellung und ortsübliche Bekanntgabe der Abschlüsse
2. Abschnitt: **Sondervermögen, Treuhandvermögen**
§ 96 Sondervermögen
§ 97 Treuhandvermögen
§ 98 Sonderkassen
§ 99 Freistellung von der Finanzplanung
§ 100 Gemeindegliedervermögen
§ 101 Örtliche Stiftungen
3. Abschnitt: **Unternehmen und Beteiligungen**
§ 102 Zulässigkeit wirtschaftlicher Unternehmen
§ 102a Selbstständige Kommunalanstalt
§ 102b Organe der selbstständigen Kommunalanstalt

GemO   Inhaltsübersicht

§ 102c Umwandlung
§ 102d Sonstige Vorschriften für selbstständige Kommunalanstalten
§ 103 Unternehmen in Privatrechtsform
§ 103a Unternehmen in der Rechtsform einer Gesellschaft mit beschränkter Haftung
§ 104 Vertretung der Gemeinde in Unternehmen in Privatrechtsform
§ 105 Prüfung, Offenlegung und Beteiligungsbericht
§ 105a Mittelbare Beteiligungen an Unternehmen in Privatrechtsform
§ 106 Veräußerung von Unternehmen und Beteiligungen
§ 106a Einrichtungen in Privatrechtsform
§ 106b Vergabe von Aufträgen
§ 107 Energie- und Wasserverträge
§ 108 Vorlagepflicht

4. Abschnitt: **Prüfungswesen**

1. Örtliche Prüfung

§ 109 Prüfungseinrichtungen
§ 110 Örtliche Prüfung des Jahresabschlusses und des Gesamtabschlusses
§ 111 Örtliche Prüfung der Jahresabschlüsse der Eigenbetriebe, Sonder- und Treuhandvermögen
§ 112 Weitere Aufgaben des Rechnungsprüfungsamts

2. Überörtliche Prüfung

§ 113 Prüfungsbehörden
§ 114 Aufgaben und Gang der überörtlichen Prüfung

3. Programmprüfung

§ 114a

4. (aufgehoben)

§ 115 (aufgehoben)

5. Abschnitt: **Besorgung des Finanzwesens**

§ 116

6. Abschnitt: **Unwirksame und nichtige Rechtsgeschäfte**

§ 117

Vierter Teil: **Aufsicht**

§ 118 Wesen und Inhalt der Aufsicht

Inhaltsübersicht **GemO**

- § 119 Rechtsaufsichtsbehörden
- § 120 Informationsrecht
- § 121 Beanstandungsrecht
- § 122 Anordnungsrecht
- § 123 Ersatzvornahme
- § 124 Bestellung eines Beauftragten
- § 125 Rechtsschutz in Angelegenheiten der Rechtsaufsicht
- § 126 Geltendmachung von Ansprüchen, Verträge mit der Gemeinde
- § 127 Zwangsvollstreckung
- § 128 Vorzeitige Beendigung der Amtszeit des Bürgermeisters
- § 129 Fachaufsichtsbehörden, Befugnisse der Fachaufsicht

Fünfter Teil: **Übergangs- und Schlussbestimmungen**

1. Abschnitt: **Allgemeine Übergangsbestimmungen**
- § 130 Weisungsaufgaben
- § 131 Rechtsstellung der bisherigen Stadtkreise und unmittelbaren Kreisstädte
- § 132 (aufgehoben)
- § 133 Frühere badische Stadtgemeinden
- §§ 134–137 (aufgehoben)
- § 138 – nicht abgedruckt –
- § 139 (aufgehoben)
- § 140 Fortgeltung von Bestimmungen über die Aufsicht

2. Abschnitt: **Vorläufige Angleichung des Rechts der Gemeindebeamten**
- § 141 Versorgung

3. Abschnitt: **Schlussbestimmungen**
- § 142 Ordnungswidrigkeiten
- § 143 Maßgebende Einwohnerzahl
- § 144 Durchführungsbestimmungen
- § 145 Verbindliche Muster
- § 146 (aufgehoben)
- § 147 Inkrafttreten

§ 1 GemO — Wesen und Aufgaben der Gemeinde

Erster Teil: Wesen und Aufgaben der Gemeinde

1. Abschnitt: **Rechtsstellung**

§ 1 Begriff der Gemeinde

(1) Die Gemeinde ist Grundlage und Glied des demokratischen Staates.

(2) Die Gemeinde fördert in bürgerschaftlicher Selbstverwaltung das gemeinsame Wohl ihrer Einwohner und erfüllt die ihr von Land und Bund zugewiesenen Aufgaben.

(3) Die verantwortliche Teilnahme an der bürgerschaftlichen Verwaltung der Gemeinde ist Recht und Pflicht des Bürgers.

(4) Die Gemeinde ist Gebietskörperschaft.

VwV GemO[*] zu § 1:

Die Gemeindeordnung gilt für alle Gemeinden des Landes ohne Unterschied der Größe und der besonderen Rechtsstellung (Stadtkreise, Große Kreisstädte). Sie enthält auch das Recht der Verwaltungsgemeinschaften. Die Regelungen der Gemeindeordnung gehen als Spezialvorschriften den Regelungen des Landesverwaltungsverfahrensgesetzes vor; enthält die Gemeindeordnung keine abschließenden Regelungen, wird sie gegebenenfalls durch das Landesverwaltungsverfahrensgesetz ergänzt.

---

[*] Verwaltungsvorschrift des Innenministeriums zur Gemeindeordnung für Baden-Württemberg (VwV GemO) vom 1. Dezember 1985 – Az. IV 3/728 – (GABl. S. 1113), zuletzt geändert durch Verwaltungsvorschrift vom 24. November 1989 – Az. 2-3/751 – (GABl. S. 1276).
Diese Verwaltungsvorschrift soll unter Berücksichtigung der seit dem Runderlass zur Gemeindeordnung vom 9. Dezember 1977 (GABl. S. 1549) eingetretenen Veränderungen zur einheitlichen Anwendung der Gemeindeordnung für Baden-Württemberg beitragen. Für die kommunalen Selbstverwaltungskörperschaften enthält sie grundsätzlich nur Erläuterungen, Hinweise und Empfehlungen.
Anm. des Bearbeiters:
Die VwV GemO ist aufgrund der Vorschriftenanordnung vom 23. November 2004 (GABl. 2005 S. 194) zum 31. Dezember 2005 förmlich außer Kraft getreten. Sie ist auch seit 1989 nicht mehr aktualisiert worden. Einige Ausführungen treffen deshalb aufgrund zwischenzeitlich erfolgter Änderungen der Gemeindeordnung nicht mehr zu.

Rechtsstellung **GemO §§ 2, 3**

§ 2 Wirkungskreis

(1) Die Gemeinden verwalten in ihrem Gebiet alle öffentlichen Aufgaben allein und unter eigener Verantwortung, soweit die Gesetze nichts anderes bestimmen.

(2) Die Gemeinden können durch Gesetz zur Erfüllung bestimmter öffentlicher Aufgaben verpflichtet werden (Pflichtaufgaben). Werden neue Pflichtaufgaben auferlegt, sind dabei Bestimmungen über die Deckung der Kosten zu treffen. Führen diese Aufgaben zu einer Mehrbelastung der Gemeinden, ist ein entsprechender finanzieller Ausgleich zu schaffen.[*]

(3) Pflichtaufgaben können den Gemeinden zur Erfüllung nach Weisung auferlegt werden (Weisungsaufgaben); das Gesetz bestimmt den Umfang des Weisungsrechts.

(4) In die Rechte der Gemeinden kann nur durch Gesetz eingegriffen werden. Verordnungen zur Durchführung solcher Gesetze bedürfen, sofern sie nicht von der Landesregierung oder dem Innenministerium erlassen werden, der Zustimmung des Innenministeriums.

VwV GemO zu § 2:

Die Vorschrift des § 2 enthält den Grundsatz der Allzuständigkeit der Gemeinde und der Einheit der Verwaltung auf der Gemeindeebene. Soweit die Gemeinden nicht gesetzlich zur Erfüllung bestimmter Aufgaben verpflichtet sind, ist es ihnen im Rahmen ihres Wirkungskreises überlassen, welche Einrichtungen sie zur Förderung des gemeinsamen Wohls ihrer Einwohner schaffen und welche Vorkehrungen sie hierfür treffen wollen. Ein geordneter Verwaltungsablauf und die Aufgabenerfüllung müssen gesichert sein. Grenzen sind den Gemeinden dadurch gesetzt, dass sie auf ihre eigene Leistungsfähigkeit und die wirtschaftlichen Kräfte der Abgabepflichtigen Rücksicht zu nehmen haben (§ 78 Abs. 2 Satz 2).

§ 3 Stadtkreise, Große Kreisstädte

(1) Durch Gesetz können Gemeinden auf ihren Antrag zu Stadtkreisen erklärt werden.

---

[*] Anm. des Bearbeiters: s. dazu Artikel 71 Abs. 3 LV.

§ 4 GemO — Wesen und Aufgaben der Gemeinde

(2) Gemeinden mit mehr als 20 000 Einwohnern können auf ihren Antrag von der Landesregierung zu Großen Kreisstädten erklärt werden. Die Erklärung zur Großen Kreisstadt ist im Gesetzblatt bekannt zu machen.

§ 4 Satzungen

(1) Die Gemeinden können die weisungsfreien Angelegenheiten durch Satzung regeln, soweit die Gesetze keine Vorschriften enthalten. Bei Weisungsaufgaben können Satzungen nur erlassen werden, wenn dies im Gesetz vorgesehen ist.

(2) Wenn nach den Vorschriften dieses Gesetzes eine Hauptsatzung zu erlassen ist, muss sie mit der Mehrheit der Stimmen aller Mitglieder des Gemeinderats beschlossen werden.

(3) Satzungen sind öffentlich bekannt zu machen. Sie treten am Tage nach der Bekanntmachung in Kraft, wenn kein anderer Zeitpunkt bestimmt ist. Satzungen sind der Rechtsaufsichtsbehörde anzuzeigen.

(4) Satzungen, die unter Verletzung von Verfahrens- oder Formvorschriften dieses Gesetzes oder auf Grund dieses Gesetzes zu Stande gekommen sind, gelten ein Jahr nach der Bekanntmachung als von Anfang an gültig zu Stande gekommen. Dies gilt nicht, wenn
1. die Vorschriften über die Öffentlichkeit der Sitzung, die Genehmigung oder die Bekanntmachung der Satzung verletzt worden sind,
2. der Bürgermeister dem Beschluss nach § 43 wegen Gesetzwidrigkeit widersprochen hat oder wenn vor Ablauf der in Satz 1 genannten Frist die Rechtsaufsichtsbehörde den Beschluss beanstandet hat oder die Verletzung der Verfahrens- oder Formvorschrift gegenüber der Gemeinde unter Bezeichnung des Sachverhalts, der die Verletzung begründen soll, schriftlich geltend gemacht worden ist.

Ist eine Verletzung nach Satz 2 Nr. 2 geltend gemacht worden, so kann auch nach Ablauf der in Satz 1 genannten Frist jedermann diese Verletzung geltend machen. Bei der Bekanntmachung der Satzung ist auf die Voraussetzungen für die Geltendmachung der Verletzung von Verfahrens- oder Formvorschriften und die Rechtsfolgen hinzuweisen.

(5) Absatz 4 gilt für anderes Ortsrecht und Flächennutzungspläne entsprechend.

GemO § 4

DVO GemO* zu § 4:

§ 1 Öffentliche Bekanntmachungen

(1) Öffentliche Bekanntmachungen der Gemeinde können, soweit keine sondergesetzlichen Bestimmungen bestehen, in folgenden Formen durchgeführt werden:
1. durch Einrücken in das eigene Amtsblatt der Gemeinde,
2. durch Einrücken in eine bestimmte, regelmäßig erscheinende Zeitung,
3. durch Bereitstellung im Internet oder
4. sofern die Gemeinde weniger als 5000 Einwohner hat, durch Anschlag an der Verkündungstafel des Rathauses und an den sonstigen hierfür bestimmten Stellen während der Dauer von mindestens einer Woche, wobei gleichzeitig durch das Amtsblatt, die Zeitung oder auf andere geeignete Weise auf den Anschlag aufmerksam zu machen ist.

Die Form der öffentlichen Bekanntmachung ist im Einzelnen durch Satzung zu bestimmen.

(2) Bei der öffentlichen Bekanntmachung im Internet ist in der Satzung über die öffentliche Bekanntmachung (Absatz 1 Satz 2) die Internetadresse der Gemeinde anzugeben. In dieser Satzung ist darauf hinzuweisen, dass die öffentlichen Bekanntmachungen an einer bestimmten Verwaltungsstelle der Gemeinde während der Sprechzeiten kostenlos eingesehen werden können und gegen Kostenerstattung als Ausdruck zu erhalten sind. Ferner ist darauf hinzuweisen, dass Ausdrucke der öffentlichen Bekanntmachungen unter Angabe der Bezugsadresse gegen Kostenerstattung auch zugesandt werden. Bei der Bekanntmachung im Internet ist der Bereitstellungstag anzugeben. Öffentliche Bekanntmachungen im Internet müssen auf der Internetseite der Gemeinde so erreichbar sein, dass der Internetnutzer auf der Startseite den Bereich des Ortsrechts erkennt. Die Bereitstellung im Internet darf nur im Rahmen einer ausschließlich von der Gemeinde verantworteten Internetseite erfolgen; sie darf sich zur Einrichtung, Pflege und zum Betrieb eines Dritten bedienen. Öffentliche Bekanntmachungen im Internet müssen für Internetnutzer ohne Nutzungsgebühren und ohne kostenpflichtige Lizenzen etwa für Textsysteme lesbar sein. Sie sind während der Geltungsdauer mit einer angemessenen Verfügbarkeit im Internet bereitzuhalten und gegen Löschung und Verfälschung durch technische und

---

* Verordnung des Innenministeriums zur Durchführung der Gemeindeordnung (DVO GemO) vom 11. Dezember 2000 (GBl. 2001 S. 2), zuletzt geändert durch Artikel 5 des Gesetzes vom 28. Oktober 2015 (GBl. S. 870, 875).

§ 4 GemO   Wesen und Aufgaben der Gemeinde

organisatorische Maßnahmen, insbesondere eine qualifizierte elektronische Signatur, zu sichern.

(3) Satzungen sind mit ihrem vollen Wortlaut bekannt zu machen. Über den Vollzug der Bekanntmachung von Satzungen ist ein Nachweis zu den Akten der Gemeinde zu bringen.

(4) Sind Pläne oder zeichnerische Darstellungen, insbesondere Karten Bestandteile einer Satzung, können sie dadurch öffentlich bekannt gemacht werden (Ersatzbekanntmachung), dass

1. sie an einer bestimmten Verwaltungsstelle der Gemeinde zur kostenlosen Einsicht durch jedermann während der Sprechzeiten niedergelegt werden,
2. hierauf in der Satzung hingewiesen wird und
3. in der Satzung der wesentliche Inhalt der niedergelegten Teile umschrieben wird.

(5) Erscheint eine rechtzeitige Bekanntmachung in der nach den Absätzen 1 bis 4 vorgeschriebenen Form nicht möglich, so kann die öffentliche Bekanntmachung in anderer geeigneter Weise durchgeführt werden (Notbekanntmachung). Die Bekanntmachung ist in der nach den Absätzen 1 bis 4 vorgeschriebenen Form zu wiederholen, sobald die Umstände es zulassen.

VwV GemO zu § 4:

1. Die von den Gemeinden rechtsgültig erlassenen Satzungen sind für jedermann, auch für die Organe der Gemeinde und die Aufsichtsbehörden, rechtsverbindlich. Auf Grund von § 4 Abs. 1 erlassene Satzungen über die Benutzung von öffentlichen Einrichtungen können dadurch bewehrt werden, dass Zuwiderhandlungen gegen diese Satzungen nach § 142 zu Ordnungswidrigkeiten erklärt werden.
2. Die Gemeinden sind zum Erlass einer Hauptsatzung nur insoweit berechtigt und verpflichtet, als sie Gegenstände regeln wollen oder müssen, die nach der Gemeindeordnung der Regelung durch Hauptsatzung bedürfen. Diese Gegenstände sind:
   a) die Bestimmung weiterer wichtiger Gemeindeangelegenheiten, über die ein Bürgerentscheid zulässig ist (§ 21 Abs. 1 Satz 3),
   b) in Gemeinden mit unechter Teilortswahl die Bestimmung, dass für die Zahl der Gemeinderäte die nächsthöhere Gemeindegrößengruppe maßgebend ist (§ 25 Abs. 2 Satz 2),
   c) die Einführung der unechten Teilortswahl (§ 27 Abs. 2 Satz 1),

Rechtsstellung **GemO § 4**

    d) die Bildung eines Ältestenrats (§ 33a Abs. 1 Satz 1),
    e) die Bildung und die Zuständigkeiten von beschließenden Ausschüssen, denen Aufgaben zur dauernden Erledigung übertragen werden (§ 39); der einem beschließenden Ausschuss gleichkommende Werksausschuss wird nach § 2 Abs. 2 i. V. mit § 6 des Eigenbetriebsgesetzes durch die Betriebssatzung gebildet,
    f) in Gemeinden mit mehr als 500, aber weniger als 2000 Einwohnern die Einführung des hauptamtlichen Bürgermeisters (§ 42 Abs. 2 Satz 1),
    g) die dauernde Übertragung der Erledigung bestimmter Aufgaben auf den Bürgermeister (§ 44 Abs. 2 Satz 2),
    h) die Bestimmung der Zahl der Beigeordneten in Stadtkreisen oder in Gemeinden mit mehr als 10 000 Einwohnern, wenn dort Beigeordnete bestellt werden sollen (§ 49 Abs. 1),
    i) die Bildung von Gemeindebezirken (Stadtbezirken) und die Bestimmung der Zahl der Bezirksbeiräte (§ 64 Abs. 1 Satz 1 und § 65 Abs. 1 Satz 2),
    k) die Einrichtung von Ortschaften und deren nähere Ausgestaltung (§§ 68 bis 71).
    Regelungen, die nicht Inhalt der Hauptsatzung sein können, sollen mit dieser auch nicht verbunden werden.
3. Satzungen sind der Rechtsaufsichtsbehörde, vorbehaltlich besonderer Vorlage- und Genehmigungspflichten (s. auch Nr. 4 zu § 121), anzuzeigen. Um zu vermeiden, dass die Rechtsaufsichtsbehörde eine bereits beschlossene und bekannt gemachte Satzung wegen rechtlicher Mängel nachträglich beanstanden muss, wird empfohlen, rechtlich schwierige Satzungen rechtzeitig mit der Rechtsaufsichtsbehörde abzustimmen.
4. Satzungen werden von der Rechtsaufsichtsbehörde nur auf ihre Gesetzmäßigkeit überprüft, soweit nicht durch Gesetz eine weitergehende Prüfung zugelassen ist. Die Prüfung der Gesetzmäßigkeit erstreckt sich nicht nur auf den materiellen Inhalt der Satzung, sondern auch auf die Ordnungsmäßigkeit des Rechtsetzungsverfahrens.
5. Satzungen, mit Ausnahme der Hauptsatzung und der Satzung über die öffentliche Bekanntmachung, können grundsätzlich auch mit rückwirkender Kraft erlassen werden. Die Rückwirkung von Satzungen, aus denen sich eine Belastung ergibt, darf angeordnet werden, wenn sie gesetzlich ausdrücklich zugelassen ist, sonst nur, wenn die Belastung für die Betroffenen voraussehbar, messbar und berechenbar ist und wenn kein spezielles gesetzliches Rückwirkungsverbot besteht.

§ 4 GemO Wesen und Aufgaben der Gemeinde

6. In jeder Gemeinde muss eine Satzung über die öffentliche Bekanntmachung bestehen, aus der eindeutig hervorgeht, in welcher der in § 1 Abs. 1 DVO GemO abschließend aufgezählten Formen öffentlich bekannt gemacht wird. Sondergesetzliche Vorschriften über die öffentliche Bekanntmachung bleiben unberührt. Im Falle des § 1 Abs. 1 Satz 1 Nr. 3 DVO GemO muss der Hinweis auch die Dauer der Auslegung enthalten. Bei dieser Bekanntmachungsform ist die Bekanntmachung erst nach Ablauf der für den Anschlag festgesetzten Frist von mindestens einer Woche erfolgt; für die Berechnung dieser Frist ist die letzte Bekanntmachungshandlung (Anschlag oder Hinweis) maßgebend. Auf diese Weise bekannt gemachte Satzungen treten, wenn kein anderer Zeitpunkt bestimmt ist, am Tage nach Ablauf der Frist in Kraft. Wegen der Bekanntmachung bei Kommunalwahlen vgl. § 55 KomWO.
Zur Ersatzbekanntmachung von Plänen und zeichnerischen Darstellungen siehe § 1 Abs. 3 DVO GemO. Der der Niederlegung dienende Raum muss in einer Dienststelle der Gemeindeverwaltung liegen und jedermann zugänglich sein. Die Niederlegung muss spätestens mit der öffentlichen Bekanntmachung der Satzung beginnen (bei öffentlicher Bekanntmachung durch Anschlag und Hinweis also vom Tage des Anschlags oder Hinweises an) und während der ganzen Geltungsdauer der Satzung fortdauern; der niedergelegte Satzungsbestandteil ist so zu verwahren, dass er in den Dienststunden ungehindert eingesehen werden kann.

7. Die Heilungsvorschrift des § 4 Abs. 4 betrifft lediglich Verstöße gegen Verfahrens- und Formvorschriften, nicht Verstöße gegen materielles Recht. Zu den Verfahrens- und Formvorschriften gehören insbesondere die Bestimmungen der Gemeindeordnung über die Einberufung von Sitzungen (§ 34), den Geschäftsgang (§ 36 Abs. 2), die Beschlussfassung (§ 37), das Verbot der Mitwirkung wegen Befangenheit (§ 18) und die Anhörung des Ortschaftsrats (§ 70 Abs. 2), ferner die Verfahrens- und Formvorschriften von Verordnungen, die auf Grund von Ermächtigungen in der Gemeindeordnung erlassen worden sind (§ 144 GemO), z. B. der DVO GemO. Die Heilung ist ausgeschlossen, wenn die Vorschriften über die Öffentlichkeit der Sitzung, die Genehmigung oder die Bekanntmachung der Satzung verletzt worden sind. Die Heilungsfrist von einem Jahr beginnt mit der ordnungsgemäßen Bekanntmachung der Satzung, die auch den nach Absatz 4 Satz 4 vorgeschriebenen Hinweis enthalten muss. Ortsrecht i.S. des Absatzes 5 sind auch Polizeiverordnungen, die von der Gemeinde erlassen werden. Verstöße gegen die Mitwirkungsverbote wegen Hinderung und Befangenheit werden beim Erlass von Satzungen, anderem Ortsrecht und

Flächennutzungsplänen nach Absatz 4 und 5 geheilt, im Übrigen nach § 18 Abs. 6 und § 31 Abs. 1 Satz 5. Die Heilungsvorschriften des Bundesrechts (z. B. § 215 BauGB) gehen den Heilungsvorschriften der GemO vor. Die Heilungsvorschriften finden auch auf Satzungen, anderes Ortsrecht und Flächennutzungspläne Anwendung, die bei Einführung der Heilungsvorschriften am 1. Juli 1983 bereits in Kraft waren, wenn eine Erstreckung nach Artikel 8 Abs. 1 des Gesetzes zur Änderung der Gemeindeordnung, der Landkreisordnung und anderer Gesetze vom 29. Juni 1983 (GBl. S. 229) herbeigeführt worden ist.

§ 5 Name und Bezeichnung

(1) Die Gemeinden führen ihre bisherigen Namen. Die Bestimmung, Feststellung oder Änderung des Namens einer Gemeinde bedarf der Zustimmung des Regierungspräsidiums.

(2) Die Bezeichnung „Stadt" führen die Gemeinden, denen diese Bezeichnung nach bisherigem Recht zusteht. Die Landesregierung kann auf Antrag die Bezeichnung „Stadt" an Gemeinden verleihen, die nach Einwohnerzahl, Siedlungsform und ihren kulturellen und wirtschaftlichen Verhältnissen städtisches Gepräge tragen. Wird eine Gemeinde mit der Bezeichnung „Stadt" in eine andere Gemeinde eingegliedert oder mit anderen Gemeinden zu einer neuen Gemeinde vereinigt, kann die aufnehmende oder neu gebildete Gemeinde diese Bezeichnung als eigene Bezeichnung weiterführen.

(3) Die Gemeinden können auch sonstige überkommene Bezeichnungen weiterführen. Die Landesregierung kann auf Antrag an Gemeinden für diese selbst oder für einzelne Ortsteile (Absatz 4) sonstige Bezeichnungen verleihen, die auf der geschichtlichen Vergangenheit, der Eigenart oder der heutigen Bedeutung der Gemeinden oder der Ortsteile beruhen. Wird eine Gemeinde mit einer sonstigen Bezeichnung in eine andere Gemeinde eingegliedert oder mit anderen Gemeinden zu einer neuen Gemeinde vereinigt, kann diese Bezeichnung für den entsprechenden Ortsteil der aufnehmenden oder neu gebildeten Gemeinde weitergeführt werden.

(4) Die Benennung von bewohnten Gemeindeteilen (Ortsteile) sowie der innerhalb dieser dem öffentlichen Verkehr dienenden Straßen, Wege, Plätze und Brücken ist Angelegenheit der Gemeinden. Gleich lautende Benennungen innerhalb derselben Gemeinde sind unzulässig.

§ 5 GemO Wesen und Aufgaben der Gemeinde

DVO GemO zu § 5:

§ 2 Name und Bezeichnung

(1) Die Bestimmung des Namens einer neu gebildeten Gemeinde, die Feststellung und die Änderung eines Gemeindenamens sowie die Verleihung der Bezeichnung „Stadt" und sonstiger Bezeichnungen werden in dem für die Veröffentlichungen des Innenministeriums bestimmten Amtsblatt bekannt gegeben. Das Gleiche gilt für die Weiterführung der Bezeichnung „Stadt" durch die aufnehmende oder neu gebildete Gemeinde sowie für die Weiterführung einer sonstigen Bezeichnung für einen Ortsteil der aufnehmenden oder neu gebildeten Gemeinde.

(2) Ortsteile können einen Namen erhalten, wenn sie aus einer oder mehreren früheren Gemeinden bestehen oder wenn sie erkennbar vom übrigen bewohnten Gemeindegebiet getrennt sind und wenn wegen der Einwohnerzahl, der Art der Bebauung oder des Gebietsumfangs ein öffentliches Bedürfnis hierfür besteht.

(3) Die Gemeinde hat vor der Benennung oder Umbenennung eines Ortsteils die Archivbehörde, die zuständige Stelle für Volkskunde, das Statistische Landesamt, die Deutsche Post AG, das Landesamt für Geoinformation und Landentwicklung und, sofern die Gemeinde oder der Ortsteil an einem Schienenweg der Eisenbahn liegt, das Eisenbahninfrastrukturunternehmen, das den Schienenweg betreibt, und die Eisenbahnverkehrsunternehmen, die den Schienenweg im regelmäßigen Personenverkehr benutzen, zu hören.

(4) Die Benennung oder Umbenennung eines Ortsteils ist öffentlich bekannt zu machen, der Rechtsaufsichtsbehörde anzuzeigen und den im Vorverfahren gehörten Stellen sowie dem Amtsgericht und dem Finanzamt mitzuteilen.

VwV GemO zu § 5:

1. § 5 Abs. 1 bezieht sich nur auf den Namen der Gemeinde, nicht auch auf Bezeichnungen im Sinne von § 5 Abs. 2 und 3; topographische und sonstige Zusätze sind Bestandteile des Namens. Als amtlicher Name gilt der in dem vom Statistischen Landesamt Baden-Württemberg herausgegebenen amtlichen Gemeindeverzeichnis aufgeführte Gemeindename. In amtlichen Urkunden oder öffentlichen Büchern und im amtlichen Schriftverkehr darf nur der amtliche Gemeindename geführt werden.

Rechtsstellung **GemO § 5**

Eine Änderung des Gemeindenamens liegt auch vor bei einer Änderung der Schreibweise des Namens und bei der Hinzufügung eines Zusatzes. Eine Feststellung des Gemeindenamens stellt auch die Klarstellung einer zweifelhaft gewordenen Schreibweise eines Namens dar.
Der Antrag auf Erteilung der Zustimmung wird bei der Rechtsaufsichtsbehörde gestellt. Sofern die in § 2 Abs. 3 DVO GemO genannten Stellen noch nicht von den Antragstellern gehört worden sind, haben die Rechtsaufsichtsbehörden die Stellungnahmen einzuholen. Dabei ist in den Regierungsbezirken Stuttgart und Tübingen als federführende Behörde nur das Landesvermessungsamt Baden-Württemberg, Stuttgart, und in den Regierungsbezirken Karlsruhe und Freiburg nur das Landesvermessungsamt Baden-Württemberg – Außenstelle Karlsruhe – anzuschreiben, das auch die übrigen Stellen (Landesarchivdirektion, Landesdenkmalamt, Württembergische und Badische Landesstelle für Volkskunde, Statistisches Landesamt) beteiligt; die Oberpostdirektion und ggf. das Betriebsamt der Bundesbahn sind gesondert anzuhören. Die Rechtsaufsichtsbehörden teilen ihre Zustimmung den im Verfahren gehörten Stellen unmittelbar mit.
2. Die Bezeichnung „Stadt" kann nur an solche Gemeinden verliehen werden, die nach Einwohnerzahl, Siedlungsform und ihren kulturellen und wirtschaftlichen Verhältnissen städtisches Gepräge haben. Als unterer Grenze ist von einer Zahl von 10 000 Einwohnern auszugehen; der Hauptanteil der Einwohner muss auf ein im Wesentlichen geschlossenes Siedlungsgebiet entfallen. Eine städtische Siedlungsform ist nicht schon dann gegeben, wenn ausgedehnte Wohnsiedlungen entstanden sind. Es muss hinzukommen, dass die gesamte Struktur der Gemeinde städtisches Gepräge aufweist. Dazu gehören außer genügenden Straßen, Gehweg-, Parkplatz- und Grünanlagen, modernen Anforderungen entsprechenden Ver- und Entsorgungseinrichtungen, Kultur-, Bildungs-, Sport- und Freizeiteinrichtungen sowie z. B. einer angemessenen ärztlichen Versorgung auch Einkaufsmöglichkeiten für die Deckung des gehobenen Bedarfs in zumindest einem sich als Zentrum abzeichnenden Teil der Gemeinde. Auch der Stand von Sanierungsmaßnahmen ist zu berücksichtigen. Bei der Beurteilung der wirtschaftlichen Verhältnisse sind die Zahl und die Größe der vorhandenen Industrie- und Gewerbebetriebe sowie das zahlenmäßige Verhältnis des in ihnen beschäftigten Bevölkerungsteils zu dem in der Landwirtschaft tätigen Teil der Bevölkerung von Bedeutung. Dabei spielt auch die Entwicklungsmöglichkeit der Gemeinden in Bezug auf die Verkehrsverhältnisse und auf die Erschließung von neuem Bau-, Industrie- und

§ 5 GemO Wesen und Aufgaben der Gemeinde

Gewerbegelände eine Rolle. Vor allem gehört zum städtischen Gepräge, dass die Gemeinde Mittelpunkt ihres Verwaltungsraums ist.

3. Unter sonstigen überkommenen Bezeichnungen nach § 5 Abs. 3 Satz 1 sind nur Bezeichnungen zu verstehen, die Gemeinden entweder nach früherem Recht ohne eine besondere Verleihung annehmen und weiterführen durften, oder die ihnen verliehen worden sind. Eine neue Verleihung sonstiger Bezeichnungen kommt nur in Betracht, wenn ganz besondere Verhältnisse eine Hervorhebung vor den anderen Gemeinden rechtfertigen. Werbeangaben, z. B. als Hinweis auf eine in der Gemeinde besonders entwickelte Industrie, scheiden als amtliche Bezeichnung aus. Die Begriffe „Stadtkreis" und „Große Kreisstadt" (§ 3) sind keine besonderen Bezeichnungen im Sinne von § 5 Abs. 3. Hauptsächlich geht es um die Bezeichnung „Bad". Für die Verleihung dieser Bezeichnung ist das Vorhandensein von Heilquellen nicht unbedingt ausschlaggebend. Auch Gemeinden mit einem Vorkommen an anderen natürlichen Heilmitteln und besonderen Kureinrichtungen können für eine solche Verleihung in Betracht kommen. Allgemein muss jedoch gefordert werden, dass die Kureinrichtungen der Gemeinde ihr besonderes Gepräge geben und dass die hygienischen Verhältnisse der Gemeinde, die Unterbringungsverhältnisse für die Heilung Suchenden, die ärztliche Betreuung und Versorgung und die kulturellen Veranstaltungen dem Niveau entsprechen, das von einer Gemeinde mit der amtlichen Bezeichnung „Bad" in der Öffentlichkeit erwartet wird. Im Interesse des Fremdenverkehrs, der Erholungssuchenden und der Rechtsklarheit bei den im allgemeinen Sprachgebrauch bedeutungsgleich verwendeten Begriffen wird die kommunalverfassungsrechtliche Bezeichnung „Bad" grundsätzlich erst nach der Anerkennung der Artbezeichnung „Heilbad" nach § 11 des Kurortegesetzes verliehen werden.

Eine sonstige Bezeichnung kann auch für einen Ortsteil verliehen werden. In diesem Fall darf die besondere Bezeichnung nur im Zusammenhang mit dem Namen dieses Ortsteils geführt werden.

Anträge auf Verleihung von Bezeichnungen sind von den Rechtsaufsichtsbehörden mit den notwendigen Unterlagen und mit einer eigenen Stellungnahme auf dem Dienstweg vorzulegen.

4. Der Fortbestand und die Pflege der Namen von bewohnten Gemeindeteilen (Ortsteilen), die als Gemeindenamen vielfach durch Gemeindereformen untergegangen sind, ist erwünscht. Zu ihrer Verwendung im amtlichen Schriftverkehr wird auf die Empfehlung des Innenministeriums vom 22. Dezember 1983 (GABl. 1984 S. 91) hingewiesen. Der

Rechtsstellung **GemO § 6**

Name von Ortsteilen kann nur im Zusammenhang mit dem Gemeindenamen aufgeführt werden.

Die nach § 2 Abs. 4 DVO GemO erforderliche Mitteilung der Benennung oder Umbenennung eines Ortsteils an die im Vorverfahren gehörten Stellen ist unmittelbar an diese zu richten.

§ 6 Wappen, Flaggen, Dienstsiegel

(1) Die Gemeinden haben ein Recht auf ihre bisherigen Wappen und Flaggen. Die Rechtsaufsichtsbehörde kann einer Gemeinde auf ihren Antrag das Recht verleihen, ein neues Wappen und eine neue Flagge zu führen.

(2) Die Gemeinden führen Dienstsiegel. Gemeinden mit eigenem Wappen führen dieses, die übrigen Gemeinden das kleine Landeswappen mit der Bezeichnung und dem Namen der Gemeinde als Umschrift in ihrem Dienstsiegel.

DVO GemO zu § 6:

§ 3 Wappen und Flaggen

(1) Die Gemeinde hat ihrem Antrag auf Verleihung des Rechts zur Führung eines Wappens drei farbige Zeichnungen des Wappenentwurfs und eine Stellungnahme der zuständigen staatlichen Archivbehörde beizufügen.

(2) Das Recht zur Führung einer Flagge kann nur den Gemeinden verliehen werden, die ein Wappen führen. Die Flagge kann nicht mehr als zwei Farben haben. Die Farben der Flagge sollen den Wappenfarben entsprechen.

§ 4 Dienstsiegel

(1) Das Dienstsiegel der Gemeinde ist für den urkundlichen Verkehr in allen Angelegenheiten der Gemeinde einschließlich der Weisungsaufgaben bestimmt.

(2) Das Dienstsiegel wird in kreisrunder Form als Prägesiegel mit einem Durchmesser von mindestens 20 mm oder als Farbdruckstempel aus Metall oder Gummi mit einem Durchmesser von mindestens 12 mm hergestellt. Beim Prägesiegel werden Wappen und Umschrift in erhabener Prä-

§ 6 GemO — Wesen und Aufgaben der Gemeinde

gung und beim Farbdruckstempel in dunklem Flachdruck dargestellt. Kreisangehörige Gemeinden können der aus ihrer Bezeichnung und ihrem Namen bestehenden Umschrift den Namen des Landkreises hinzufügen. In der Beschriftung des Dienstsiegels kann die Bezeichnung der einzelnen siegelführenden Dienststelle beigefügt werden.

(3) Die Zahl der zu beschaffenden Dienstsiegel ist auf das notwendige Maß zu beschränken. Dienstsiegel sind zur Sicherung gegen missbräuchliche Verwendung von den zur Verwendung des Siegels ermächtigten Bediensteten unter Verschluss zu halten; sie sind außerhalb der Dienststunden so aufzubewahren, dass Missbrauch und Verlust durch Diebstahl soweit wie möglich ausgeschlossen sind.

VwV GemO zu § 6:

1. Neue Wappen der Gemeinden sollen inhaltlich begründet, schlicht, einprägsam und in wenige Felder geteilt sein. Sie dürfen in Form und Anlage nicht gegen die Regeln der Wappenkunde verstoßen. Die zwei Farben der Flagge (§ 3 Abs. 2 Satz 2 DVO GemO) werden in der Weise aus den Farben des Gemeindewappens abgeleitet, dass die erste Farbe (vorn in der Flagge = links vom Beschauer) die des Schildbildes und die zweite Farbe (hinten in der Flagge = rechts vom Beschauer) die des Schildgrundes ist. Die Verleihung einer Gemeindeflagge berechtigt die Gemeinde auch zur Führung einer Flagge mit aufgesetztem Gemeindewappen (Dienstflagge) für öffentliche Gebäude einschließlich der Schulen.
   In Fragen des Wappen- und Flaggenwesens werden die Gemeinden in den Regierungsbezirken Stuttgart und Tübingen vom Hauptstaatsarchiv Stuttgart und in den Regierungsbezirken Karlsruhe und Freiburg vom Generallandesarchiv Karlsruhe unter Einschaltung der Landesarchivdirektion beraten.
2. Die Rechtsaufsichtsbehörden haben über die Verleihung Urkunden herzustellen. Dabei sind die in den Stellungnahmen der Archivbehörde enthaltenen Beschreibungen zu verwenden. Auf die Rückseite der Wappenzeichnungen ist über die Verleihung des Rechts ein entsprechender Vermerk zu setzen. Eine Mehrfertigung der Verfügung über die Verleihung des Rechts ist zusammen mit der Zweitschrift der Verleihungsurkunde und einer Wappenzeichnung der Landesarchivdirektion zuzuleiten, die eine jährliche Bekanntgabe der Verleihungen der Wappen und Flaggen im Gemeinsamen Amtsblatt veranlasst.

3. Die Änderung eines Wappens und einer Flagge kann nur in der Form einer Neuverleihung geschehen.

2. Abschnitt: Gemeindegebiet

§ 7 Gebietsbestand

(1) Das Gebiet der Gemeinde bilden die Grundstücke, die nach geltendem Recht zu ihr gehören. Grenzstreitigkeiten entscheidet die Rechtsaufsichtsbehörde.

(2) Das Gebiet der Gemeinde soll so bemessen sein, dass die örtliche Verbundenheit der Einwohner und die Leistungsfähigkeit der Gemeinde zur Erfüllung ihrer Aufgaben gesichert ist.

(3) Jedes Grundstück soll zu einer Gemeinde gehören. Aus besonderen Gründen können Grundstücke außerhalb einer Gemeinde verbleiben (gemeindefreie Grundstücke).

§ 8 Gebietsänderungen

(1) Gemeindegrenzen können aus Gründen des öffentlichen Wohls geändert werden.

(2) Gemeindegrenzen können freiwillig durch Vereinbarung der beteiligten Gemeinden mit Genehmigung der zuständigen Rechtsaufsichtsbehörde geändert werden. Die Vereinbarung muss von den Gemeinderäten der beteiligten Gemeinden mit der Mehrheit der Stimmen aller Mitglieder beschlossen werden. Vor der Beschlussfassung sind die Bürger zu hören, die in dem unmittelbar betroffenen Gebiet wohnen; dies gilt nicht, wenn über die Eingliederung einer Gemeinde in eine andere Gemeinde oder die Neubildung einer Gemeinde durch Vereinigung von Gemeinden ein Bürgerentscheid (§ 21) durchgeführt wird.

(3) Gegen den Willen der beteiligten Gemeinden können Gemeindegrenzen nur durch Gesetz geändert werden. Das Gleiche gilt für die Neubildung einer Gemeinde aus Teilen einer oder mehrerer Gemeinden. Vor Erlass des Gesetzes müssen die beteiligten Gemeinden und die Bürger gehört werden, die in dem unmittelbar betroffenen Gebiet

§ 8 GemO — Wesen und Aufgaben der Gemeinde

wohnen. Die Durchführung der Anhörung der Bürger obliegt den Gemeinden als Pflichtaufgabe.

(4) Wird durch die Änderung von Gemeindegrenzen das Gebiet von Landkreisen betroffen, sind diese zu hören.

(5) Das Nähere über die Anhörung der Bürger, die in dem unmittelbar betroffenen Gebiet wohnen, wird durch das Kommunalwahlgesetz geregelt.

(6) Grenzänderungen nach Absatz 3 Satz 1, die nur Gebietsteile betreffen, durch deren Umgliederung der Bestand der beteiligten Gemeinden nicht gefährdet wird, können durch Rechtsverordnung des Innenministeriums erfolgen. Absatz 3 Sätze 3 und 4 sowie Absatz 4 gelten entsprechend.

VwV GemO zu § 8:

1. Änderungen von Gemeindegrenzen liegen vor, wenn
   a) Gebietsteile einer Gemeinde in eine andere Gemeinde eingegliedert werden (Umgliederung),
   b) eine Gemeinde in eine andere Gemeinde eingegliedert wird (Eingliederung) oder mehrere Gemeinden zu einer neuen Gemeinde vereinigt werden (Neubildung durch Vereinigung),
   c) Gebietsteile aus einer oder mehreren Gemeinden ausgegliedert werden und aus ihnen eine neue Gemeinde gebildet wird,
   d) Gemeinden aufgelöst und ihr Gebiet in mehrere andere Gemeinden eingegliedert oder aus ihrem Gebiet mehrere neue Gemeinden gebildet werden.

   Abgesehen von der zwangsweisen Grenzänderung (§ 8 Abs. 3 Satz 1) bedarf davon nur die Neubildung einer Gemeinde nach den Buchstaben c und d eines Gesetzes; die übrigen Änderungen von Gemeindegrenzen können nach § 8 Abs. 2 von den Gemeinden selber mit staatlicher Genehmigung vorgenommen werden.

2. Die Anhörung der in dem unmittelbar betroffenen Gebiet wohnenden Bürger nach § 8 Abs. 2 Satz 3, Abs. 3 Satz 3 und Abs. 6 dient der Information über ihre Meinung zu der vorgesehenen Grenzänderung. Das Ergebnis dieser Anhörung hat keine konstitutive Wirkung: der Gemeinderat und der Gesetz- oder Verordnungsgeber sind an das Anhörungsergebnis nicht gebunden.

   Nach § 21 Abs. 1 Satz 2 Nr. 2 kann über die Änderung von Gemeindegrenzen auch ein Bürgerentscheid durchgeführt werden. Bei einem freiwilligen Zusammenschluss (Eingliederung oder Vereinigung) entfällt nach § 8 Abs. 2 Satz 3 zweiter Halbsatz vor einem solchen Bürgerentscheid die Bürgeranhörung; dagegen ist die Bürgeranhörung bei einer Umgliederung vor einem Bürgerentscheid nicht entbehrlich, da das Ergebnis des Bürgerentscheids nicht die Meinung der Bevölkerung des unmittelbar betroffenen Gebiets zu erkennen gibt.

3. Die Genehmigung der Vereinbarung nach § 8 Abs. 2 Satz 1 bewirkt zusammen mit dieser die Grenzänderung. Die Gemeinden haben keinen Anspruch auf Erteilung der Genehmigung, sondern nur auf fehlerfreie Ermessensausübung. Die für die Genehmigung zuständigen Rechtsaufsichtsbehörden sind in § 6 DVO GemO bestimmt.
Die Genehmigung bedarf zu ihrer Wirksamkeit keiner öffentlichen Bekanntmachung; es genügt ihr Zugang bei den beteiligten Gemeinden. Die Grenzänderung ist jedoch von der zuständigen Rechtsaufsichtsbehörde im Gemeinsamen Amtsblatt bekannt zu machen; diese Bekanntmachung hat nur deklaratorischen Charakter. Die zuständige Rechtsaufsichtsbehörde unterrichtet das Statistische Landesamt und das Landesvermessungsamt.
Die Rechtsaufsichtsbehörden berichten dem Innenministerium, sobald sie von Verhandlungen über Zusammenschlüsse von Gemeinden oder über die Änderung von Gemeindegrenzen, durch die das Gebiet von Landkreisen betroffen wird, Kenntnis erlangen; ebenso haben die oberen Rechtsaufsichtsbehörden in diesen Fällen dem Innenministerium vor der Entscheidung über die Erteilung einer Genehmigung nach § 8 Abs. 2 Satz 1 zu berichten. Ferner berichten die Rechtsaufsichtsbehörden dem Innenministerium, wenn eine Grenzänderung, die aus Gründen des öffentlichen Wohls geboten erscheint, nach Scheitern einer freiwilligen Lösung durch Gesetz oder Rechtsverordnung herbeigeführt werden soll.

§ 9 Rechtsfolgen, Auseinandersetzung

(1) In der Vereinbarung nach § 8 Abs. 2 ist der Umfang der Grenzänderung zu regeln und sind Bestimmungen über den Tag der Rechtswirksamkeit und, soweit erforderlich, über das neue Ortsrecht, die neue Verwaltung sowie die Rechtsnachfolge und Auseinandersetzung zu treffen. Wird eine neue Gemeinde gebildet, muss die Vereinbarung auch Bestimmungen über den Namen und die vorläufige Wahrnehmung der Aufgaben der Verwaltungsorgane der neuen Gemeinde enthalten. Wird eine Gemeinde in eine andere Gemeinde eingegliedert,

§ 9 GemO

muss die Vereinbarung auch Bestimmungen über die vorläufige Vertretung der Bevölkerung der eingegliederten Gemeinde durch Gemeinderäte der eingegliederten Gemeinde im Gemeinderat der aufnehmenden Gemeinde bis zur nächsten regelmäßigen Wahl oder einer Neuwahl nach § 34 Abs. 2 des Kommunalwahlgesetzes treffen; dem Gemeinderat der aufnehmenden Gemeinde muss mindestens ein Gemeinderat der eingegliederten Gemeinde angehören, im Übrigen sind bei der Bestimmung der Zahl der Gemeinderäte der eingegliederten Gemeinde im Gemeinderat der aufnehmenden Gemeinde die örtlichen Verhältnisse und der Bevölkerungsanteil zu berücksichtigen. Im Fall des Satzes 3 muss die Vereinbarung ferner Bestimmungen über eine befristete Vertretung der eingegliederten Gemeinde bei Streitigkeiten über die Vereinbarung treffen.

(2) Sollen nicht alle Gemeinderäte der einzugliedernden Gemeinde dem Gemeinderat der aufnehmenden Gemeinde angehören, werden die Mitglieder vor Eintritt der Rechtswirksamkeit der Vereinbarung vom Gemeinderat der einzugliedernden Gemeinde bestimmt. Sind mehrere Gemeinderäte zu bestimmen, gelten hierfür die Vorschriften über die Wahl der Mitglieder der beschließenden Ausschüsse des Gemeinderats mit der Maßgabe entsprechend, dass die nicht gewählten Bewerber in der Reihenfolge der Benennung als Ersatzpersonen festzustellen sind. Scheidet ein Gemeinderat der eingegliederten Gemeinde vorzeitig aus dem Gemeinderat der aufnehmenden Gemeinde aus, gilt § 31 Abs. 2 entsprechend; gehören nicht alle Gemeinderäte der eingegliederten Gemeinde dem Gemeinderat der aufnehmenden Gemeinde an, sind außer den im Wahlergebnis festgestellten Ersatzpersonen auch die anderen Gemeinderäte Ersatzpersonen im Sinne von § 31 Abs. 2. Für die Bestimmung der Vertreter nach Absatz 1 Satz 4 gilt Satz 1 entsprechend.

(3) Enthält die Vereinbarung keine erschöpfende Regelung oder kann wegen einzelner Bestimmungen die Genehmigung nicht erteilt werden, ersucht die zuständige Rechtsaufsichtsbehörde die Gemeinden, die Mängel binnen angemessener Frist zu beseitigen. Kommen die Gemeinden einem solchen Ersuchen nicht nach, trifft die zuständige Rechtsaufsichtsbehörde die im Interesse des öffentlichen Wohls erforderlichen Bestimmungen.

(4) Bei einer Änderung der Gemeindegrenzen durch Gesetz werden die Rechtsfolgen und die Auseinandersetzung im Gesetz oder durch Rechtsverordnung geregelt. Das Gesetz kann dies auch der Regelung durch Vereinbarung überlassen, die der Genehmigung der zuständi-

gen Rechtsaufsichtsbehörde bedarf. Kommt diese Vereinbarung nicht zu Stande, gilt Absatz 3 entsprechend. Wird die Grenzänderung durch Rechtsverordnung ausgesprochen, sind gleichzeitig die Rechtsfolgen und die Auseinandersetzung zu regeln; Sätze 2 und 3 gelten entsprechend.

(5) Die Regelung nach den Absätzen 1, 3 und 4 begründet Rechte und Pflichten der Beteiligten und bewirkt den Übergang, die Beschränkung oder die Aufhebung von dinglichen Rechten. Die Rechtsaufsichtsbehörde ersucht die zuständigen Behörden um die Berichtigung der öffentlichen Bücher. Sie kann Unschädlichkeitszeugnisse ausstellen.

(6) Für Rechtshandlungen, die aus Anlass der Änderung des Gemeindegebiets erforderlich sind, werden öffentliche Abgaben, die auf Landesrecht beruhen, nicht erhoben; ausgenommen sind Vermessungsgebühren und -entgelte. Auslagen werden nicht ersetzt.

DVO GemO zu §§ 7 bis 9:

§ 5   Zuständige Rechtsaufsichtsbehörde bei Grenzstreitigkeiten

Sind für Gemeinden, die durch eine Grenzstreitigkeit berührt werden, verschiedene Rechtsaufsichtsbehörden zuständig, trifft die gemeinsame obere Rechtsaufsichtsbehörde die Entscheidung. Gehören die beteiligten Gemeinden zum Bezirk verschiedener oberer Rechtsaufsichtsbehörden, bestimmt das Innenministerium die zuständige obere Rechtsaufsichtsbehörde.

§ 6   Zuständige Rechtsaufsichtsbehörde bei Gebietsänderungen

(1) Zuständige Rechtsaufsichtsbehörde im Sinne von § 8 Abs. 2 sowie § 9 Abs. 3 und 4 der Gemeindeordnung ist
1. bei einer Eingliederung oder Neubildung einer Gemeinde die obere Rechtsaufsichtsbehörde,
2. bei einer Umgliederung von Gebietsteilen einer Gemeinde, durch die das Gebiet einer Großen Kreisstadt oder von Landkreisen betroffen wird, die obere Rechtsaufsichtsbehörde,
3. bei sonstigen Umgliederungen von Gebietsteilen von Gemeinden die Rechtsaufsichtsbehörde.

§ 9 GemO

Wesen und Aufgaben der Gemeinde

(2) Zuständige Kommunalaufsichtsbehörden im Sinne von § 58 Abs. 2 des Flurbereinigungsgesetzes sind die in Absatz 1 genannten Rechtsaufsichtsbehörden.

(3) Gehören die an der Gebietsänderung beteiligten Gemeinden zum Bezirk verschiedener oberer Rechtsaufsichtsbehörden, bestimmt das Innenministerium die zuständige obere Rechtsaufsichtsbehörde.

VwV GemO zu § 9:

1. Aus haushalts- und abgaberechtlichen Gründen sollten Grenzänderungen grundsätzlich nur zum Jahresbeginn wirksam werden.
2. Das bisherige Ortsrecht gilt in den von der Grenzänderung unmittelbar betroffenen Gebieten fort, bis es durch neues Ortsrecht ersetzt wird oder aus anderen Gründen außer Kraft tritt; dies gilt nicht für die bisherige Hauptsatzung, die in dem von der Grenzänderung unmittelbar betroffenen Gebiet sofort außer Kraft tritt. Durch die Vereinbarung können Bestimmungen über die Ersetzung fortgeltenden bisherigen Rechts getroffen werden. Zur Erstreckung von Ortsrecht einer aufnehmenden Gemeinde auf das aufgenommene Gebiet bedarf es jedoch des Erlasses einer besonderen Erstreckungssatzung bzw. -verordnung; dies gilt nicht für die Hauptsatzung der aufnehmenden Gemeinde, die stets für das ganze Gemeindegebiet in seinem jeweiligen Umfang gilt. Es ist zu beachten, dass unterschiedliches Ortsrecht grundsätzlich gegen den Gleichheitssatz des Artikels 3 GG verstößt, so dass es nicht zeitlich unbegrenzt, sondern nur für eine bestimmte Übergangszeit von in der Regel nicht mehr als drei, höchstens fünf Jahren weitergelten darf. Bebauungspläne gelten auch nach Grenzänderungen unbefristet weiter.
3. Im Falle der Neubildung einer Gemeinde ist die vorläufige Wahrnehmung der Aufgaben der Organe der neuen Gemeinde zu regeln. Wird eine neue Gemeinde durch Vereinigung von Gemeinden gebildet, kommt hierfür die Bildung eines vorläufigen Gemeinderats aus Gemeinderäten der beteiligten Gemeinden und die Bestellung eines Amtsverwesers nach § 48 Abs. 2 durch diesen in Frage; dabei ist zu regeln, wer bis zur Bestellung des Amtsverwesers die Aufgaben des Bürgermeisters wahrnimmt.
4. Für die „Streitvertretung" der eingegliederten Gemeinde nach § 9 Abs. 1 Satz 4 sind die Zahl der Vertreter, ihre Vertretungsbefugnis (bei mehreren Vertretern nur gemeinsame Vertretungsbefugnis) und die Vertretungsfrist zu bestimmen. Zu „Streitvertretern" können nach § 9 Abs. 3 Satz 4 i. V. mit Satz 1 nur bestimmte Personen bestellt werden;

werden diese Personen Gemeinderäte der aufnehmenden Gemeinde, fallen sie nicht unter das Vertretungsverbot nach § 17 Abs. 3 Satz 1, weil sie als gesetzliche Vertreter der eingegliederten Gemeinde gelten.

3. Abschnitt: Einwohner und Bürger

§ 10 Rechtsstellung des Einwohners

(1) Einwohner der Gemeinde ist, wer in der Gemeinde wohnt.

(2) Die Gemeinde schafft in den Grenzen ihrer Leistungsfähigkeit die für das wirtschaftliche, soziale und kulturelle Wohl ihrer Einwohner erforderlichen öffentlichen Einrichtungen. Die Einwohner sind im Rahmen des geltenden Rechts berechtigt, die öffentlichen Einrichtungen der Gemeinde nach gleichen Grundsätzen zu benützen. Sie sind verpflichtet, die Gemeindelasten zu tragen.

(3) Personen, die in der Gemeinde ein Grundstück besitzen oder ein Gewerbe betreiben und nicht in der Gemeinde wohnen, sind in derselben Weise berechtigt, die öffentlichen Einrichtungen zu benützen, die in der Gemeinde für Grundbesitzer oder Gewerbetreibende bestehen, und verpflichtet, für ihren Grundbesitz oder Gewerbebetrieb zu den Gemeindelasten beizutragen.

(4) Für juristische Personen und nicht rechtsfähige Personenvereinigungen gelten Absätze 2 und 3 entsprechend.

(5) Durch Satzung können die Gemeinden ihre Einwohner und die ihnen gleichgestellten Personen und Personenvereinigungen (Absätze 3 und 4) für eine bestimmte Zeit zur Mitwirkung bei der Erfüllung vordringlicher Pflichtaufgaben und für Notfälle zu Gemeindediensten (Hand- und Spanndienste) verpflichten. Der Kreis der Verpflichteten, die Art, der Umfang und die Dauer der Dienstleistung sowie die etwa zu gewährende Vergütung oder die Zahlung einer Ablösung sind durch die Satzung zu bestimmen.

DVO GemO zu § 10:

§ 7 Hand- und Spanndienste

(1) In der Satzung über Hand- und Spanndienste ist zu bestimmen, dass zur Erfüllung vordringlicher Pflichtaufgaben

§ 10 GemO — Wesen und Aufgaben der Gemeinde

1. keine Arbeiten verlangt werden können, die besondere Fachkenntnisse voraussetzen,
2. Fuhrleistungen nur von solchen Einwohnern gefordert werden können, die für ihren landwirtschaftlichen oder gewerblichen Betrieb Zugtiere oder für die Beförderung von Lasten geeignete Kraftfahrzeuge halten, und
3. Fuhrleistungen in angemessener Weise auf Handdienste angerechnet werden und umgekehrt.

(2) Werden in der Satzung Bestimmungen über die Gewährung einer Vergütung getroffen, ist sie nach einem für alle Betroffenen gleichmäßig festzusetzenden Satz zu bemessen, der den ortsüblichen Stundenlohn für ungelernte Arbeiter nicht übersteigen soll. Die Maßstäbe für die Geldablösung sind in der Satzung so festzulegen, dass für die Ersatzleistung in Geld die zu leistenden Dienste durch bezahlte Arbeitskräfte besorgt werden können; wird eine Vergütung gewährt, ist sie auf die Geldablösung anzurechnen.

VwV GemO zu § 10:

1. Der Bestimmung des § 10 Abs. 1 liegt der öffentlich-rechtliche Begriff des Wohnens zu Grunde. Einwohner der Gemeinde ist, wer in ihr eine Wohnung (§ 16 des Meldegesetzes) unter Umständen innehat, die darauf schließen lassen, dass er die Wohnung beibehalten und benutzen wird.
2. Die Satzung über Hand- und Spanndienste ist nicht von Fall zu Fall, sondern als eine Dauerregelung von den Gemeinden zu erlassen, die von der Möglichkeit der Gemeindedienste Gebrauch machen wollen. Wenn Geldablösung vorgesehen wird, muss den Dienstpflichtigen die Wahl gelassen werden, ob sie den Ablösungsbetrag an Stelle der Naturaldienste leisten wollen; die Leistung des Ablösungsbetrags darf nicht von vornherein gefordert werden.

In Gemeinden, in denen eine Satzung über Gemeindedienste besteht, beschließt der Gemeinderat, ob eine bestimmte Pflichtaufgabe der Gemeinde mit Hilfe des Gemeindedienstes durchgeführt werden soll. Eine Beschränkung der Gemeindedienste auf einzelne Ortsteile oder Ortschaften einer Gemeinde in der Weise, dass nur die dortigen Einwohner verpflichtet und herangezogen werden, ist nicht zulässig; ebenso ist eine Delegation der Zuständigkeit für die Entscheidung über die Heranziehung auf Ortschaftsräte ausgeschlossen. Die Heranziehung der Pflichtigen erfolgt auf Grund des Beschlusses des Gemeinderats durch den Bürgermeister. Es empfiehlt sich, den Heranziehungsbescheid

schriftlich mit Begründung und Rechtsbehelfsbelehrung zu erlassen und dem Betroffenen zuzustellen.
Die Einleitung und Durchführung von Maßnahmen zur Erzwingung der zu erbringenden Leistungen richtet sich nach dem Landesverwaltungsvollstreckungsgesetz. Zuwiderhandlungen können mit Geldbuße geahndet werden, wenn dies in der Satzung über die Gemeindedienste nach § 142 vorgesehen ist.

§ 11 Anschluss- und Benutzungszwang

(1) Die Gemeinde kann bei öffentlichem Bedürfnis durch Satzung für die Grundstücke ihres Gebiets den Anschluss an Wasserleitung, Abwasserbeseitigung, Straßenreinigung, die Versorgung mit Nah- und Fernwärme und ähnliche der Volksgesundheit oder dem Schutz der natürlichen Grundlagen des Lebens einschließlich des Klima- und Ressourcenschutzes dienende Einrichtungen (Anschlusszwang) und die Benutzung dieser Einrichtungen sowie der Schlachthöfe (Benutzungszwang) vorschreiben. In gleicher Weise kann die Benutzung der Bestattungseinrichtungen vorgeschrieben werden.

(2) Die Satzung kann bestimmte Ausnahmen vom Anschluss- und Benutzungszwang zulassen. Sie kann den Zwang auf bestimmte Teile des Gemeindegebiets oder auf bestimmte Gruppen von Grundstücken, Gewerbebetrieben oder Personen beschränken.

DVO GemO zu § 11:

§ 8 Anschluss- und Benutzungszwang

(1) In der Satzung über den Anschluss- und Benutzungszwang sind insbesondere zu regeln und zu bestimmen:
1. die Bereitstellung der Einrichtung zur öffentlichen Benutzung,
2. die Art des Anschlusses und der Benutzung,
3. der Kreis der zum Anschluss oder zur Benutzung Verpflichteten und
4. im Falle des § 11 Absatz 2 Satz 1 der Gemeindeordnung die Tatbestände, für die Ausnahmen von dem Anschluss- und Benutzungszwang zugelassen werden können, sowie im Falle des § 11 Absatz 2 Satz 2 der Gemeindeordnung die Art und der Umfang der Beschränkung des Zwangs.

§ 12 GemO Wesen und Aufgaben der Gemeinde

(2) Der Anschluss- und Benutzungszwang muss unter gleichen Voraussetzungen den von ihm betroffenen Personenkreis gleichmäßig belasten. Ausnahmen nach § 11 Absatz 2 Satz 1 der Gemeindeordnung sind auf besonders gelagerte Tatbestände zu beschränken.

VwV GemO zu § 11:

1. Der Anschluss- und Benutzungszwang nach § 11 Abs. 1 und 2 kann nur für die im Gesetz genannten Einrichtungen und nur bei Vorliegen eines öffentlichen Bedürfnisses eingeführt werden. Das öffentliche Bedürfnis muss durch die Notwendigkeit der Gefahrenabwehr oder der Förderung der Wohlfahrt der Allgemeinheit begründet sein; dazu können auch Gründe des Umweltschutzes gehören. Fiskalische Erwägungen allein können die Einführung des Anschluss- und Benutzungszwanges nicht rechtfertigen.
2. Der Anschlusszwang hat zum Inhalt, dass jeder, für dessen Grundstück das Gebot des Anschlusszwanges besteht, die zur Herstellung des Anschlusses notwendigen Vorrichtungen auf seine Kosten treffen muss. Der Benutzungszwang verpflichtet darüber hinaus zur Benutzung der Einrichtung und verbietet zugleich die Benutzung anderer, ähnlicher Einrichtungen. Die Bestimmungen der Satzung dürfen nicht weiter in Freiheit und Eigentum der Pflichtigen eingreifen, als dies unbedingt notwendig ist, um die Erreichung des mit der Einrichtung verfolgten Zweckes sicherzustellen. Die Satzung kann nicht bestimmen, dass die vom Pflichtigen zur Herstellung des Anschlusses an die öffentliche Einrichtung erstellte Anlage Teil der öffentlichen Einrichtung wird.

§ 12 Bürgerrecht

(1) Bürger der Gemeinde ist, wer Deutscher im Sinne von Artikel 116 des Grundgesetzes ist oder die Staatsangehörigkeit eines anderen Mitgliedstaates der Europäischen Union besitzt (Unionsbürger), das 16. Lebensjahr vollendet hat und seit mindestens drei Monaten in der Gemeinde wohnt. Wer das Bürgerrecht in einer Gemeinde durch Wegzug oder Verlegung der Hauptwohnung verloren hat und vor Ablauf von drei Jahren seit dieser Veränderung wieder in die Gemeinde zuzieht oder dort seine Hauptwohnung begründet, ist mit der Rückkehr Bürger. Bürgermeister und Beigeordnete erwerben das Bürgerrecht mit dem Amtsantritt in der Gemeinde.

Einwohner und Bürger GemO §§ 13, 14

(2) Wer innerhalb der Bundesrepublik Deutschland in mehreren Gemeinden wohnt, ist in Baden-Württemberg Bürger nur in der Gemeinde, in der er seit mindestens drei Monaten seine Hauptwohnung hat. War in der Gemeinde, in der sich die Hauptwohnung befindet, die bisherige einzige Wohnung, wird die bisherige Wohndauer in dieser Gemeinde angerechnet.

(3) Bei einer Grenzänderung werden Bürger, die in dem betroffenen Gebiet wohnen, Bürger der aufnehmenden Gemeinde; im Übrigen gilt für Einwohner, die in dem betroffenen Gebiet wohnen, das Wohnen in der Gemeinde als Wohnen in der aufnehmenden Gemeinde.

(4) Bei der Berechnung der Dreimonatsfrist nach Absatz 1 Satz 1 und Absatz 2 Satz 1 ist der Tag der Wohnungsnahme in die Frist einzubeziehen.

VwV GemO zu § 12:

1. Der Bürgermeister und die Beigeordneten erwerben das Bürgerrecht mit dem Amtsantritt, auch wenn sie nicht in der Gemeinde wohnen. Damit besteht für diese Personen die Möglichkeit, in mehreren Gemeinden des Landes Bürger zu sein.
2. Im Übrigen kann niemand in mehreren Gemeinden des Landes Bürger sein. Hat ein Einwohner mehrere Wohnungen im Bundesgebiet einschließlich Berlin (West), so ist seine Hauptwohnung im Sinne des Absatzes 2 die Hauptwohnung nach § 17 des Meldegesetzes.

§ 13 Verlust des Bürgerrechts

Das Bürgerrecht verliert, wer aus der Gemeinde wegzieht, seine Hauptwohnung in eine andere Gemeinde innerhalb der Bundesrepublik Deutschland verlegt oder nicht mehr Deutscher im Sinne von Artikel 116 des Grundgesetzes oder Unionsbürger ist.

§ 14 Wahlrecht

(1) Die Bürger sind im Rahmen der Gesetze zu den Gemeindewahlen wahlberechtigt und haben das Stimmrecht in sonstigen Gemeindeangelegenheiten.

(2) Ausgeschlossen vom Wahlrecht und vom Stimmrecht sind Bürger,

§ 15 GemO Wesen und Aufgaben der Gemeinde

1. die infolge Richterspruchs in der Bundesrepublik Deutschland das Wahlrecht oder Stimmrecht nicht besitzen,
2. für die zur Besorgung aller ihrer Angelegenheiten ein Betreuer nicht nur durch einstweilige Anordnung bestellt ist; dies gilt auch, wenn der Aufgabenkreis des Betreuers die in § 1896 Abs. 4 und § 1905 des Bürgerlichen Gesetzbuchs bezeichneten Angelegenheiten nicht erfasst.

VwV GemO zu § 14:

1. Das Wahlrecht zu den Gemeindewahlen ist Ausfluss des Bürgerrechts in der Gemeinde. Das Stimmrecht in sonstigen Gemeindeangelegenheiten bezieht sich insbesondere auf die Anhörung bei Gemeindegrenzänderungen (§ 8 Abs. 2 und 3), die Äußerung zu allgemein bedeutsamen Angelegenheiten der Gemeinde nach § 20 Abs. 2 Satz 2, den Antrag auf Bürgerversammlung (§ 20a Abs. 2), den Bürgerantrag (§ 20b), das Bürgerbegehren und den Bürgerentscheid (§ 21).
2. Die Regelung des Ausschlusses vom Wahlrecht und vom Stimmrecht ist abschließend.

§ 15 Bestellung zu ehrenamtlicher Tätigkeit

(1) Die Bürger haben die Pflicht, eine ehrenamtliche Tätigkeit in der Gemeinde (eine Wahl in den Gemeinderat oder Ortschaftsrat, ein gemeindliches Ehrenamt und eine Bestellung zu ehrenamtlicher Mitwirkung) anzunehmen und diese Tätigkeit während der bestimmten Dauer auszuüben.

(2) Der Gemeinderat bestellt die Bürger zu ehrenamtlicher Tätigkeit; die Bestellung kann jederzeit zurückgenommen werden. Mit dem Verlust des Bürgerrechts endet jede ehrenamtliche Tätigkeit.

VwV GemO zu § 15:

1. Die ehrenamtliche Tätigkeit eines Bürgers in der Gemeinde kann neben dem nur durch allgemeine Wahl erreichbaren Amt eines Gemeinderats oder eines Ortschaftsrats in einem Ehrenamt mit einem bestimmt abgegrenzten Kreis gemeindlicher Verwaltungsaufgaben für längere Dauer (z. B. ehrenamtlicher Archivar) oder in der ehrenamtlichen Mitwirkung bei Durchführung einzelner Aufgaben (z. B. als bera-

Einwohner und Bürger **GemO § 16**

tendes Mitglied in einem Ausschuss des Gemeinderats, Mitwirkung in einem Wahlorgan oder bei statistischen Erhebungen) bestehen.
2. Bürger, die ein Ehrenamt im Sinne der Nummer 1 wahrnehmen, sind in der Regel von der Gemeinde zu Ehrenbeamten zu ernennen; hierbei sind § 24 Abs. 2 und § 37 Abs. 7 Satz 8 zu beachten. Die Rechtsverhältnisse der Ehrenbeamten richten sich nach den beamtenrechtlichen Vorschriften.
3. Soweit ein ehrenamtlich Tätiger nicht zum Ehrenbeamten ernannt wird, sind die Bestellung zu ehrenamtlicher Mitwirkung und die Rücknahme der Bestellung an keine besondere Form gebunden; es empfiehlt sich jedoch, sie schriftlich vorzunehmen.

§ 16 Ablehnung ehrenamtlicher Tätigkeit

(1) Der Bürger kann eine ehrenamtliche Tätigkeit aus wichtigen Gründen ablehnen oder sein Ausscheiden verlangen. Als wichtiger Grund gilt insbesondere, wenn der Bürger
1. **ein geistliches Amt verwaltet,**
2. **ein öffentliches Amt verwaltet und die oberste Dienstbehörde feststellt, dass die ehrenamtliche Tätigkeit mit seinen Dienstpflichten nicht vereinbar ist,**
3. **zehn Jahre lang dem Gemeinderat oder Ortschaftsrat angehört oder ein öffentliches Ehrenamt verwaltet hat,**
4. **häufig oder lang dauernd von der Gemeinde beruflich abwesend ist,**
5. **anhaltend krank ist,**
6. **mehr als 62 Jahre alt ist oder**
7. **durch die Ausübung der ehrenamtlichen Tätigkeit in der Fürsorge für die Familie erheblich behindert wird.**

Ferner kann ein Bürger sein Ausscheiden aus dem Gemeinderat oder Ortschaftsrat verlangen, wenn er aus der Partei oder Wählervereinigung ausscheidet, auf deren Wahlvorschlag er in den Gemeinderat oder Ortschaftsrat gewählt wurde.

(2) Ob ein wichtiger Grund vorliegt, entscheidet bei Gemeinderäten der Gemeinderat, bei Ortschaftsräten der Ortschaftsrat.

(3) Der Gemeinderat kann einem Bürger, der ohne wichtigen Grund eine ehrenamtliche Tätigkeit ablehnt oder aufgibt, ein Ordnungsgeld bis zu 1000 Euro auferlegen. Das Ordnungsgeld wird nach den Vorschriften des Landesverwaltungsvollstreckungsgesetzes beigetrie-

§ 17 GemO

ben. Diese Bestimmung findet keine Anwendung auf ehrenamtliche Bürgermeister und ehrenamtliche Ortsvorsteher.

VwV GemO zu § 16:

1. Die Aufzählung der wichtigen Gründe für die Ablehnung ehrenamtlicher Tätigkeit in § 16 Abs. 1 ist nicht abschließend. Der Bürger kann aus einer ehrenamtlichen Tätigkeit nicht durch einseitige Erklärung, sondern nur nach Anerkennung des wichtigen Grundes durch den Gemeinderat, bei Ortschaftsräten durch den Ortschaftsrat, ausscheiden. Wird ein Antrag abgelehnt, empfiehlt es sich, die Entscheidung schriftlich mit Begründung und Rechtsbehelfsbelehrung zu erlassen und dem Antragsteller zuzustellen.
Tritt ein Ablehnungsgrund erst im Laufe der ehrenamtlichen Tätigkeit ein, ist der Bürger verpflichtet, die Tätigkeit bis zur Entscheidung über den Antrag fortzusetzen.
2. Ist eine Bestellung zu ehrenamtlicher Tätigkeit durch Verwaltungsakt erfolgt, kann die Übernahme und Ausübung nach den Vorschriften des Landesverwaltungsvollstreckungsgesetzes erzwungen werden, wenn ein Antrag auf Anerkennung eines wichtigen Grundes für die Ablehnung der ehrenamtlichen Tätigkeit nicht gestellt oder dieser abgelehnt worden ist.
3. Die Ahndung mit einer Geldbuße nach § 87 des Landesverwaltungsverfahrensgesetzes (LVwVfG) ist in den Fällen des § 16 Abs. 3 nicht möglich. Während das Ordnungsgeld nach § 16 Abs. 3 auch neben einem Zwangsgeld nach dem Landesverwaltungsvollstreckungsgesetz festgesetzt werden kann, können die Maßnahmen nach § 16 Abs. 3 nicht gleichzeitig, sondern nur eine von beiden Sanktionen verhängt werden. Für die Auferlegung des Ordnungsgeldes und die Aberkennung des Bürgerrechts ist, auch für Ortschaftsräte, der Gemeinderat zuständig.

§ 17 Pflichten ehrenamtlich tätiger Bürger

(1) Wer zu ehrenamtlicher Tätigkeit bestellt wird, muss die ihm übertragenen Geschäfte uneigennützig und verantwortungsbewusst führen.

(2) Der ehrenamtlich tätige Bürger ist zur Verschwiegenheit verpflichtet über alle Angelegenheiten, deren Geheimhaltung gesetzlich vorge-

Einwohner und Bürger **GemO § 17**

schrieben, besonders angeordnet oder ihrer Natur nach erforderlich ist. Er darf die Kenntnis von geheim zu haltenden Angelegenheiten nicht unbefugt verwerten. Diese Verpflichtungen bestehen auch nach Beendigung der ehrenamtlichen Tätigkeit fort. Die Geheimhaltung kann nur aus Gründen des öffentlichen Wohls oder zum Schutze berechtigter Interessen Einzelner besonders angeordnet werden. Die Anordnung ist aufzuheben, sobald sie nicht mehr gerechtfertigt ist.

(3) Der ehrenamtlich tätige Bürger darf Ansprüche und Interessen eines andern gegen die Gemeinde nicht geltend machen, soweit er nicht als gesetzlicher Vertreter handelt. Dies gilt für einen ehrenamtlich mitwirkenden Bürger nur, wenn die vertretenen Ansprüche oder Interessen mit der ehrenamtlichen Tätigkeit in Zusammenhang stehen. Ob die Voraussetzungen dieses Verbots vorliegen, entscheidet bei Gemeinderäten und Ortschaftsräten der Gemeinderat, im Übrigen der Bürgermeister.

(4) Übt ein zu ehrenamtlicher Tätigkeit bestellter Bürger diese Tätigkeit nicht aus oder verletzt er seine Pflichten nach Absatz 1 gröblich oder handelt er seiner Verpflichtung nach Absatz 2 zuwider oder übt er entgegen der Entscheidung des Gemeinderats oder Bürgermeisters eine Vertretung nach Absatz 3 aus, gilt § 16 Abs. 3.

DVO GemO zu §§ 16 und 17:

§ 9   Ordnungsgeld

(1) Das Ordnungsgeld nach § 16 Abs. 3 Satz 1 und § 17 Abs. 4 der Gemeindeordnung beträgt mindestens 50 Euro.

(2) Das Ordnungsgeld ist schriftlich in bestimmter Höhe aufzuerlegen. Dabei ist eine Rechtsmittelbelehrung zu erteilen und auf die Möglichkeit der Beitreibung nach dem Landesverwaltungsvollstreckungsgesetz hinzuweisen.

VwV GemO zu § 17:

1. Ehrenamtlich tätige Bürger können nicht immer ohne weiteres erkennen, welche Angelegenheit ihrer Natur nach unter die Amtsverschwiegenheit fällt; die Gemeinden sollten daher die notwendige Geheimhaltung nach Möglichkeit jeweils besonders anordnen. Dadurch und durch

§ 18 GemO — Wesen und Aufgaben der Gemeinde

die vorgeschriebene Aufhebung der Anordnung nach dem Wegfall ihrer Voraussetzungen werden Zweifel vermieden.

2. Das Vertretungsverbot nach § 17 Abs. 3 erstreckt sich auf alle Ansprüche und Interessen Dritter, sowohl privatrechtlicher als auch öffentlich-rechtlicher Art. Es gilt sowohl im weisungsfreien als auch im weisungsgebundenen Wirkungskreis der Gemeinde; die Ansprüche oder Interessen des Dritten müssen sich nicht gegen die Gemeinde als Rechtssubjekt richten, vielmehr ist ausreichend, dass sie vor der Gemeinde als Behörde geltend gemacht werden. Die Vertretung in Bußgeldverfahren, solange diese bei der Gemeinde anhängig sind, wird jedoch nicht von dem Vertretungsverbot erfasst. Für ehrenamtlich mitwirkende Bürger, die nur zur Erledigung bestimmter einzelner Verwaltungsaufgaben herangezogen werden, ist das Verbot auf die Angelegenheiten beschränkt, die mit der ehrenamtlichen Tätigkeit zusammenhängen.
Es empfiehlt sich, die Entscheidung des Gemeinderats oder des Bürgermeisters über das Vorliegen der Voraussetzungen des Vertretungsverbots dem betroffenen ehrenamtlich tätigen Bürger in Form eines schriftlichen Verwaltungsakts mit Begründung und Rechtsbehelfsbelehrung zuzustellen. Sie kann so gefasst werden, dass sie alle gleichartigen Angelegenheiten betrifft.
3. Wegen der Anwendung von Verwaltungszwang und der Auferlegung eines Ordnungsgeldes vgl. Nr. 3 zu § 16. Sanktionen wegen eines Verstoßes gegen das Vertretungsverbot nach § 17 Abs. 3 können nur verhängt werden, wenn eine Vertretung entgegen einer bestandskräftigen oder für sofort vollziehbar erklärten Entscheidung nach § 17 Abs. 3 Satz 3 ausgeübt wird. Die Fortsetzung der verbotenen Vertretung muss nicht in derselben Angelegenheit erfolgt sein, in der die Entscheidung nach § 17 Abs. 3 Satz 3 ergangen ist; die Sanktion ist auch wegen Ausübung der verbotenen Vertretung in einer gleichen Angelegenheit wie derjenigen zulässig, in der die Entscheidung nach § 17 Abs. 3 Satz 3 ergangen ist (vgl. oben Nr. 2).

§ 18 Ausschluss wegen Befangenheit

(1) Der ehrenamtlich tätige Bürger darf weder beratend noch entscheidend mitwirken, wenn die Entscheidung einer Angelegenheit ihm selbst oder folgenden Personen einen unmittelbaren Vorteil oder Nachteil bringen kann:
1. **dem Ehegatten oder dem Lebenspartner nach § 1 des Lebenspartnerschaftsgesetzes,**

Einwohner und Bürger **GemO § 18**

2. einem in gerader Linie oder in der Seitenlinie bis zum dritten Grade Verwandten,
3. einem in gerader Linie oder in der Seitenlinie bis zum zweiten Grad Verschwägerten oder als verschwägert Geltenden, solange die die Schwägerschaft begründende Ehe oder Lebenspartnerschaft nach § 1 des Lebenspartnerschaftsgesetzes besteht, oder
4. einer von ihm kraft Gesetzes oder Vollmacht vertretenen Person.

(2) Dies gilt auch, wenn der Bürger, im Fall der Nummer 2 auch Ehegatten, Lebenspartner nach § 1 des Lebenspartnerschaftsgesetzes oder Verwandte ersten Grades,
1. gegen Entgelt bei jemand beschäftigt ist, dem die Entscheidung der Angelegenheit einen unmittelbaren Vorteil oder Nachteil bringen kann, es sei denn, dass nach den tatsächlichen Umständen der Beschäftigung anzunehmen ist, dass sich der Bürger deswegen nicht in einem Interessenwiderstreit befindet,
2. Gesellschafter einer Handelsgesellschaft oder Mitglied des Vorstands, des Aufsichtsrats oder eines gleichartigen Organs eines rechtlich selbständigen Unternehmens ist, denen die Entscheidung der Angelegenheit einen unmittelbaren Vorteil oder Nachteil bringen kann, sofern er diesem Organ nicht als Vertreter oder auf Vorschlag der Gemeinde angehört,
3. Mitglied eines Organs einer juristischen Person des öffentlichen Rechts ist, der die Entscheidung der Angelegenheit einen unmittelbaren Vorteil oder Nachteil bringen kann und die nicht Gebietskörperschaft ist, sofern er diesem Organ nicht als Vertreter oder auf Vorschlag der Gemeinde angehört, oder
4. in der Angelegenheit in anderer als öffentlicher Eigenschaft ein Gutachten abgegeben hat oder sonst tätig geworden ist.

(3) Diese Vorschriften gelten nicht, wenn die Entscheidung nur die gemeinsamen Interessen einer Berufs- oder Bevölkerungsgruppe berührt. Sie gelten ferner nicht für Wahlen zu einer ehrenamtlichen Tätigkeit.

(4) Der ehrenamtlich tätige Bürger, bei dem ein Tatbestand vorliegt, der Befangenheit zur Folge haben kann, hat dies vor Beginn der Beratung über diesen Gegenstand dem Vorsitzenden, sonst dem Bürgermeister mitzuteilen. Ob ein Ausschließungsgrund vorliegt, entscheidet in Zweifelsfällen in Abwesenheit des Betroffenen bei Gemeinderäten und bei Ehrenbeamten der Gemeinderat, bei Ortschaftsräten der Ortschaftsrat, bei Mitgliedern von Ausschüssen der Ausschuss, sonst der Bürgermeister.

§ 18 GemO

Wesen und Aufgaben der Gemeinde

(5) Wer an der Beratung und Entscheidung nicht mitwirken darf, muss die Sitzung verlassen.

(6) Ein Beschluss ist rechtswidrig, wenn bei der Beratung oder Beschlussfassung die Bestimmungen der Absätze 1, 2 oder 5 verletzt worden sind oder ein ehrenamtlich tätiger Bürger ohne einen der Gründe der Absätze 1 und 2 ausgeschlossen war. Der Beschluss gilt jedoch ein Jahr nach der Beschlussfassung oder, wenn eine öffentliche Bekanntmachung erforderlich ist, ein Jahr nach dieser als von Anfang an gültig zu Stande gekommen, es sei denn, dass der Bürgermeister dem Beschluss nach § 43 wegen Gesetzwidrigkeit widersprochen oder die Rechtsaufsichtsbehörde den Beschluss vor Ablauf der Frist beanstandet hat. Die Rechtsfolge nach Satz 2 tritt nicht gegenüber demjenigen ein, der vor Ablauf der Jahresfrist einen förmlichen Rechtsbehelf eingelegt hat, wenn in dem Verfahren die Rechtsverletzung festgestellt wird. Für Beschlüsse über Satzungen, anderes Ortsrecht und Flächennutzungspläne bleibt § 4 Abs. 4 und 5 unberührt.

VwV GemO zu § 18:

1. Die Befangenheitsvorschriften des § 18, die nach § 52 auch für den Bürgermeister und die Beigeordneten gelten, gehen den Befangenheitsvorschriften der §§ 20 und 21 LVwVfG vor und sind abschließend, so dass sie auch nicht durch diese Vorschriften ergänzt werden; dies gilt auch, soweit sie sich auf Verwaltungsverfahren nach § 9 LVwVfG beziehen. Beamtenrechtliche Vorschriften werden davon nicht berührt. Die Befangenheitsvorschriften dienen der Sauberkeit der Gemeindeverwaltung. Sie sollen die Unparteilichkeit und Uneigennützigkeit der Gemeindeverwaltung und zugleich deren Ansehen in der Öffentlichkeit sichern. Deswegen schließen sie einen ehrenamtlich tätigen Bürger von der Ausübung des Ehrenamtes aus, wenn die Möglichkeit besteht, dass er sich dabei nicht oder nicht nur von den Interessen der Gemeinde, sondern zumindest auch von einem sich davon abhebenden anderen Interesse (Sonderinteresse) leiten lassen könnte.
Die Befangenheitsvorschriften knüpfen an äußere Tatbestandsmerkmale an und unterstellen eine daraus folgende Interessenkollision. Es kommt danach nicht darauf an, ob tatsächlich eine solche Interessenkollision gegeben ist; es genügt ihre Möglichkeit. Zweck der Befangenheitsvorschriften ist es, nicht erst die tatsächliche Interessenkollision, sondern schon den bösen Schein zu vermeiden.

Einwohner und Bürger **GemO § 18**

2. Für die Anwendung der einzelnen Vorschriften des § 18 Abs. 1 und 2 wird auf Folgendes hingewiesen:
Absatz 1
Nr. 2
Verwandte bis zum dritten Grad sind Eltern, Großeltern, Urgroßeltern, Kinder, Enkel, Urenkel, Geschwister, Onkel, Tanten, Neffen, Nichten, nicht dagegen Vettern und Basen. Verwandter ist auch der als Kind Angenommene, weil er nach dem Adoptionsgesetz vom 2. Juli 1976 (BGBl. I S. 1749) die rechtliche Stellung eines ehelichen Kindes erlangt; bei volljährig als Kind Angenommenen gilt dies allerdings nur im Verhältnis zum Annehmenden, nicht auch zu dessen Verwandten.
Nr. 3
Verschwägert bis zum zweiten Grad ist der eine Ehegatte mit den Großeltern, Eltern und Geschwistern des anderen Ehegatten sowie dessen Kindern und Enkeln. Eine Schwägerschaft besteht weiter, wenn die Ehe, durch die die Schwägerschaft vermittelt wird, aufgelöst ist; sie besteht nicht, wenn die Ehe für nichtig erklärt worden ist.
Nr. 4
Zu den vertretenen Personen gehören nicht nur natürliche Personen sowie juristische Personen des Privatrechts und des öffentlichen Rechts, sondern auch nichtrechtsfähige Vereine als Personenmehrheit; hier werden die Mitglieder des satzungsmäßigen Vorstands als bevollmächtigte Vertreter von der Vorschrift erfasst. Ob die Vertretung der Personen allein oder nur gemeinschaftlich ausgeübt werden kann, ist unerheblich.
Absatz 2
Nr. 1
„Jemand" im Sinne der Vorschrift können außer natürlichen und juristischen Personen des Privatrechts auch juristische Personen des öffentlichen Rechts, also z. B. auch das Land und der Bund sein. Ein Beschäftigungsverhältnis im Sinne dieser Vorschrift ist auch ein Beamtenverhältnis. Somit findet dieser Befangenheitstatbestand auch auf Landes- und Bundesbedienstete Anwendung. Einen unmittelbaren Vor- oder Nachteil kann eine Entscheidung dem Land oder dem Bund im Sinne dieser Vorschrift jedoch nur dann bringen, wenn sie für diese so gewertet werden muss wie für eine Privatperson. Dies ist nur der Fall, wenn fiskalische Interessen des Landes oder Bundes (z. B. als Grundstückseigentümer oder -erwerber) berührt sind, nicht jedoch wenn eine Entscheidung den hoheitlichen Aufgabenbereich des Landes oder Bundes betrifft.

§ 18 GemO — Wesen und Aufgaben der Gemeinde

Eine Ausnahme vom Ausschluss wegen des Bestehens eines entgeltlichen Beschäftigungsverhältnisses zum Sonderinteressenten gilt nur dann, wenn die tatsächlichen Umstände der Beschäftigung im konkreten Fall die nach diesem abstrakten Befangenheitstatbestand bestehende gesetzliche Vermutung der Befangenheit widerlegen.

Nr. 2 und 3

Zu den Handelsgesellschaften, auf deren Gesellschafter diese Vorschrift Anwendung findet, gehören die Kommanditgesellschaft auf Aktien und die Gesellschaft mit beschränkter Haftung. Für die Gesellschafter einer offenen Handelsgesellschaft und einer Kommanditgesellschaft gilt § 18 Abs. 1.

Rechtlich selbständige Unternehmen im Sinne dieser Vorschrift sind sowohl die privatrechtlichen als auch etwaige öffentlich-rechtliche Unternehmen.

Gleichartige Organe wie der Vorstand und der Aufsichtsrat sind nur solche Organe, die kraft Gesetzes, Satzung oder anderer Bestimmungen über die Verfassung des Unternehmens gleichartige Entscheidungs- oder Kontrollbefugnisse wie ein Vorstand oder Aufsichtsrat im Allgemeinen haben; das ist im Einzelfall zu ermitteln. Obliegt einem Organ ausschließlich die Entlastung anderer Organe oder Funktionsträger, begründet diese Befugnis für sich allein noch nicht die Stellung eines gleichartigen Organs i. S. der Nummer 2. Danach fallen z. B. die Hauptversammlung der Aktiengesellschaft sowie die Generalversammlung und die Vertreterversammlung der Genossenschaft nicht unter Absatz 2 Nr. 2.

Wer einem Organ als Vertreter oder auf Vorschlag der Gemeinde angehört, ist auch dann nicht befangen, wenn das Organ das Unternehmen oder die Körperschaft, Anstalt oder Stiftung des öffentlichen Rechts vertritt; die Bestimmung des Absatzes 2 Nrn. 2 und 3 geht insoweit der des Absatzes 1 Nr. 4 als speziellere Regelung vor.

3. Ehrenamtlich Tätige haben Tatbestände, die eine Befangenheit begründen können, nach § 18 Abs. 4 Satz 1 anzuzeigen; hierauf sollten sie bei ihrer Verpflichtung hingewiesen werden. Bei Gemeinderäten, Ortschaftsräten und Mitgliedern von Ausschüssen des Gemeinderats und des Ortschaftsrats entscheidet in Zweifelsfällen, insbesondere wenn der Betroffene das Vorliegen von Befangenheitsgründen bestreitet, das entsprechende Gremium, nicht dessen Vorsitzender; dies gilt in diesen Fällen auch hinsichtlich des Bürgermeisters, der Beigeordneten und des Ortsvorstehers als Vorsitzende des Gemeinderats, eines Ausschusses und des Ortschaftsrats, auch wenn die Beigeordneten oder der Ortsvorsteher nicht stimmberechtigt sind. Der Betroffene

Einwohner und Bürger **GemO § 19**

muss während der Beratung und Beschlussfassung über seine Befangenheit den Sitzungsraum verlassen. Die Entscheidung des Gemeinderats, seiner Ausschüsse oder des Ortschaftsrats über das Vorliegen eines Befangenheitsgrundes sind in die Sitzungsniederschrift aufzunehmen.
4. Ein wegen Befangenheit von der Beratung und Beschlussfassung ausgeschlossenes Mitglied des Gemeinderats, eines Ausschusses oder des Ortschaftsrats muss bei einer öffentlichen Sitzung die Sitzung verlassen; er muss sich dazu deutlich räumlich von dem Gremium entfernen, kann aber in dem für die Zuhörer bestimmten Teil des Sitzungsraumes bleiben. Bei einer nichtöffentlichen Sitzung muss der Betroffene dagegen den Sitzungsraum verlassen. Der Vorsitzende ist für die Beachtung dieses Gebotes verantwortlich.
5. Beschließt der Gemeinderat über Satzungen, anderes Ortsrecht und Flächennutzungspläne, gehen die Regelungen des § 4 Abs. 4 und 5 der Regelung des § 18 Abs. 6 vor.

   Eine Verletzung der Bestimmungen des § 18 Abs. 1 und 2 mit der Folge der Rechtswidrigkeit des gefassten Beschlusses nach § 18 Abs. 6 Satz 1 liegt auch dann vor, wenn der Gemeinderat, Ausschuss oder Ortschaftsrat bei der Entscheidung nach § 18 Abs. 4 das Vorliegen eines Befangenheitsgrundes zu Unrecht verneint hat, und der Befangene an der Beratung und Beschlussfassung mitgewirkt hat. Beschlüsse, die nach § 18 Abs. 6 Satz 1 rechtswidrig sind, können von der Rechtsaufsichtsbehörde nach § 121 Abs. 1 beanstandet werden. Maßnahmen zum Vollzug solcher rechtswidrigen Beschlüsse sind ebenfalls rechtswidrig; ein darauf gestützter Verwaltungsakt ist aufhebbar.

   Die Rechtswidrigkeit wegen Verletzung der Befangenheitsvorschriften kann nur innerhalb eines Jahres seit der Beschlussfassung in einem Rechtsbehelfsverfahren oder im Rahmen der Rechtsaufsicht geltend gemacht werden. Nach Ablauf dieser Frist kann ein Beschluss auch nicht mehr im Wege der Rechtsaufsicht beanstandet werden.

§ 19 Entschädigung für ehrenamtliche Tätigkeit

(1) Ehrenamtlich Tätige haben Anspruch auf Ersatz ihrer Auslagen und ihres Verdienstausfalls; durch Satzung können Höchstbeträge festgesetzt werden. Bei Personen, die keinen Verdienst haben und den Haushalt führen, gilt als Verdienstausfall das entstandene Zeitversäumnis; durch Satzung ist hierfür ein bestimmter Stundensatz festzusetzen.

§ 19 GemO — Wesen und Aufgaben der Gemeinde

(2) Durch Satzung können Durchschnittssätze festgesetzt werden.

(3) Durch Satzung kann bestimmt werden, dass Gemeinderäten, Ortschaftsräten, sonstigen Mitgliedern der Ausschüsse des Gemeinderats und Ortschaftsrats und Ehrenbeamten eine Aufwandsentschädigung gewährt wird.

(4) Aufwendungen für die entgeltliche Betreuung von pflege- oder betreuungsbedürftigen Angehörigen während der Ausübung der ehrenamtlichen Tätigkeit werden erstattet. Das Nähere wird durch Satzung geregelt.

(5) Durch Satzung kann bestimmt werden, dass neben einem Durchschnittssatz für Auslagen oder einer Aufwandsentschädigung Reisekostenvergütung nach den für Beamte geltenden Bestimmungen gewährt wird.

(6) Ehrenamtlich Tätigen kann Ersatz für Sachschäden nach den für Beamte geltenden Bestimmungen gewährt werden.

(7) Die Ansprüche nach den Absätzen 1 bis 6 sind nicht übertragbar.

VwV GemO zu § 19:

1. § 19 gewährt einen Anspruch auf Entschädigung nur für solche ehrenamtliche Tätigkeiten, die für die Gemeinde wahrgenommen werden. Bei Gemeinderäten gehört dazu die Teilnahme an den Sitzungen des Gemeinderats und seiner Ausschüsse sowie an Sitzungen, die notwendig sind, Gemeinderats- oder Ausschusssitzungen vorzubereiten, wobei in der Regel jeweils nur eine Sitzung zur Vorbereitung notwendig sein wird, ferner die Tätigkeit, die in der Eigenschaft als Gemeinderat auf Veranlassung des Vorsitzenden des Gemeinderats geleistet wird.
2. Als Verdienstausfall im Sinne von Absatz 1 Satz 1 gelten auch die Abzüge und Erstattungsbeträge nach § 1397 Abs. 4a RVO und § 119 Abs. 4a AVG. Als Verdienst im Sinne von Absatz 1 Satz 2 gilt auch eine dem Einkommen aus eigener Tätigkeit entsprechende Ersatzleistung.
3. Auslagen und Verdienstausfall sind in der tatsächlich entstandenen Höhe – bis zu etwa festgesetzten Höchstbeträgen – zu erstatten, wenn nicht durch Satzung eine pauschale Abgeltung des Entschädigungsanspruchs nach Durchschnittssätzen oder durch Gewährung von Aufwandsentschädigung vorgesehen ist.
   Durchschnittssätze (§ 19 Abs. 2) können für Auslagen und Verdienstausfall einheitlich oder getrennt oder auch nur für einen der beiden Entschädigungstatbestände festgesetzt werden, müssen jedoch für

Einwohner und Bürger **GemO § 20**

alle ehrenamtlich Tätigen ohne Rücksicht auf die Art der Tätigkeit gleich sein und können deshalb nur nach dem mit der ehrenamtlichen Tätigkeit verbundenen Zeitaufwand gestaffelt sein. Eine Aufwandsentschädigung (§ 19 Abs. 3) ist als ein grundsätzlich regelmäßig zu zahlender Betrag festzusetzen, sie kann aber auch ganz oder teilweise als Sitzungsgeld gezahlt werden. Für unterschiedliche Funktionen kann die Aufwandsentschädigung in unterschiedlicher Höhe festgesetzt werden.

Durchschnittssätze und Aufwandsentschädigung können nur in festen Beträgen festgesetzt und an veränderte Verhältnisse nur durch eine betragsmäßige Neufestsetzung angepasst werden; eine Dynamisierung, etwa durch Bezugnahme auf die Beamtenbesoldung, ist nicht zulässig.

Die Satzung darf kein Wahlrecht des ehrenamtlich Tätigen zwischen den Entschädigungsarten vorsehen, in Fällen einer außergewöhnlichen Inanspruchnahme kann neben einer Aufwandsentschädigung ausnahmsweise eine Entschädigung nach § 19 Abs. 1 oder § 19 Abs. 2 gewährt werden.

4. Unberührt von § 19 bleiben sondergesetzliche Bestimmungen.
   So richten sich z. B.
   – bei ehrenamtlichen Bürgermeistern die Aufwandsentschädigung nach den §§ 1 bis 5 und 7 des Aufwandsentschädigungsgesetzes (AufwEntG), bei ehrenamtlichen Ortsvorstehern nach Satzungsregelung der Gemeinde unter Berücksichtigung des Mindestbetrags nach § 9 AufwEntG,
   – bei Ehrenbeamten die Reisekostenvergütung unmittelbar nach dem Landesreisekostengesetz, der Ersatz von Sachschäden unmittelbar nach § 102 LBG,
   – bei Angehörigen der Gemeindefeuerwehr die Entschädigung nach § 17 des Feuerwehrgesetzes.

§ 20 Unterrichtung der Einwohner

(1) Der Gemeinderat unterrichtet die Einwohner durch den Bürgermeister über die allgemein bedeutsamen Angelegenheiten der Gemeinde und sorgt für die Förderung des allgemeinen Interesses an der Verwaltung der Gemeinde.

(2) Bei wichtigen Planungen und Vorhaben der Gemeinde, die unmittelbar raum- oder entwicklungsbedeutsam sind oder das wirtschaftliche, soziale und kulturelle Wohl ihrer Einwohner nachhaltig berühren,

§ 20 GemO — Wesen und Aufgaben der Gemeinde

sollen die Einwohner möglichst frühzeitig über die Grundlagen sowie die Ziele, Zwecke und Auswirkungen unterrichtet werden. Sofern dafür ein besonderes Bedürfnis besteht, soll den Einwohnern allgemein Gelegenheit zur Äußerung gegeben werden. Vorschriften über eine förmliche Beteiligung oder Anhörung bleiben unberührt.

(3) Gibt die Gemeinde ein eigenes Amtsblatt heraus, das sie zur regelmäßigen Unterrichtung der Einwohner über die allgemein bedeutsamen Angelegenheiten der Gemeinde nutzt, ist den Fraktionen des Gemeinderats Gelegenheit zu geben, ihre Auffassungen zu Angelegenheiten der Gemeinde im Amtsblatt darzulegen. Der Gemeinderat regelt in einem Redaktionsstatut für das Amtsblatt das Nähere, insbesondere den angemessenen Umfang der Beiträge der Fraktionen. Er hat die Veröffentlichung von Beiträgen der Fraktionen innerhalb eines bestimmten Zeitraums von höchstens sechs Monaten vor Wahlen auszuschließen.

VwV GemO zu § 20:

1. Die Unterrichtungspflicht des Gemeinderats bezieht sich nicht nur auf die wichtigen Angelegenheiten im Sinne von § 21 Abs. 1 Satz 2, sondern auf alle allgemein, d. h. für die ganze Bevölkerung der Gemeinde oder Teile davon, bedeutsamen Angelegenheiten der Gemeinde. Die Information, deren Art und Weise dem Gemeinderat freigestellt ist, soll gleichzeitig dazu dienen, das Interesse der Bevölkerung an der Verwaltung der Gemeinde zu wecken und zu beleben.
2. Eine besondere Pflicht obliegt dem Gemeinderat in dieser Hinsicht bei den Planungen und Vorhaben der Gemeinde, die für die Gestaltung der Lebensverhältnisse der Bevölkerung von grundlegender Bedeutung sind. In diesen Fällen soll den Bürgern über die möglichst frühzeitige Unterrichtung der Einwohner hinaus bei einem entsprechenden Bedürfnis auch Gelegenheit zur Äußerung gegeben werden. Dabei geht es nicht um eine formalrechtliche Verfahrensbeteiligung, sondern um eine die Willensbildung der verfassungsmäßigen Gemeindeorgane lediglich unterstützende Beteiligung, die den Zweck hat, die von der Planung berührten Belange und Bedürfnisse zu ermitteln und den Planungsprozess transparent zu machen. Im Unterschied zu Vorschriften über eine förmliche Verfahrensbeteiligung, die unberührt bleiben, begründet § 20 Abs. 2 Satz 2 keinen Rechtsanspruch. Die Form der Unterrichtung und eventuellen weitergehenden Beteiligung nach § 20

Abs. 2 ist der Gemeinde freigestellt; in Frage kommt hierfür auch die Bürgerversammlung.

§ 20a Einwohnerversammlung[*]

(1) Wichtige Gemeindeangelegenheiten sollen mit den Einwohnern erörtert werden. Zu diesem Zweck soll der Gemeinderat in der Regel einmal im Jahr, im Übrigen nach Bedarf eine Einwohnerversammlung anberaumen. Einwohnerversammlungen können in größeren Gemeinden und in Gemeinden mit Bezirksverfassung oder Ortschaftsverfassung auf Ortsteile, Gemeindebezirke und Ortschaften beschränkt werden. Die Teilnahme an der Einwohnerversammlung kann auf die Einwohner beschränkt werden. Die Einwohnerversammlung wird vom Bürgermeister unter rechtzeitiger ortsüblicher Bekanntgabe von Zeit, Ort und Tagesordnung einberufen. Den Vorsitz führt der Bürgermeister oder ein von ihm bestimmter Vertreter. In Ortschaften können Einwohnerversammlungen auch vom Ortschaftsrat anberaumt werden, die entsprechend den Sätzen 5 und 6 vom Ortsvorsteher einberufen und geleitet werden; die Tagesordnung muss sich auf die Ortschaft beziehen; die Teilnahme kann auf die in der Ortschaft wohnenden Einwohner beschränkt werden; der Bürgermeister ist in jedem Fall teilnahmeberechtigt; bei Teilnahme ist dem Bürgermeister vom Vorsitzenden auf Verlangen jederzeit das Wort zu erteilen.

(2) Der Gemeinderat hat eine Einwohnerversammlung anzuberaumen, wenn dies von der Einwohnerschaft beantragt wird. Der Antrag muss schriftlich eingereicht werden und die zu erörternden Angelegenheiten angeben, dabei findet § 3a des Landesverwaltungsverfahrensgesetzes (LVwVfG) keine Anwendung; der Antrag darf nur Angelegenheiten angeben, die innerhalb der letzten sechs Monate nicht bereits Gegenstand einer Einwohnerversammlung waren. Er muss in Gemeinden mit nicht mehr als 10 000 Einwohnern von mindestens 5 vom Hundert der antragsberechtigten Einwohner der Gemeinde, höchs-

---

[*] Anm. des Bearbeiters:
Welche Einwohner für einen Antrag nach § 20a Abs. 2 antragsberechtigt sind, richtet sich nach § 41 Abs. 1 Satz 1 und 2 des Kommunalwahlgesetzes:
Der Antrag auf eine Einwohnerversammlung und der Einwohnerantrag können nur von Einwohnern unterzeichnet werden, die im Zeitpunkt der Unterzeichnung das 16. Lebensjahr vollendet haben und seit mindestens drei Monaten in der Gemeinde wohnen. § 12 Absatz 1 Satz 2 der Gemeindeordnung gilt entsprechend.

§ 20a GemO

tens jedoch von 350 Einwohnern unterzeichnet sein. In Gemeinden mit mehr als 10 000 Einwohnern muss er von mindestens 2,5 vom Hundert der antragsberechtigten Einwohner der Gemeinde, mindestens jedoch von 350 Einwohnern und höchstens von 2500 Einwohnern unterzeichnet sein. Er soll bis zu drei Vertrauenspersonen mit Namen und Anschrift benennen, die berechtigt sind, die Unterzeichnenden zu vertreten. Sind keine Vertrauenspersonen benannt, gelten die beiden ersten Unterzeichner als Vertrauenspersonen. Nur die Vertrauenspersonen sind, jede für sich, berechtigt, verbindliche Erklärungen zum Antrag abzugeben und entgegenzunehmen. Das Nähere wird durch das Kommunalwahlgesetz geregelt. Über die Zulässigkeit des Antrags entscheidet der Gemeinderat. Ist der Antrag zulässig, muss die Einwohnerversammlung innerhalb von drei Monaten nach Eingang des Antrags abgehalten werden. Sätze 1 bis 10 gelten entsprechend für Ortsteile, Gemeindebezirke und Ortschaften; für die erforderliche Zahl der Unterschriften sind in diesem Fall die Zahlen der dort wohnenden Einwohner maßgebend; die zu erörternden Angelegenheiten müssen sich auf den Ortsteil, Gemeindebezirk oder die Ortschaft beziehen.

(3) In der Einwohnerversammlung können nur Einwohner das Wort erhalten. Der Vorsitzende kann auch anderen Personen das Wort erteilen.

(4) Die Vorschläge und Anregungen der Einwohnerversammlung sollen innerhalb einer Frist von drei Monaten von dem für die Angelegenheit zuständigen Organ der Gemeinde behandelt werden.

VwV GemO zu § 20a:

1. Die Einberufung zu dem vom Gemeinderat anzuberaumenden Termin mit rechtzeitiger ortsüblicher Bekanntgabe von Zeit, Ort und Tagesordnung obliegt dem Bürgermeister. Die Teilnahme an der Bürgerversammlung kann nur auf die Einwohner, nicht auf die Bürger beschränkt werden; auf eine etwaige Beschränkung ist in der Einberufung hinzuweisen; das Gleiche gilt, wenn an einer vom Gemeinderat für einzelne Ortsteile, Gemeindebezirke oder Ortschaften anberaumten Bürgerversammlung nur die dort wohnenden Einwohner teilnahmeberechtigt sein sollen.
Der Ortschaftsrat kann eine Bürgerversammlung nur für die betreffende Ortschaft und nur zur Erörterung der sie betreffenden Angele-

Einwohner und Bürger **GemO § 20a**

genheiten anberaumen; eine solche Bürgerversammlung kann auf die Einwohner in der Ortschaft beschränkt werden.
Der Bürgermeister kann ein Mitglied des Gemeinderats oder einen Bediensteten der Gemeindeverwaltung zum Vorsitzenden bestimmen.

2. Die Gemeindebürger haben das Recht, eine Bürgerversammlung, auch auf Ortsteile, Gemeindebezirke oder Ortschaften beschränkt, mit einer von ihnen selbst bestimmten Tagesordnung zu beantragen. Der Gemeinderat muss möglichst rasch über die Zulässigkeit eines Antrags auf Anberaumung einer Bürgerversammlung entscheiden, da diese für den Fall der Zulässigkeit innerhalb von drei Monaten nach Eingang des Antrags abgehalten werden muss. Der Tag des Eingangs des Antrags ist auch maßgebend für die Feststellung, ob vorgesehene Tagesordnungspunkte innerhalb des letzten Jahres bereits Gegenstand einer beantragten oder vom Gemeinderat anberaumten Bürgerversammlung waren.

   Das Nähere über das Unterschriftenerfordernis des § 20a Abs. 2 Satz 3 ist in § 41 Abs. 1 KomWG geregelt. Über die Zulässigkeit einer auf einen Ortsteil, einen Gemeindebezirk oder eine Ortschaft beschränkten Bürgerversammlung entscheidet ebenfalls der Gemeinderat. Dieser kann aber die Anberaumung und Durchführung der im Falle der Zulässigkeit des Antrags in einer Ortschaft abzuhaltenden Bürgerversammlung dem Ortschaftsrat und dem Ortsvorsteher überlassen.

   Der Termin der beantragten Bürgerversammlung ist vom Gemeinderat bzw. Ortschaftsrat festzusetzen, Einberufung und ortsübliche Bekanntgabe obliegen wie bei anderen Bürgerversammlungen dem Bürgermeister bzw. Ortsvorsteher. Ob der Kreis der Teilnahmeberechtigten im Sinne der Ausführungen unter Nr. 1 beschränkt werden kann, richtet sich nach dem Antrag. Die Leitung kommt auch bei dieser Bürgerversammlung ausschließlich dem Bürgermeister bzw. Ortsvorsteher oder dem von diesen bestimmten Vertreter zu.

3. Für die ortsübliche Bekanntgabe gelten im Gegensatz zur öffentlichen Bekanntmachung weniger strenge Erfordernisse. Sie muss ihren Unterrichtungszweck in herkömmlicher Weise erfüllen können. Dafür kann je nach den örtlichen Verhältnissen auch z. B. der Anschlag an den Verkündungstafeln ohne gleichzeitigen Hinweis durch Zeitung oder auf sonstige Weise genügen.

4. Die Bürgerversammlung ist zwar kein beschließendes Organ der Gemeinde, dient aber auch nicht nur dazu, die Erklärungen der Gemeindeverwaltung entgegenzunehmen, sondern soll der Bevölkerung die Gelegenheit geben, selbst ihren Willen zu bekunden und Vorschläge und Anregungen zu geben.

§ 20b GemO

§ 20b Einwohnerantrag*

(1) Die Einwohnerschaft kann beantragen, dass der Gemeinderat eine bestimmte Angelegenheit behandelt (Einwohnerantrag). Ein Einwohnerantrag darf nur Angelegenheiten des Wirkungskreises der Gemeinde zum Gegenstand haben, für die der Gemeinderat zuständig ist und in denen innerhalb der letzten sechs Monate nicht bereits ein Einwohnerantrag gestellt worden ist. Ein Einwohnerantrag ist in den in § 21 Absatz 2 genannten Angelegenheiten ausgeschlossen; das Gleiche gilt bei Angelegenheiten, über die der Gemeinderat oder ein beschließender Ausschuss nach Durchführung eines gesetzlich bestimmten Beteiligungs- oder Anhörungsverfahrens beschlossen hat.

(2) Der Einwohnerantrag muss schriftlich eingereicht werden; richtet er sich gegen einen Beschluss des Gemeinderats oder eines beschließenden Ausschusses, muss er innerhalb von drei Monaten nach der Bekanntgabe des Beschlusses eingereicht sein. § 3a LVwVfG findet keine Anwendung. Der Einwohnerantrag muss hinreichend bestimmt sein und eine Begründung enthalten. Er muss in Gemeinden mit nicht mehr als 10 000 Einwohnern von mindestens 3 vom Hundert der antragsberechtigten Einwohner der Gemeinde, höchstens jedoch von 200 Einwohnern unterzeichnet sein. In Gemeinden mit mehr als 10 000 Einwohnern muss er von mindestens 1,5 vom Hundert der antragsberechtigten Einwohner der Gemeinde, mindestens jedoch von 200 Einwohnern und höchstens von 2500 Einwohnern unterzeichnet sein. Er soll bis zu drei Vertrauenspersonen mit Namen und Anschrift benennen, die berechtigt sind, die Unterzeichnenden zu vertreten. Sind keine Vertrauenspersonen benannt, gelten die beiden ersten Unterzeichner als Vertrauenspersonen. Nur die Vertrauenspersonen sind, jede für sich, berechtigt, verbindliche Erklärungen zum Antrag abzugeben und entgegenzunehmen. Das Nähere wird durch das Kommunalwahlgesetz geregelt.

(3) Über die Zulässigkeit des Einwohnerantrags entscheidet der Gemeinderat. Ist der Einwohnerantrag zulässig, hat der Gemeinderat

---

* Anm. des Bearbeiters:
Welche Einwohner antragsberechtigt sind, richtet sich nach § 41 Abs. 1 Satz 1 und 2 des Kommunalwahlgesetzes:
Der Antrag auf eine Einwohnerversammlung und der Einwohnerantrag können nur von Einwohnern unterzeichnet werden, die im Zeitpunkt der Unterzeichnung das 16. Lebensjahr vollendet haben und seit mindestens drei Monaten in der Gemeinde wohnen. § 12 Absatz 1 Satz 2 der Gemeindeordnung gilt entsprechend.

Einwohner und Bürger **GemO § 21**

oder der zuständige beschließende Ausschuss innerhalb von drei Monaten nach seinem Eingang die Angelegenheit zu behandeln; er hat hierbei die Vertrauenspersonen des Einwohnerantrags zu hören.

(4) Die Absätze 1 bis 3 gelten entsprechend in einer Ortschaft für eine Behandlung im Ortschaftsrat. Für die erforderliche Zahl der Unterschriften ist in diesem Fall die Zahl der in der Ortschaft wohnenden Einwohner maßgebend. Über die Zulässigkeit des Einwohnerantrags entscheidet der Ortschaftsrat. Die Sätze 1 bis 3 gelten entsprechend für Gemeindebezirke in Gemeinden mit Bezirksverfassung.

VwV GemO zu § 20b:

1. Mit dem Instrument des Bürgerantrags ist der Bürgerschaft die Möglichkeit gegeben, die Behandlung einer bestimmten Gemeindeangelegenheit durch den Gemeinderat herbeizuführen; die Angelegenheit muss den Zuständigkeitsbereich des Gemeinderats betreffen. Die Entscheidungszuständigkeit des Gemeinderats bzw. des zuständigen beschließenden Ausschusses bleibt unberührt. Die Anhörung nach § 20b Abs. 3 Satz 2 zweiter Halbsatz muss im Gemeinderat oder im zuständigen beschließenden Ausschuss vor der Beratung der Angelegenheit erfolgen.
2. Das Nähere über das Unterschriftenerfordernis nach § 20b Abs. 2 Satz 3 ist in § 41 Abs. 1 KomWG geregelt.

§ 21 Bürgerentscheid, Bürgerbegehren

(1) Der Gemeinderat kann mit einer Mehrheit von zwei Dritteln der Stimmen aller Mitglieder beschließen, dass eine Angelegenheit des Wirkungskreises der Gemeinde, für die der Gemeinderat zuständig ist, der Entscheidung der Bürger unterstellt wird (Bürgerentscheid).

(2) Ein Bürgerentscheid findet nicht statt über
1. Weisungsaufgaben und Angelegenheiten, die kraft Gesetzes dem Bürgermeister obliegen,
2. Fragen der inneren Organisation der Gemeindeverwaltung,
3. die Rechtsverhältnisse der Gemeinderäte, des Bürgermeisters und der Gemeindebediensteten,
4. die Haushaltssatzung einschließlich der Wirtschaftspläne der Eigenbetriebe sowie die Kommunalabgaben, Tarife und Entgelte,

§ 21 GemO — Wesen und Aufgaben der Gemeinde

5. die Feststellung des Jahresabschlusses und des Gesamtabschlusses der Gemeinde und der Jahresabschlüsse der Eigenbetriebe,*
6. Bauleitpläne und örtliche Bauvorschriften mit Ausnahme des verfahrenseinleitenden Beschlusses sowie über
7. Entscheidungen in Rechtsmittelverfahren.

(3) Über eine Angelegenheit des Wirkungskreises der Gemeinde, für die der Gemeinderat zuständig ist, kann die Bürgerschaft einen Bürgerentscheid beantragen (Bürgerbegehren). Ein Bürgerbegehren darf nur Angelegenheiten zum Gegenstand haben, über die innerhalb der letzten drei Jahre nicht bereits ein Bürgerentscheid auf Grund eines Bürgerbegehrens durchgeführt worden ist. Das Bürgerbegehren muss schriftlich eingereicht werden, dabei findet § 3a LVwVfG keine Anwendung; richtet es sich gegen einen Beschluss des Gemeinderats, muss es innerhalb von drei Monaten nach der Bekanntgabe des Beschlusses eingereicht sein. Das Bürgerbegehren muss die zur Entscheidung zu bringende Frage, eine Begründung und einen nach den gesetzlichen Bestimmungen durchführbaren Vorschlag für die Deckung der Kosten der verlangten Maßnahme enthalten. Die Gemeinde erteilt zur Erstellung des Kostendeckungsvorschlags Auskünfte zur Sach- und Rechtslage. Das Bürgerbegehren muss von mindestens 7 vom Hundert der Bürger unterzeichnet sein, höchstens jedoch von 20 000 Bürgern. Es soll bis zu drei Vertrauenspersonen mit Namen und Anschrift benennen, die berechtigt sind, die Unterzeichnenden zu vertreten. Sind keine Vertrauenspersonen benannt, gelten die beiden ersten Unterzeichner als Vertrauenspersonen. Nur die Vertrauenspersonen sind, jede für sich, berechtigt, verbindliche Erklärungen zum Antrag abzugeben und entgegenzunehmen.

(4) Über die Zulässigkeit eines Bürgerbegehrens entscheidet der Gemeinderat nach Anhörung der Vertrauenspersonen unverzüglich, spätestens innerhalb von zwei Monaten nach Eingang des Antrags. Nach Feststellung der Zulässigkeit des Bürgerbegehrens dürfen die Gemeindeorgane bis zur Durchführung des Bürgerentscheids keine dem Bürgerbegehren entgegenstehende Entscheidung treffen oder vollziehen, es sei denn, zum Zeitpunkt der Einreichung des Bürgerbegehrens haben rechtliche Verpflichtungen hierzu bestanden. Der Bür-

---

* Anm. des Bearbeiters: Zur vorläufigen Fortgeltung der bisherigen Fassung s. S. 214 ff.

gerentscheid entfällt, wenn der Gemeinderat die Durchführung der mit dem Bürgerbegehren verlangten Maßnahme beschließt.

(5) Wird ein Bürgerentscheid durchgeführt, muss den Bürgern die innerhalb der Gemeindeorgane vertretene Auffassung durch Veröffentlichung oder Zusendung einer schriftlichen Information bis zum 20. Tag vor dem Bürgerentscheid dargelegt werden. In dieser Veröffentlichung oder schriftlichen Information der Gemeinde zum Bürgerentscheid dürfen die Vertrauenspersonen eines Bürgerbegehrens ihre Auffassung zum Gegenstand des Bürgerentscheids in gleichem Umfang darstellen wie die Gemeindeorgane.

(6) Der Bürgerentscheid ist innerhalb von vier Monaten nach der Entscheidung über die Zulässigkeit durchzuführen, es sei denn, die Vertrauenspersonen stimmen einer Verschiebung zu.

(7) Bei einem Bürgerentscheid ist die gestellte Frage in dem Sinne entschieden, in dem sie von der Mehrheit der gültigen Stimmen beantwortet wurde, sofern diese Mehrheit mindestens 20 vom Hundert der Stimmberechtigten beträgt. Bei Stimmengleichheit gilt die Frage als mit Nein beantwortet. Ist die nach Satz 1 erforderliche Mehrheit nicht erreicht worden, hat der Gemeinderat die Angelegenheit zu entscheiden.

(8) Der Bürgerentscheid hat die Wirkung eines Gemeinderatsbeschlusses. Er kann innerhalb von drei Jahren nur durch einen neuen Bürgerentscheid abgeändert werden.

(9) Das Nähere wird durch das Kommunalwahlgesetz geregelt.

VwV GemO zu § 21:

1. Ein Bürgerentscheid nach § 21 Abs. 1 Satz 2 Nr. 1 kann nur öffentliche Einrichtungen der Gemeinde im Sinne von § 10 Abs. 2 betreffen. Diese Einrichtungen müssen nicht notwendig im Eigentum der Gemeinde stehen; sie können auch von privaten Trägern errichtet und betrieben werden, und ihre Benutzung kann auch privatrechtlich ausgestaltet werden; Voraussetzung für das Vorliegen einer öffentlichen Einrichtung der Gemeinde ist in diesen Fällen jedoch stets, dass die Gemeinde auf Grund ihrer Beteiligung oder z. B. eines Überlassungsvertrags in der Lage ist, die Benutzung zu bestimmen und die Nutzung durch die Allgemeinheit zu gewährleisten. Eine öffentliche Einrichtung kann auch dann Gegenstand eines Bürgerentscheides sein, wenn die Gemeinde gemeinsam mit anderen Gebietskörperschaften Träger der Einrichtung

§ 21 GemO

oder Gesellschafter des Trägers ist und nur gemeinsam mit diesen die Benutzung bestimmen kann. Auch in diesen Fällen ist zu prüfen, ob die Einrichtung (auch) der Gesamtheit der Einwohner der Gemeinde zugutekommt.

Der Bürgerentscheid über die Errichtung oder Erweiterung einer öffentlichen Einrichtung kann nicht nur das „Ob", sondern auch das „Wie" oder „Wo" des Vorhabens zum Gegenstand haben. Damit können auch planerische und gestalterische Fragen bei öffentlichen Einrichtungen einem Bürgerentscheid unterstellt werden. Dies bedeutet, dass auch der Satzungsbeschluss über einen Bebauungsplan insoweit Gegenstand eines Bürgerentscheids nach § 21 Abs. 1 Satz 2 Nr. 1 sein kann, als dieser sich auf öffentliche Einrichtungen im oben genannten Sinne bezieht; im Übrigen umfasst aber § 21 Abs. 1 Satz 2 Nr. 1 keine städtebaulichen Planungen. Gegenstand eines Bürgerentscheids über Gemeindegrenzänderungen (auch Umgliederung von Gemeindegebietsteilen, vgl. Nr. 2 zu § 8) kann das „Ob" der Grenzänderung in einem bestimmten Umfang sein.

Bei der unechten Teilortswahl ist Gegenstand des Bürgerentscheids dieses Wahlsystem als solches, dagegen nicht die Bildung der einzelnen Wohnbezirke und die Bestimmung der auf sie entfallenden Sitzzahlen.

Gegenstand des Bürgerentscheids über die Einführung oder Aufhebung der Bezirks- oder der Ortschaftsverfassung muss auch die Frage sein, welche Ortschaften bzw. Bezirke gebildet oder aufgehoben werden sollen.

Bei einem Bürgerentscheid für die Einführung der unechten Teilortswahl, der Bezirks- und der Ortschaftsverfassung hat der Gemeinderat die entsprechenden Regelungen durch die Hauptsatzung zu treffen. Im Falle der Aufhebung dieser Institutionen durch einen Bürgerentscheid muss die entsprechende Änderung der Hauptsatzung vollzogen werden.

2. Trifft eine Gemeinde in der Hauptsatzung keine Bestimmung über weitere wichtige Angelegenheiten, die einem Bürgerentscheid unterstellt werden können, kann weder der Gemeinderat von sich aus einen Bürgerentscheid über andere als in § 21 Abs. 1 aufgeführte Angelegenheiten herbeiführen noch ist darüber hinaus ein Bürgerbegehren zulässig. Durch Hauptsatzung können zu weiteren wichtigen Angelegenheiten z. B. erklärt werden: der Beitritt zu Zweckverbänden, deren Aufgabe es ist, den beteiligten Gemeinden Einrichtungen nach § 21 Abs. 1 Satz 2 Nr. 1 zur Verfügung zu stellen, oder der Anschluss einer Gemeinde an Versorgungs- und Verkehrseinrichtungen anderer Gemeinden oder

Einwohner und Bürger **GemO § 22**

privater Unternehmer, ferner die Festlegung des Verhaltens der Gemeinde, wenn diese bei bestimmten Planungsvorhaben anderer Träger beteiligt wird.
3. Bei der Einbringung eines Bürgerbegehrens ist von besonderer Bedeutung, dass der Antrag einen durchführbaren Vorschlag für die Deckung der Kosten der verlangten Maßnahme enthalten muss. Der Deckungsvorschlag muss die Höhe der Kosten angeben und sich sowohl auf die Finanzierung der Anschaffungs- oder Herstellungskosten als auch auf die Deckung der Folgekosten erstrecken. Zur Finanzierung der Anschaffung oder Herstellung können im Haushaltsplan oder im Finanzplan Umschichtungen auf der Ausgabenseite vorgeschlagen werden, z. B. Zurückstellung einer bestimmten Maßnahme zugunsten der verlangten Maßnahme. Es kann auch eine Erhöhung der Finanzierungsmittel z. B. über Erhöhung der Steuereinnahmen oder der Kreditaufnahmen vorgeschlagen werden. Zur Frage der Folgekosten ist darzulegen, ob und ggf. wie sie aus Entgelten oder allgemeinen Deckungsmitteln gedeckt werden sollen. Zur Durchführbarkeit des Deckungsvorschlags gehört auch, dass er mit dem Grundsatz der Wirtschaftlichkeit und Sparsamkeit der Haushaltswirtschaft vereinbar ist.
4. Ein Bürgerbegehren gegen einen Gemeinderatsbeschluss hat keine aufschiebende Wirkung. Es wird jedoch empfohlen, vom Vollzug eines Beschlusses, gegen den sich ein zulässiges Bürgerbegehren richtet, bis zum Bürgerentscheid abzusehen. Auch ein Beschluss, gegen den mit einem Bürgerbegehren zu rechnen ist, sollte nicht vor Ablauf der Frist nach § 21 Abs. 3 Satz 3 zweiter Halbsatz vollzogen werden. Ein fristgerechtes Bürgerbegehren ist auch gegen einen vollzogenen Beschluss zulässig.
5. Die Rechtsaufsichtsbehörden werden gebeten, das Innenministerium über die Durchführung von Bürgerentscheiden und die Einbringung von Bürgerbegehren nach Abschluss des Verfahrens zu unterrichten.

§ 22 Ehrenbürgerrecht

(1) Die Gemeinde kann Personen, die sich besonders verdient gemacht haben, das Ehrenbürgerrecht verleihen.

(2) Das Ehrenbürgerrecht kann wegen unwürdigen Verhaltens entzogen werden.

Zweiter Teil: Verfassung und Verwaltung der Gemeinde

1. Abschnitt: Organe

§ 23

Verwaltungsorgane der Gemeinde sind der Gemeinderat und der Bürgermeister.

2. Abschnitt: Gemeinderat

§ 24 Rechtsstellung und Aufgaben

(1) Der Gemeinderat ist die Vertretung der Bürger und das Hauptorgan der Gemeinde. Er legt die Grundsätze für die Verwaltung der Gemeinde fest und entscheidet über alle Angelegenheiten der Gemeinde, soweit nicht der Bürgermeister kraft Gesetzes zuständig ist oder ihm der Gemeinderat bestimmte Angelegenheiten überträgt. Der Gemeinderat überwacht die Ausführung seiner Beschlüsse und sorgt beim Auftreten von Missständen in der Gemeindeverwaltung für deren Beseitigung durch den Bürgermeister.

(2) Der Gemeinderat entscheidet im Einvernehmen mit dem Bürgermeister über die Ernennung, Einstellung und Entlassung der Gemeindebediensteten; das Gleiche gilt für die nicht nur vorübergehende Übertragung einer anders bewerteten Tätigkeit bei einem Arbeitnehmer sowie für die Festsetzung des Entgelts, sofern kein Anspruch auf Grund eines Tarifvertrags besteht. Kommt es zu keinem Einvernehmen, entscheidet der Gemeinderat mit einer Mehrheit von zwei Dritteln der Stimmen der Anwesenden allein. Der Bürgermeister ist zuständig, soweit der Gemeinderat ihm die Entscheidung überträgt oder diese zur laufenden Verwaltung gehört. Rechte des Staates bei der Ernennung und Entlassung von Gemeindebediensteten, die sich aus anderen Gesetzen ergeben, bleiben unberührt.

(3) Eine Fraktion oder ein Sechstel der Gemeinderäte kann in allen Angelegenheiten der Gemeinde und ihrer Verwaltung verlangen, dass der Bürgermeister den Gemeinderat unterrichtet. Ein Viertel der Gemeinderäte kann in Angelegenheiten im Sinne von Satz 1 verlangen, dass dem Gemeinderat oder einem von ihm bestellten Ausschuss Ak-

Gemeinderat **GemO § 24**

teneinsicht gewährt wird. In dem Ausschuss müssen die Antragsteller vertreten sein.

(4) Jeder Gemeinderat kann an den Bürgermeister schriftliche, elektronische oder in einer Sitzung des Gemeinderats mündliche Anfragen über einzelne Angelegenheiten im Sinne von Absatz 3 Satz 1 richten, die binnen angemessener Frist zu beantworten sind. Das Nähere ist in der Geschäftsordnung des Gemeinderats zu regeln.

(5) Absätze 3 und 4 gelten nicht bei den nach § 44 Abs. 3 Satz 3 geheim zu haltenden Angelegenheiten.

Vwv GemO zu § 24:

1. Dem Gemeinderat kommt als Vertretung der Bürger und Hauptorgan der Gemeinde die Entscheidung in allen Angelegenheiten der Gemeinde zu, soweit nicht gesetzlich ausdrücklich die Zuständigkeit des Bürgermeisters begründet ist. In Zweifelsfällen besteht somit die Vermutung für die Zuständigkeit des Gemeinderats.
2. § 24 Abs. 2 regelt die Zuständigkeit für die Entscheidung über die Ernennung von Beamten, über Maßnahmen bei Angestellten, die einer Beförderung vergleichbar sind, sowie über die Einstellung und Entlassung der Gemeindebediensteten, außer den Beigeordneten; die entsprechenden Verfügungen erlässt der Bürgermeister in seiner Zuständigkeit für den Vollzug der Beschlüsse des Gemeinderats. Außerdem sind die Vorschriften des Landespersonalvertretungsgesetzes über die Beteiligung des Personalrats in §§ 107 und 108 des Bundespersonalvertretungsgesetzes zu beachten. Ernennungen sind die in § 9 des Landesbeamtengesetzes (LBG) aufgeführten Maßnahmen zur Begründung oder Änderung eines Beamtenverhältnisses. Im Sinne des § 24 Abs. 2 fallen auch Versetzungen, Abordnungen und Übertragungen eines anderen Amtes mit höherem Endgrundgehalt, ohne dass sich die Amtsbezeichnung ändert, sowie erneute Berufungen von Beamten, die wegen Dienstunfähigkeit in den Ruhestand versetzt waren, nach Wiederherstellung der Dienstfähigkeit nach § 56 LBG unter den Begriff Ernennung, nicht jedoch die Zuweisung anderer Aufgabengebiete (Umsetzungen). Einstellung ist die Begründung eines Beschäftigungsverhältnisses von Angestellten und Arbeitern der Gemeinde. Entlassung ist bei Angestellten und Arbeitern die Kündigung des Beschäftigungsverhältnisses und seine Aufhebung durch Vertrag; bei Beamten fällt unter diesen Begriff außer der Entlassung nach §§ 41 bis 44 LBG auch die Versetzung in den Ruhestand nach

§§ 52 bis 55 und § 57 LBG sowie die Versetzung in den einstweiligen Ruhestand nach § 61 LBG.
3. Der Gemeinderat hat nach § 24 Abs. 1 Satz 3 die Ausführung seiner Beschlüsse zu überwachen und die Gemeindeverwaltung zu kontrollieren. Die dazu in § 24 Abs. 3 eingeräumten Rechte auf Unterrichtung und Gewährung von Akteneinsicht in allen Angelegenheiten der Gemeinde und der Gemeindeverwaltung stehen ihm nur als Kollegialorgan zu. Unterrichtung und Akteneinsicht können für den Gemeinderat aber schon von einem Viertel der Gemeinderäte verlangt werden; dieses Minderheitenerfordernis für das Verlangen kann durch die Geschäftsordnung des Gemeinderats weder verringert noch erhöht werden. Das Unterrichtungsrecht gilt einschließlich des Rechts auf Gewährung von Akteneinsicht auch für die Ausschüsse des Gemeinderats im Rahmen ihrer Zuständigkeit, wenn im Ausschuss mindestens ein Viertel aller Gemeinderäte Unterrichtung oder Akteneinsicht verlangt. Außer dem Gemeinderat als Kollegialorgan hat auch jedes Mitglied des Gemeinderats ein Unterrichtungsrecht. Dieses Recht des einzelnen Gemeinderats umfasst aber nicht das Recht auf Akteneinsicht. Das Recht auf Akteneinsicht berechtigt nicht dazu, vom Inhalt der Akten ganz oder auszugsweise Kopien herzustellen. Die unerlaubte Anfertigung von Abschriften, Tonbandaufzeichnungen und sonstigen Kopien vom Inhalt der Akten verletzt das alleinige Verfügungsrecht der Gemeinde über ihre Akten und verstößt bei geheim zu haltenden Angelegenheiten gegen den Schutzzweck der § 17 Abs. 2 und § 35 Abs. 2.

§ 25 Zusammensetzung

(1) Der Gemeinderat besteht aus dem Bürgermeister als Vorsitzendem und den ehrenamtlichen Mitgliedern (Gemeinderäte). In Städten führen die Gemeinderäte die Bezeichnung Stadtrat.

(2) Die Zahl der Gemeinderäte beträgt

in Gemeinden mit nicht mehr als	1 000 Einwohnern	8,
in Gemeinden mit mehr als	1 000 Einwohnern,	
aber nicht mehr als	2 000 Einwohnern	10,
in Gemeinden mit mehr als	2 000 Einwohnern,	
aber nicht mehr als	3 000 Einwohnern	12,
in Gemeinden mit mehr als	3 000 Einwohnern,	
aber nicht mehr als	5 000 Einwohnern	14,
in Gemeinden mit mehr als	5 000 Einwohnern,	
aber nicht mehr als	10 000 Einwohnern	18,

Gemeinderat **GemO § 26**

in Gemeinden mit mehr als	10 000 Einwohnern,	
aber nicht mehr als	20 000 Einwohnern	22,
in Gemeinden mit mehr als	20 000 Einwohnern,	
aber nicht mehr als	30 000 Einwohnern	26,
in Gemeinden mit mehr als	30 000 Einwohnern,	
aber nicht mehr als	50 000 Einwohnern	32,
in Gemeinden mit mehr als	50 000 Einwohnern,	
aber nicht mehr als	150 000 Einwohnern	40,
in Gemeinden mit mehr als	150 000 Einwohnern,	
aber nicht mehr als	400 000 Einwohnern	48,
in Gemeinden mit mehr als	400 000 Einwohnern	60;

durch die Hauptsatzung kann bestimmt werden, dass für die Zahl der Gemeinderäte die nächstniedrigere Gemeindegrößengruppe maßgebend ist. In Gemeinden mit unechter Teilortswahl kann durch die Hauptsatzung bestimmt werden, dass für die Zahl der Gemeinderäte die nächstniedrigere oder die nächsthöhere Gemeindegrößengruppe maßgebend ist; durch die Hauptsatzung kann auch eine dazwischenliegende Zahl der Gemeinderäte festgelegt werden. Ergibt sich aus der Verteilung der Sitze im Verhältnis der auf die Wahlvorschläge gefallenen Gesamtstimmenzahlen innerhalb des Wahlgebiets, dass einem Wahlvorschlag außer den in den Wohnbezirken bereits zugewiesenen Sitzen weitere zustehen, erhöht sich die Zahl der Gemeinderäte für die auf die Wahl folgende Amtszeit entsprechend. Wird die unechte Teilortswahl aufgehoben, kann bis zum Ende der laufenden Amtszeit der Gemeinderäte durch die Hauptsatzung bestimmt werden, dass die bisherige oder eine andere nach Satz 2 festzulegende Sitzzahl längstens bis zum Ablauf der zweiten auf die Aufhebung der unechten Teilortswahl folgenden Amtszeit der Gemeinderäte maßgebend ist.

(3) Änderungen der für die Zusammensetzung des Gemeinderats maßgebenden Einwohnerzahl sind erst bei der nächsten regelmäßigen Wahl zu berücksichtigen.

§ 26 Wahlgrundsätze

(1) Die Gemeinderäte werden in allgemeiner, unmittelbarer, freier, gleicher und geheimer Wahl von den Bürgern gewählt.

(2) Gewählt wird auf Grund von Wahlvorschlägen unter Berücksichtigung der Grundsätze der Verhältniswahl. Die Wahlvorschläge dürfen höchstens so viel Bewerber enthalten, wie Gemeinderäte zu wählen

§ 27 GemO

sind. Die Verbindung von Wahlvorschlägen ist unzulässig. Jeder Wahlberechtigte hat so viel Stimmen, wie Gemeinderäte zu wählen sind. Der Wahlberechtigte kann Bewerber aus anderen Wahlvorschlägen übernehmen und einem Bewerber bis zu drei Stimmen geben.

(3) Wird nur ein gültiger oder kein Wahlvorschlag eingereicht, findet Mehrheitswahl ohne Bindung an die vorgeschlagenen Bewerber und ohne das Recht der Stimmenhäufung auf einen Bewerber statt. Der Wahlberechtigte kann dabei nur so vielen Personen eine Stimme geben, wie Gemeinderäte zu wählen sind.

§ 27 Wahlgebiet, Unechte Teilortswahl

(1) Die Gemeinde bildet das Wahlgebiet.

(2) In Gemeinden mit räumlich getrennten Ortsteilen können durch die Hauptsatzung aus jeweils einem oder mehreren benachbarten Ortsteilen bestehende Wohnbezirke mit der Bestimmung gebildet werden, dass die Sitze im Gemeinderat nach einem bestimmten Zahlenverhältnis mit Vertretern der verschiedenen Wohnbezirke zu besetzen sind (unechte Teilortswahl). Die Bewerber müssen im Wohnbezirk wohnen. Das Recht der Bürger zur gleichmäßigen Teilnahme an der Wahl sämtlicher Gemeinderäte wird hierdurch nicht berührt. Bei der Bestimmung der auf die einzelnen Wohnbezirke entfallenden Anzahl der Sitze sind die örtlichen Verhältnisse und der Bevölkerungsanteil zu berücksichtigen.

(3) Bei unechter Teilortswahl sind die Bewerber in den Wahlvorschlägen getrennt nach Wohnbezirken aufzuführen. Die Wahlvorschläge dürfen für jeden Wohnbezirk, für den nicht mehr als drei Vertreter zu wählen sind, einen Bewerber mehr und für jeden Wohnbezirk, für den mehr als drei Vertreter zu wählen sind, höchstens so viele Bewerber enthalten, wie Vertreter zu wählen sind. Findet Verhältniswahl statt, kann der Wahlberechtigte für den einzelnen Wohnbezirk Bewerber, die auf anderen Wahlvorschlägen als Vertreter für den gleichen Wohnbezirk vorgeschlagen sind, übernehmen und einem Bewerber bis zu drei Stimmen geben. Der Wahlberechtigte kann dabei nur so vielen Bewerbern im Wohnbezirk Stimmen geben, wie für den Wohnbezirk Vertreter zu wählen sind.

(4) Findet bei unechter Teilortswahl Mehrheitswahl statt, muss der Stimmzettel erkennen lassen, welche Personen der Wahlberechtigte

Gemeinderat **GemO § 27**

als Vertreter der einzelnen Wohnbezirke in den Gemeinderat wählen wollte; Absatz 3 Satz 4 gilt entsprechend.

(5) Ist die unechte Teilortswahl auf Grund einer Vereinbarung nach § 8 Abs. 2 und § 9 Abs. 4 auf unbestimmte Zeit eingeführt worden, kann sie durch Änderung der Hauptsatzung aufgehoben werden, frühestens jedoch zur übernächsten regelmäßigen Wahl der Gemeinderäte nach ihrer erstmaligen Anwendung.

VwV GemO zu § 27:

1. Die unechte Teilortswahl kann nur in Gemeinden mit Ortsteilen (§ 5 Abs. 4) eingeführt werden, die nicht in einem geschlossenen Siedlungszusammenhang stehen; eine lediglich lose Siedlungsverbindung steht der Einführung nicht entgegen. Für die unechte Teilortswahl ist das gesamte bewohnte Gemeindegebiet nach Ortsteilen in Wohnbezirke einzuteilen. Benachbarte Ortsteile, die zu einem Wohnbezirk zusammengefasst werden können, müssen zwar nicht aneinandergrenzen, aber in enger räumlicher Beziehung zueinander stehen.
2. Mit der Vorschrift, dass die auf die einzelnen Wohnbezirke entfallenden Sitzzahlen unter Berücksichtigung der örtlichen Verhältnisse und der Bevölkerungsanteile zu bestimmen sind, wird der Satzungsgeber ausdrücklich an die Kriterien gebunden, die sich vom Zweck der unechten Teilortswahl herleiten. Die unechte Teilortswahl soll der Bevölkerung räumlich getrennter Teile einer Gemeinde eine gesonderte Vertretung im Gemeinderat sichern und so die organisatorischen Voraussetzungen für einen gemeindepolitisch erwünschten Ausgleich von Interessengegensätzen der verschiedenen Einwohnergruppen schaffen.
Da das Kriterium der örtlichen Verhältnisse im Gegensatz zu dem des Bevölkerungsanteils außerordentlich weit und unbestimmt ist und das Gesetz die Berücksichtigung beider – tendenziell gegenläufigen – Kriterien gebietet, ist dem Satzungsgeber ein erheblicher Regelungsspielraum eingeräumt. Er ist nach dem Gesetz weitgehend frei, die vertretungsrelevanten örtlichen Umstände zu bewerten, untereinander abzuwägen und ihnen durch eine von den Bevölkerungsanteilen abweichende Sitzverteilung im Gemeinderat Rechnung zu tragen. Der Maßstab des Bevölkerungsanteils darf im Ergebnis allerdings nicht gänzlich preisgegeben oder in einer das Gerechtigkeitsgefühl grob verletzenden Weise zurückgedrängt werden. Danach kommt es darauf an, inwieweit die örtlichen Verhältnisse eine Abweichung von einer dem Bevölkerungsanteil entsprechenden oder möglichst nahekommenden

§ 28 GemO

Sitzverteilung rechtfertigen. Für die Berechnung der Repräsentation nach Bevölkerungsanteilen empfiehlt es sich, von der Einwohnerzahl, auf die in der ganzen Gemeinde ein Sitz entfällt (Schlüsselzahl), sowie den danach für die einzelnen Sitzzahlen erforderlichen Einwohnerzahlen (Richtzahlen) auszugehen und für jeden Wohnbezirk die Abweichung der tatsächlichen Einwohnerzahl von der Richtzahl zu berechnen.

Zu den örtlichen Verhältnissen, die der Satzungsgeber zu berücksichtigen hat, gehören auch Regelungen in Eingliederungsvereinbarungen, in denen die vertragsschließenden Gemeinden die Aufteilung der Sitze auf die zukünftigen Wohnbezirke festgelegt haben. Für wie lange die ursprünglich vereinbarte Sitzverteilung gilt, richtet sich nach dem Inhalt der jeweiligen Vereinbarung. Kann die unechte Teilortswahl auf Grund von § 27 Abs. 5 GemO aufgehoben werden, so ist stattdessen auch eine Änderung der Sitzzahlen auf Grund einer Neubewertung der örtlichen Verhältnisse zulässig.

3. Die Bewerber für die einzelnen Wohnbezirke müssen die allgemeinen Wählbarkeitsvoraussetzungen (§ 28) erfüllen und in dem betreffenden Wohnbezirk wohnen. Bei Bewerbern mit mehreren Wohnungen in der Gemeinde ist diese Voraussetzung auch im Wohnbezirk der Nebenwohnung erfüllt; ein solcher Bewerber kann jedoch nur für einen Wohnbezirk aufgeführt werden, weil er dem Gemeinderat nur als Vertreter eines Wohnbezirks angehören kann. Ein Wohnungswechsel in einen anderen Wohnbezirk nach der Wahl hat keine Auswirkung auf die Zugehörigkeit des Gewählten zum Gemeinderat als Vertreter des Wohnbezirks seiner bisherigen Wohnung; dasselbe gilt für die Feststellung des Ersatzmannes.

§ 28 Wählbarkeit

(1) **Wählbar in den Gemeinderat sind Bürger der Gemeinde, die das 18. Lebensjahr vollendet haben.**

(2) **Nicht wählbar sind Bürger,**
1. **die vom Wahlrecht ausgeschlossen sind (§ 14 Abs. 2),**
2. **die infolge Richterspruchs in der Bundesrepublik Deutschland die Wählbarkeit oder die Fähigkeit zur Bekleidung öffentlicher Ämter nicht besitzen.**

Unionsbürger sind auch dann nicht wählbar, wenn sie infolge einer zivilrechtlichen Einzelfallentscheidung oder einer strafrechtlichen

Entscheidung des Mitgliedstaates, dessen Staatsangehörige sie sind, die Wählbarkeit nicht besitzen.

§ 29 Hinderungsgründe[*]

(1) Gemeinderäte können nicht sein
1. a) Beamte und Arbeitnehmer der Gemeinde,
   b) Beamte und Arbeitnehmer eines Gemeindeverwaltungsverbands, eines Nachbarschaftsverbands und eines Zweckverbands, dessen Mitglied die Gemeinde ist, sowie der erfüllenden Gemeinde einer vereinbarten Verwaltungsgemeinschaft, der die Gemeinde angehört,

---

[*] Anm. des Bearbeiters:
Nach Art. 10 § 4 des Gesetzes zur Änderung kommunalverfassungsrechtlicher Vorschriften vom 28. Oktober 2015 (GBl. S. 870, 877) gilt folgende Übergangsbestimmung:

§ 4 Hinderungsgründe

Für die auf Grund der Kommunalwahlen am 25. Mai 2014 gewählten Gemeinderäte und Ortschaftsräte und festgestellten Ersatzpersonen für den Gemeinderat und den Ortschaftsrat finden bis zum Ende der laufenden Amtszeit § 29 Absätze 2 bis 4 und § 31 Absatz 1 Satz 2 der Gemeindeordnung in den vor Inkrafttreten dieses Gesetzes geltenden Fassungen Anwendung.

Die danach Anwendung findenden § 29 Absätze 2 bis 4 haben folgenden Wortlaut:
(2) Personen, die als persönlich haftende Gesellschafter an derselben Handelsgesellschaft beteiligt sind, und in Gemeinden mit nicht mehr als 10 000 Einwohnern auch Personen, die zueinander in einem die Befangenheit begründenden Verhältnis nach § 18 Abs. 1 Nr. 1 bis 3 stehen, können nicht gleichzeitig Gemeinderäte sein. Werden solche Personen gleichzeitig gewählt, tritt der Bewerber mit der höheren Stimmenzahl in den Gemeinderat ein. Bei gleicher Stimmenzahl entscheidet das Los.
(3) Wer mit einem Gemeinderat in einem ein Hindernis begründenden Verhältnis nach Absatz 2 steht, kann nicht nachträglich in den Gemeinderat eintreten.
(4) Personen, die mit dem Bürgermeister oder einem Beigeordneten in einem die Befangenheit begründenden Verhältnis nach § 18 Abs. 1 Nr. 1 bis 3 stehen oder als persönlich haftende Gesellschafter an derselben Handelsgesellschaft beteiligt sind, können nicht in den Gemeinderat eintreten. Gemeinderäte haben auszuscheiden, wenn ein solches Verhältnis zwischen ihnen und dem Bürgermeister oder einem Beigeordneten entsteht.

§ 29 GemO

    c) leitende Beamte und leitende Arbeitnehmer einer sonstigen Körperschaft des öffentlichen Rechts, wenn die Gemeinde in einem beschließenden Kollegialorgan der Körperschaft mehr als die Hälfte der Stimmen hat, oder eines Unternehmens in der Rechtsform des privaten Rechts, wenn die Gemeinde mit mehr als 50 vom Hundert an dem Unternehmen beteiligt ist, oder einer selbstständigen Kommunalanstalt der Gemeinde oder einer gemeinsamen selbstständigen Kommunalanstalt, an der die Gemeinde mit mehr als 50 vom Hundert beteiligt ist,
    d) Beamte und Arbeitnehmer einer Stiftung des öffentlichen Rechts, die von der Gemeinde verwaltet wird,
2. Beamte und Arbeitnehmer der Rechtsaufsichtsbehörde, der oberen und der obersten Rechtsaufsichtsbehörde, die unmittelbar mit der Ausübung der Rechtsaufsicht befasst sind, sowie leitende Beamte und leitende Arbeitnehmer der Gemeindeprüfungsanstalt.

Satz 1 findet keine Anwendung auf Arbeitnehmer, die überwiegend körperliche Arbeit verrichten.

(2) bis (4) (aufgehoben)

(5) Der Gemeinderat stellt fest, ob ein Hinderungsgrund nach Absatz 1 gegeben ist; nach regelmäßigen Wahlen erfolgt die Feststellung vor der Einberufung der ersten Sitzung des neuen Gemeinderats.

VwV GemO zu § 29:

1. Die Hinderungsgründe haben keinen Ausschluss von der Wählbarkeit zur Folge. Ein Hinderungsgrund nach § 29 Abs. 1 macht den Eintritt in den Gemeinderat unmöglich, ein Hinderungsgrund nach § 29 Abs. 2 schließt die gleichzeitige Zugehörigkeit zum Gemeinderat aus. Es ist somit zulässig, dass Personen, bei denen ein Hinderungsgrund vorliegt, als Bewerber in Wahlvorschläge zum Gemeinderat aufgenommen und gewählt werden. Der Hinderungsgrund wirkt sich erst nach der Wahl aus. Die Feststellung, ob ein Hinderungsgrund gegeben ist, trifft der Gemeinderat. Nach regelmäßigen Wahlen obliegt die förmliche Feststellung dem bisherigen Gemeinderat vor der Einberufung der ersten Sitzung des neuen Gemeinderats; eine Feststellung ist nur erforderlich, soweit ein Anlass hierfür gegeben ist.
2. Zu den Beamten zählen nicht die Ehrenbeamten, da sich Artikel 137 Abs. 1 GG, auf den sich § 29 Abs. 1 stützt, nicht auf Inhaber eines solchen Ehrenamts bezieht.

Leitende Beamte und leitende Angestellte im Sinne von § 29 Abs. 1 Nr. 2 und 3 sind solche Beamte und Angestellte, die als Leiter einer organisatorischen Einheit der Behörde eigene Entscheidungsbefugnisse haben. Beim Landratsamt und beim Landkreis fallen hierunter außer dem Landrat und seinem Stellvertreter die Dezernenten und die Leiter der Ämter oder vergleichbarer Organisationseinheiten der Behörde; außerdem rechnen hierzu die Chefärzte, Krankenhausverwalter sowie die Leiter sonstiger Kreiseinrichtungen. Bei den Regierungspräsidien gehören zu den leitenden Beamten in diesem Sinne alle Beamten von den Referatsleitern an aufwärts, beim Innenministerium alle Beamten von Abteilungsleitern und deren Stellvertretern an aufwärts, bei der Gemeindeprüfungsanstalt alle Beamten von den Abteilungsleitern an aufwärts.
3. Werden nach § 29 Abs. 2 Satz 1 gehinderte Personen gleichzeitig gewählt, entscheidet über den Eintritt in den Gemeinderat sowohl bei Verhältnis- als auch bei Mehrheitswahl die höhere Stimmenzahl. Bei gleicher Stimmenzahl ist eine besondere Losentscheidung herbeizuführen.
4. Die Einwohnergrenze des § 29 Abs. 2 ist im Falle des § 29 Abs. 4 nicht anzuwenden.

§ 30 Amtszeit

(1) Die Amtszeit der Gemeinderäte beträgt fünf Jahre.

(2) Die Amtszeit endet mit Ablauf des Tages, an dem die regelmäßigen Wahlen der Gemeinderäte stattfinden. Wenn die Wahl von der Wahlprüfungsbehörde nicht beanstandet wurde, ist die erste Sitzung des Gemeinderats unverzüglich nach der Zustellung des Wahlprüfungsbescheids oder nach ungenutztem Ablauf der Wahlprüfungsfrist, sonst nach Eintritt der Rechtskraft der Wahl anzuberaumen; dies gilt auch, wenn eine Entscheidung nach § 29 Abs. 5 Halbsatz 2 noch nicht rechtskräftig ist. Bis zum Zusammentreten des neu gebildeten Gemeinderats führt der bisherige Gemeinderat die Geschäfte weiter. Wesentliche Entscheidungen, die bis zum Zusammentreten des neu gebildeten Gemeinderats aufgeschoben werden können, bleiben dem neu gebildeten Gemeinderat vorbehalten.

(3) Ist die Wahl von Gemeinderäten, die ihr Amt bereits angetreten haben, rechtskräftig für ungültig erklärt worden, so führen diese im Fall des § 32 Abs. 1 des Kommunalwahlgesetzes die Geschäfte bis zum Zusammentreten des auf Grund einer Wiederholungs- oder Neu-

§ 31 GemO   Verfassung und Verwaltung der Gemeinde

wahl neu gebildeten Gemeinderats, in den Fällen des § 32 Abs. 2 und 3 des Kommunalwahlgesetzes bis zum Ablauf des Tages weiter, an dem das berichtigte Wahlergebnis öffentlich bekannt gemacht wird. Die Rechtswirksamkeit der Tätigkeit dieser Gemeinderäte wird durch die Ungültigkeit ihrer Wahl nicht berührt.

VwV GemO zu § 30:

Die Amtszeit der Gemeinderäte ist gesetzlich auf fünf Jahre festgesetzt. Der nicht ausdrücklich geregelte Beginn der Amtszeit ergibt sich aus der Regelung über das Ende der Amtszeit. Danach beginnt die Amtszeit der neugewählten Gemeinderäte in dem Zeitpunkt, in dem die Amtszeit der ausscheidenden Gemeinderäte endet, d. h. mit dem Tag nach Ablauf des Monats, in dem die Wahl stattgefunden hat. Der Beginn der Amtszeit ist rechtlich nicht gleichzusetzen mit dem Antritt des Amts. Auch wenn der Amtsantritt mangels Rechtskraft der Wahl verzögert wird, beginnt die Amtszeit in dem bezeichneten Zeitpunkt.

§ 31   Ausscheiden, Nachrücken, Ergänzungswahl[*]

(1) Aus dem Gemeinderat scheiden die Mitglieder aus, die die Wählbarkeit (§ 28) verlieren. Das Gleiche gilt für Mitglieder, bei denen ein Hinderungsgrund (§ 29) im Laufe der Amtszeit entsteht. Die Bestimmungen über das Ausscheiden aus einem wichtigen Grund bleiben

---

* Anm. des Bearbeiters:
Nach Art. 10 § 4 des Gesetzes zur Änderung kommunalverfassungsrechtlicher Vorschriften vom 28. Oktober 2015 (GBl. S. 870, 877) gilt folgende Übergangsbestimmung:

§ 4   Hinderungsgründe

Für die auf Grund der Kommunalwahlen am 25. Mai 2014 gewählten Gemeinderäte und Ortschaftsräte und festgestellten Ersatzpersonen für den Gemeinderat und den Ortschaftsrat finden bis zum Ende der laufenden Amtszeit § 29 Absätze 2 bis 4 und § 31 Absatz 1 Satz 2 der Gemeindeordnung in den vor Inkrafttreten dieses Gesetzes geltenden Fassungen Anwendung.

Der danach Anwendung findende § 31 Absatz 1 Satz 2 hat folgenden Wortlaut: Das Gleiche gilt für Mitglieder, bei denen ein Hinderungsgrund (§ 29) im Laufe der Amtszeit entsteht; § 29 Abs. 2 Satz 2 und 3 gilt entsprechend.

unberührt. Der Gemeinderat stellt fest, ob eine dieser Voraussetzungen gegeben ist. Für Beschlüsse, die unter Mitwirkung von Personen nach Satz 1 oder nach § 29 zu Stande gekommen sind, gilt § 18 Abs. 6 entsprechend. Ergibt sich nachträglich, dass eine in den Gemeinderat gewählte Person im Zeitpunkt der Wahl nicht wählbar war, ist dies vom Gemeinderat festzustellen.

(2) Tritt eine gewählte Person nicht in den Gemeinderat ein, scheidet sie im Laufe der Amtszeit aus oder wird festgestellt, dass sie nicht wählbar war, rückt die als nächste Ersatzperson festgestellte Person nach. Satz 1 gilt entsprechend, wenn eine gewählte Person, der ein Sitz nach § 26 Abs. 2 Satz 4 des Kommunalwahlgesetzes zugeteilt worden war, als Ersatzperson nach Satz 1 nachrückt.

(3) Ist die Zahl der Gemeinderäte dadurch, dass nicht eintretende oder ausgeschiedene Gemeinderäte nicht durch Nachrücken ersetzt oder bei einer Wahl Sitze nicht besetzt werden konnten, auf weniger als zwei Drittel der gesetzlichen Mitgliederzahl herabgesunken, ist eine Ergänzungswahl für den Rest der Amtszeit nach den für die Hauptwahl geltenden Vorschriften durchzuführen.

VwV GemO zu § 31:

1. Die Regelung des § 31 Abs. 1 Satz 5 über die Fehlerhaftigkeit und die mögliche Heilung von Beschlüssen bezieht sich auch auf Fälle der Mitwirkung von Gemeinderäten, bei denen ein Hinderungsgrund von Anfang an gegeben war. Handelt es sich um Beschlüsse über Satzungen, anderes Ortsrecht oder Flächennutzungspläne, gilt § 4 Abs. 4 und 5.
2. Die nachträgliche Feststellung des Gemeinderats nach § 31 Abs. 1 Satz 6, dass ein in den Gemeinderat Gewählter im Zeitpunkt der Wahl nicht wählbar war, bewirkt nicht das Ausscheiden des Gewählten; vielmehr muss die Zuteilung des Sitzes durch die Rechtsaufsichtsbehörde für ungültig erklärt werden (§ 30 Abs. 1, § 32 Abs. 2 KomWG). Beschlüsse, an denen der Gewählte mitgewirkt hat, sind nach § 30 Abs. 3 Satz 2 rechtswirksam.

§ 32 Rechtsstellung der Gemeinderäte

(1) Die Gemeinderäte sind ehrenamtlich tätig. Der Bürgermeister verpflichtet die Gemeinderäte in der ersten Sitzung öffentlich auf die gewissenhafte Erfüllung ihrer Amtspflichten.

§ 32 GemO

(2) Niemand darf gehindert werden, das Amt eines Gemeinderats zu übernehmen und auszuüben. Eine Kündigung oder Entlassung aus einem Dienst- oder Arbeitsverhältnis, eine Versetzung an einen anderen Beschäftigungsort und jede sonstige berufliche Benachteiligung aus diesem Grund sind unzulässig. Steht der Gemeinderat in einem Dienst- oder Arbeitsverhältnis, ist ihm die für seine Tätigkeit erforderliche freie Zeit zu gewähren.

(3) Die Gemeinderäte entscheiden im Rahmen der Gesetze nach ihrer freien, nur durch das öffentliche Wohl bestimmten Überzeugung. An Verpflichtungen und Aufträge, durch die diese Freiheit beschränkt wird, sind sie nicht gebunden.

(4) Erleidet ein Gemeinderat einen Dienstunfall, hat er dieselben Rechte wie ein Ehrenbeamter.

(5) Auf Gemeinderäte, die als Vertreter der Gemeinde in Organen eines Unternehmens (§ 104) Vergütungen erhalten, finden die für den Bürgermeister der Gemeinde geltenden Vorschriften über die Ablieferungspflicht entsprechende Anwendung.

VwV GemO zu § 32:

1. Die Gemeinderäte sind keine Ehrenbeamte, sondern üben eine ehrenamtliche Tätigkeit eigener Art aus. Bei einem Dienstunfall finden auf sie jedoch die für Ehrenbeamte geltenden beamtenrechtlichen Vorschriften Anwendung (§ 32 Abs. 4). Die Gemeinderäte sind Amtsträger im Sinne von § 11 Abs. 1 Nr. 2 Buchst. b StGB und von § 7 Nr. 2 der Abgabenordnung, und zwar auch wenn der Gemeinderat rechtsetzend tätig wird.
2. Die Verpflichtung der Gemeinderäte durch den Bürgermeister gilt nur für die Dauer der Amtszeit, so dass bei wiedergewählten Gemeinderäten ein Hinweis auf die frühere Verpflichtung nicht genügt. Bei der Verpflichtung geben die Gemeinderäte gegenüber dem Bürgermeister das Gelöbnis ab, ihre Amtspflichten gewissenhaft zu erfüllen. Für die Verpflichtungsformel wird folgender Wortlaut empfohlen:
„Ich gelobe Treue der Verfassung, Gehorsam den Gesetzen und gewissenhafte Erfüllung meiner Pflichten. Insbesondere gelobe ich, die Rechte der Gemeinde gewissenhaft zu wahren und ihr Wohl und das ihrer Einwohner nach Kräften zu fördern."

Gemeinderat GemO §§ 32a, 33

§ 32a Fraktionen

(1) Gemeinderäte können sich zu Fraktionen zusammenschließen. Das Nähere über die Bildung der Fraktionen, die Mindestzahl ihrer Mitglieder sowie die Rechte und Pflichten der Fraktionen regelt die Geschäftsordnung.

(2) Die Fraktionen wirken bei der Willensbildung und Entscheidungsfindung des Gemeinderats mit. Sie dürfen insoweit ihre Auffassungen öffentlich darstellen. Ihre innere Ordnung muss demokratischen und rechtsstaatlichen Grundsätzen entsprechen.

(3) Die Gemeinde kann den Fraktionen Mittel aus ihrem Haushalt für die sächlichen und personellen Aufwendungen der Fraktionsarbeit gewähren. Über die Verwendung der Mittel ist ein Nachweis in einfacher Form zu führen.

§ 33 Mitwirkung im Gemeinderat

(1) Die Beigeordneten nehmen an den Sitzungen des Gemeinderats mit beratender Stimme teil.

(2) Der Vorsitzende kann den Vortrag in den Sitzungen des Gemeinderats einem Gemeindebediensteten übertragen; auf Verlangen des Gemeinderats muss er einen solchen Bediensteten zu sachverständigen Auskünften zuziehen.

(3) Der Gemeinderat kann sachkundige Einwohner und Sachverständige zu den Beratungen einzelner Angelegenheiten zuziehen.

(4) Der Gemeinderat kann bei öffentlichen Sitzungen Einwohnern und den ihnen gleichgestellten Personen und Personenvereinigungen nach § 10 Abs. 3 und 4 die Möglichkeit einräumen, Fragen zu Gemeindeangelegenheiten zu stellen oder Anregungen und Vorschläge zu unterbreiten (Fragestunde); zu den Fragen nimmt der Vorsitzende Stellung. Der Gemeinderat kann betroffenen Personen und Personengruppen Gelegenheit geben, ihre Auffassung im Gemeinderat vorzutragen (Anhörung); das Gleiche gilt für die Ausschüsse. Das Nähere regelt die Geschäftsordnung.

VwV GemO zu § 33:

1. Die Beigeordneten sind nicht beratende Mitglieder des Gemeinderats. Sie nehmen in ihrer Eigenschaft als leitende, weisungsgebundene Ge-

meindebeamte an den Sitzungen des Gemeinderats teil. Die beratende Stimme gibt ihnen die Möglichkeit, sich jederzeit zu Wort zu melden.
2. Die Fragestunde nach § 33 Abs. 4 Satz 1 kann nur für die öffentlichen Sitzungen des Gemeinderats, nicht auch seiner Ausschüsse eingeführt werden. Fragen sind zu allen Gemeindeangelegenheiten zulässig. Die Fragestunde ist besonderer Bestandteil der Sitzung. Auf sie ist bei der Einberufung der Sitzung und der Bekanntgabe nach § 34 Abs. 1 Satz 7 hinzuweisen. Zweck der Fragestunde ist nicht die Diskussion, sondern die Beantwortung von Fragen.
3. Die Anhörung von § 33 Abs. 4 Satz 2 stellt keine Hinzuziehung zur sachkundigen Beratung des Gemeinderats dar (vgl. dazu § 33 Abs. 3), sondern dient dessen zusätzlicher Information. Die Anhörung ist auch in Ausschüssen und in nichtöffentlichen Sitzungen zulässig. Sie kann sich nur auf Angelegenheiten beziehen, über die der Gemeinderat oder der zuständige Ausschuss zu entscheiden hat. Die Anhörung ist wie die Fragestunde besonderer Bestandteil der Sitzung. Sie wird außerhalb der Beratungen durchgeführt; im Falle einer Anhörung im Rahmen einer nichtöffentlichen Sitzung dürfen die anzuhörenden Personen während der Beratung und Entscheidung nicht im Sitzungsraum anwesend sein.

§ 33a Ältestenrat

(1) Durch die Hauptsatzung kann bestimmt werden, dass der Gemeinderat einen Ältestenrat bildet, der den Bürgermeister in Fragen der Tagesordnung und des Gangs der Verhandlungen des Gemeinderats berät. Vorsitzender des Ältestenrats ist der Bürgermeister.

(2) Das Nähere über die Zusammensetzung, den Geschäftsgang und die Aufgaben des Ältestenrats ist in der Geschäftsordnung des Gemeinderats zu regeln; zu der Regelung der Aufgaben ist das Einvernehmen des Bürgermeisters erforderlich.

VwV GemO zu § 33a:

Der Ältestenrat ist kein Ausschuss des Gemeinderats im Sinne der Gemeindeordnung; außer der Zusammensetzung, dem Geschäftsgang und den Aufgaben ist daher in der Geschäftsordnung auch das Verfahren zur Bildung des Ältestenrats zu regeln. Die Aufgaben des Ältestenrats sind in § 33a Abs. 1 festgelegt. Danach kann der Gemeinderat dem Ältestenrat

Gemeinderat **GemO § 34**

einzelne Angelegenheiten aus seinem Zuständigkeitsbereich weder zur Entscheidung noch zur Vorberatung übertragen oder zur sonstigen Vorbehandlung zuweisen.

§ 34 Einberufung der Sitzungen, Teilnahmepflicht

(1) Der Bürgermeister beruft den Gemeinderat schriftlich oder elektronisch mit angemessener Frist ein und teilt rechtzeitig, in der Regel mindestens sieben Tage vor dem Sitzungstag, die Verhandlungsgegenstände mit; dabei sind die für die Verhandlung erforderlichen Unterlagen beizufügen, soweit nicht das öffentliche Wohl oder berechtigte Interessen Einzelner entgegenstehen. Der Gemeinderat ist einzuberufen, wenn es die Geschäftslage erfordert; er soll jedoch mindestens einmal im Monat einberufen werden. Der Gemeinderat ist unverzüglich einzuberufen, wenn es ein Viertel der Gemeinderäte unter Angabe des Verhandlungsgegenstands beantragt. Auf Antrag einer Fraktion oder eines Sechstels der Gemeinderäte ist ein Verhandlungsgegenstand auf die Tagesordnung spätestens der übernächsten Sitzung des Gemeinderats zu setzen. Die Verhandlungsgegenstände müssen zum Aufgabengebiet des Gemeinderats gehören. Sätze 3 und 4 gelten nicht, wenn der Gemeinderat den gleichen Verhandlungsgegenstand innerhalb der letzten sechs Monate bereits behandelt hat. Zeit, Ort und Tagesordnung der öffentlichen Sitzungen sind rechtzeitig ortsüblich bekannt zu geben.

(2) In Notfällen kann der Gemeinderat ohne Frist, formlos und nur unter Angabe der Verhandlungsgegenstände einberufen werden; Absatz 1 Satz 7 findet keine Anwendung.

(3) Die Gemeinderäte sind verpflichtet, an den Sitzungen teilzunehmen.

VwV GemO zu § 34:

1. Die Form- und Verfahrensvorschriften, ausgenommen § 34 Abs. 1 Satz 7, gelten für die Einberufung der öffentlichen und der nichtöffentlichen Sitzungen des Gemeinderats. Die Tagesordnung muss die Verhandlungsgegenstände vollständig und mit zutreffender Bezeichnung enthalten. Vom Bürgermeister können Tagesordnungspunkte nur vor der Sitzung von der Tagesordnung gestrichen werden. Der Mitteilung der Tagesordnung sind diejenigen Unterlagen über die Gegenstände

§ 34 GemO

der Tagesordnung beizufügen, die für die Verhandlung, d. h. als Anhaltspunkt für die Vorbereitung auf die Beratung und für die Beratung selbst, erforderlich sind. Bei einfachen, ohne weiteres überschaubaren Gegenständen bedarf es keiner Beratungsunterlagen. Die erforderlichen Beratungsunterlagen müssen es den Gemeinderäten ermöglichen, sich über die zur Beratung und Entscheidung anstehenden Verhandlungsgegenstände näher zu informieren. Es kann nur im Einzelfall entschieden werden, ob das öffentliche Wohl oder berechtigte Interessen Einzelner der Überlassung von Beratungsunterlagen entgegenstehen; in der Regel kommt dies nur bei Verhandlungsgegenständen nichtöffentlicher Sitzungen in Frage.

Die Frist für die Einberufung ist angemessen und die Tagesordnung rechtzeitig mitgeteilt, wenn die Gemeinderäte sich auf den Sitzungstermin einrichten können und ausreichend Zeit haben, sich vor der Sitzung mit den Verhandlungsgegenständen vertraut zu machen. Dabei kommt es wesentlich auf die Größe der Gemeinde, die Zusammensetzung des Gemeinderats und den Umfang und Inhalt der Tagesordnung an. Die Mindestfrist sowohl für die Einberufung als auch für die Mitteilung der Tagesordnung samt Übersendung der Unterlagen beträgt in der Regel auch in kleineren Gemeinden drei Tage; in größeren Gemeinden sowie allgemein bei schwierigen oder für die Gemeinde bedeutenden Verhandlungsgegenständen (z. B. Haushaltssatzung, Bauleitpläne, Satzungen) sollte die Frist mindestens eine Woche betragen. Auch wenn in der Geschäftsordnung regelmäßige Sitzungstage vorgesehen sind, müssen die Gemeinderäte vom Bürgermeister unter Beachtung der Vorschriften des § 34 Abs. 1 Satz 1 einberufen werden, denn ohne Einberufung durch den Bürgermeister kann der Gemeinderat rechtlich nicht zu einer Gemeinderatssitzung zusammentreten.

Die öffentlichen Sitzungen des Gemeinderats sind dann rechtzeitig ortsüblich bekannt gegeben, wenn es den Einwohnern unter normalen Umständen möglich ist, an der Sitzung teilzunehmen. Es empfiehlt sich, die Bekanntgabe gleichzeitig mit der Einberufung der Sitzung zu veranlassen. Wegen der Ortsüblichkeit der Bekanntgabe vgl. Nummer 3 zu § 20a.

2. Zu der Gemeinderatssitzung ist einzuberufen, wenn es die Geschäftslage erfordert. Sie soll nach § 34 Abs. 1 Satz 2 zweiter Halbsatz mindestens einmal in jedem Monat einberufen werden. Der Gemeinderat muss nach § 34 Abs. 1 Satz 3 (vorbehaltlich der Einschränkung des Satzes 6) auch auf Verlangen von mindestens einem Viertel der Gemeinderäte einberufen werden; mit derselben Minderheit kann nach § 34 Abs. 1 Satz 4 entsprechend auch die Aufnahme bestimmter Ange-

Gemeinderat GemO § 35

legenheiten in die Tagesordnung erwirkt werden. Dieses Minderheitserfordernis kann durch die Geschäftsordnung des Gemeinderats weder verringert noch erhöht werden.
3. Nur in Notfällen kann eine Sitzung ohne Frist und formlos einberufen werden; dagegen ist auch in diesen Fällen die Tagesordnung mitzuteilen, jedoch ohne gleichzeitige Beifügung von Beratungsunterlagen. Dabei ist an solche Fälle gedacht, in denen eine form- und fristgerechte Einberufung wegen der Eilbedürftigkeit der Entscheidung nicht mehr möglich ist, die Angelegenheit aber andererseits doch nicht so dringend ist, dass eine Eilentscheidung des Bürgermeisters nach § 43 Abs. 4 notwendig wäre.

§ 35 Öffentlichkeit der Sitzungen

(1) Die Sitzungen des Gemeinderats sind öffentlich. Nichtöffentlich darf nur verhandelt werden, wenn es das öffentliche Wohl oder berechtigte Interessen Einzelner erfordern; über Gegenstände, bei denen diese Voraussetzungen vorliegen, muss nichtöffentlich verhandelt werden. Über Anträge aus der Mitte des Gemeinderats, einen Verhandlungsgegenstand entgegen der Tagesordnung in öffentlicher oder nichtöffentlicher Sitzung zu behandeln, wird in nichtöffentlicher Sitzung beraten und entschieden. In nichtöffentlicher Sitzung nach Satz 2 gefasste Beschlüsse sind nach Wiederherstellung der Öffentlichkeit oder, wenn dies ungeeignet ist, in der nächsten öffentlichen Sitzung im Wortlaut bekannt zu geben, soweit nicht das öffentliche Wohl oder berechtigte Interessen Einzelner entgegenstehen.

(2) Die Gemeinderäte sind zur Verschwiegenheit über alle in nichtöffentlicher Sitzung behandelten Angelegenheiten so lange verpflichtet, bis sie der Bürgermeister von der Schweigepflicht entbindet; dies gilt nicht für Beschlüsse, soweit sie nach Absatz 1 Satz 4 bekannt gegeben worden sind.

VwV GemO zu § 35:

1. Für die Sitzungen des Gemeinderats gilt der Grundsatz der Öffentlichkeit. § 35 Abs. 1 Satz 2 und 3 legt die Voraussetzungen für die nichtöffentlichen Sitzungen als Ausnahme von diesem Grundsatz abschließend, aber auch zwingend fest.

§ 36 GemO Verfassung und Verwaltung der Gemeinde

Die in nichtöffentlicher Sitzung nach Satz 2 gefassten Beschlüsse sind nach Satz 4 bekannt zu geben, sofern der Bekanntgabe nicht dieselben Gründe entgegenstehen, aus denen die Behandlung in nichtöffentlicher Sitzung geboten war. „Nächste" Sitzung im Sinne dieser Vorschrift ist die auf den Eintritt der Voraussetzungen für die Bekanntgabe unmittelbar folgende öffentliche Sitzung des Gemeinderats; es kann aber auch eine öffentliche Sitzung eines beschließenden Ausschusses sein, wenn der Beschluss eine Angelegenheit betrifft, die in das sachliche Aufgabengebiet des Ausschusses fällt, und wenn diese Sitzung vor der nächsten Sitzung des Gemeinderats stattfindet. Die Bekanntgaben sind in die Tagesordnung der öffentlichen Sitzung aufzunehmen. In beiden Fällen ist in der Niederschrift über die nichtöffentliche Sitzung, in der der Beschluss gefasst wurde, ein Hinweis über die Bekanntgabe des Beschlusses nachzutragen. Eine Bekanntgabe des Beschlusses ist in dem Umfang geboten, wie sie zulässig und für sich allein verständlich ist. Nicht bekannt gegeben werden dürfen der Gang und der Inhalt der Beratung.
2. Die Pflicht zur Verschwiegenheit über alle in nichtöffentlicher Sitzung behandelten Angelegenheiten ergibt sich unmittelbar aus dem Gesetz; sie braucht nicht besonders angeordnet zu werden. Die Aufhebung der Schweigepflicht muss durch den Bürgermeister ausdrücklich geschehen; hierüber muss ein Nachweis geführt werden können. Die Ausnahme von der Pflicht zur Verschwiegenheit nach § 35 Abs. 2 zweiter Halbsatz gilt nur für die Beschlüsse im Umfang ihrer Bekanntgabe, nicht jedoch für den Gang und Inhalt der Beratungen.

§ 36 Verhandlungsleitung, Geschäftsgang

(1) Der Vorsitzende eröffnet, leitet und schließt die Verhandlungen des Gemeinderats. Er handhabt die Ordnung und übt das Hausrecht aus.

(2) Der Gemeinderat regelt seine inneren Angelegenheiten, insbesondere den Gang seiner Verhandlungen, im Rahmen der gesetzlichen Vorschriften durch eine Geschäftsordnung.

(3) Bei grober Ungebühr oder wiederholten Verstößen gegen die Ordnung kann ein Gemeinderat vom Vorsitzenden aus dem Beratungsraum verwiesen werden; mit dieser Anordnung ist der Verlust des Anspruchs auf die auf den Sitzungstag entfallende Entschädigung verbunden. Bei wiederholten Ordnungswidrigkeiten nach Satz 1 kann der Gemeinderat ein Mitglied für mehrere, höchstens jedoch für sechs

Gemeinderat **GemO § 37**

Sitzungen ausschließen. Entsprechendes gilt für sachkundige Einwohner, die zu den Beratungen zugezogen sind.

VwV GemO zu § 36:

In jeder Gemeinde muss der Gemeinderat eine Geschäftsordnung erlassen. In der Geschäftsordnung sind außer dem Gang der Verhandlungen des Gemeinderats zu regeln; das Verfahren für die Stellung und die Behandlung von Anfragen (§ 24 Abs. 4 Satz 2), ferner ggf. die Häufigkeit und das Verfahren der Fragestunde und das Verfahren der Anhörung (§ 33 Abs. 4 Satz 3) sowie das Verfahren zur Bildung eines Ältestenrats, dessen Zusammensetzung, das Nähere über seine Aufgaben und dessen Geschäftsgang (§ 33a Abs. 2).
Die Geschäftsordnung hat keinen Rechtsnormcharakter; sie ist eine Verwaltungsvorschrift zur Regelung der inneren Angelegenheiten des Gemeinderats.

§ 37 Beschlussfassung

(1) Der Gemeinderat kann nur in einer ordnungsmäßig einberufenen und geleiteten Sitzung beraten und beschließen. Über Gegenstände einfacher Art kann im Wege der Offenlegung oder im schriftlichen oder elektronischen Verfahren beschlossen werden; ein hierbei gestellter Antrag ist angenommen, wenn kein Mitglied widerspricht.

(2) Der Gemeinderat ist beschlussfähig, wenn mindestens die Hälfte aller Mitglieder anwesend und stimmberechtigt ist. Bei Befangenheit von mehr als der Hälfte aller Mitglieder ist der Gemeinderat beschlussfähig, wenn mindestens ein Viertel aller Mitglieder anwesend und stimmberechtigt ist.

(3) Ist der Gemeinderat wegen Abwesenheit oder Befangenheit von Mitgliedern nicht beschlussfähig, muss eine zweite Sitzung stattfinden, in der er beschlussfähig ist, wenn mindestens drei Mitglieder anwesend und stimmberechtigt sind; bei der Einberufung der zweiten Sitzung ist hierauf hinzuweisen. Die zweite Sitzung entfällt, wenn weniger als drei Mitglieder stimmberechtigt sind.

(4) Ist keine Beschlussfähigkeit des Gemeinderats gegeben, entscheidet der Bürgermeister an Stelle des Gemeinderats nach Anhörung der nicht befangenen Gemeinderäte. Ist auch der Bürgermeister befangen, findet § 124 entsprechende Anwendung; dies gilt nicht, wenn der

§ 37 GemO — Verfassung und Verwaltung der Gemeinde

Gemeinderat ein stimmberechtigtes Mitglied für die Entscheidung zum Stellvertreter des Bürgermeisters bestellt.

(5) Der Gemeinderat beschließt durch Abstimmungen und Wahlen.

(6) Der Gemeinderat stimmt In der Regel offen ab. Die Beschlüsse werden mit Stimmenmehrheit gefasst. Der Bürgermeister hat Stimmrecht; bei Stimmengleichheit ist der Antrag abgelehnt.

(7) Wahlen werden geheim mit Stimmzetteln vorgenommen; es kann offen gewählt werden, wenn kein Mitglied widerspricht. Der Bürgermeister hat Stimmrecht. Gewählt ist, wer mehr als die Hälfte der Stimmen der anwesenden Stimmberechtigten erhalten hat. Wird eine solche Mehrheit bei der Wahl nicht erreicht, findet zwischen den beiden Bewerbern mit den meisten Stimmen Stichwahl statt, bei der die einfache Stimmenmehrheit entscheidet. Bei Stimmengleichheit entscheidet das Los. Steht nur ein Bewerber zur Wahl und erreicht dieser nicht mehr als die Hälfte der Stimmen der anwesenden Stimmberechtigten, findet ein zweiter Wahlgang statt; auch im zweiten Wahlgang ist mehr als die Hälfte der Stimmen der anwesenden Stimmberechtigten erforderlich. Der zweite Wahlgang soll frühestens eine Woche nach dem ersten Wahlgang durchgeführt werden. Über die Ernennung und Einstellung von Gemeindebediensteten ist durch Wahl Beschluss zu fassen; das Gleiche gilt für die nicht nur vorübergehende Übertragung einer höher bewerteten Tätigkeit bei einem Arbeitnehmer.

VwV GemO zu § 37:

1. Um eine Sitzung des Gemeinderats handelt es sich nur, wenn ein zuständiger Vorsitzender den Gemeinderat einberufen hat und seine Beratung und Beschlussfassung leitet. Zur ordnungsmäßigen Einberufung einer Sitzung des Gemeinderats vgl. Nummer 1 zu § 34. Die Sitzung ist nur dann ordnungsmäßig geleitet, wenn der Bürgermeister (ggf. der Amtsverweser) oder sein allgemeiner Stellvertreter den Vorsitz führt. In öffentlichen Sitzungen des Gemeinderats kann über Gegenstände, die in der den Gemeinderäten vor der Sitzung mit entsprechenden Unterlagen zugesandten und ortsüblich bekannt gegebenen Tagesordnung nicht enthalten sind, nicht beraten und beschlossen werden. In nichtöffentlichen Sitzungen kann ein Gegenstand nur durch einstimmigen Beschluss aller Mitglieder des Gemeinderats, u. U. unter Verzicht auf die sonst beizufügenden Unterlagen, nachträglich auf die Tagesordnung gesetzt werden; sind nicht alle Mitglieder des Gemein-

Gemeinderat **GemO § 37**

derats anwesend, ist trotz Zustimmung der anwesenden Mitglieder die Behandlung des Gegenstands nicht möglich.

In Notfällen kann sowohl bei öffentlichen als auch bei nichtöffentlichen Sitzungen ein weiterer Gegenstand nachträglich auf die Tagesordnung gesetzt werden, wenn alle Mitglieder des Gemeinderats in der Sitzung anwesend sind; ist dies nicht der Fall, müssen die nicht anwesenden, erreichbaren Mitglieder hierüber vorher mit einer entsprechenden formlosen Einladung, der sie noch rechtzeitig folgen können, unterrichtet werden (§ 34 Abs. 2). Beschlüsse, die in einer nicht ordnungsmäßig einberufenen und geleiteten Sitzung gefasst werden, sind rechtswidrig. Zu den Gegenständen einfacher Art, über die im Wege der Offenlegung oder im schriftlichen Verfahren beschlossen werden kann, gehören Angelegenheiten von geringer Bedeutung, die nach ihrem Sachverhalt keine Beratung erfordern. Angelegenheiten, die der Gemeinderat nach § 39 Abs. 2 nicht auf beschließende Ausschüsse übertragen kann oder die für die Gemeinde von größerer wirtschaftlicher Bedeutung sind, gehören nie zu den Gegenständen einfacher Art. Die Offenlegung kann in oder außerhalb einer Sitzung des Gemeinderats geschehen. Wird in einer Sitzung offen gelegt, sind die dabei zur Erledigung vorgesehenen Gegenstände in einem besonderen Abschnitt der Tagesordnung aufzuführen. Wird außerhalb einer Sitzung offen gelegt, sind alle Gemeinderäte auf Ort und Zeit der Offenlegung hinzuweisen; dabei ist die Frist zu bestimmen, innerhalb der dem Antrag widersprochen werden kann. Beim schriftlichen Verfahren wird allen Gemeinderäten gegen Nachweis und mit Angabe der Widerspruchsfrist entweder nacheinander dieselbe Ausfertigung des Antrags oder gleichzeitig je eine gleichlautende Ausfertigung des Antrags zugeleitet.

2. Voraussetzung der Beschlussfähigkeit des Gemeinderats ist stets auch eine ordnungsmäßige Leitung der Sitzung. Im Übrigen ist bei der Feststellung der Beschlussfähigkeit ebenso wie bei der Berechnung qualifizierter Mehrheiten oder einer im Gesetz zur Beschlussfassung zugelassenen Minderheit von der tatsächlichen Zahl der Gemeinderäte zuzüglich des Bürgermeisters auszugehen; wenn Sitze nicht besetzt sind, bleiben diese bei der Berechnung somit außer Betracht. Die Beschlussfähigkeit muss bei der Behandlung eines jeden einzelnen Tagesordnungspunkts gegeben sein.

3. Auch für die Einberufung einer zweiten Sitzung nach § 37 Abs. 3 Satz 1 gelten die Vorschriften des § 34 Abs. 1 und 2. Unter den mindestens drei stimmberechtigten Mitgliedern, die zur Beschlussfähigkeit in dieser Sitzung ausreichen, muss sich auch ein zur Leitung der Sitzung befug-

§ 37 GemO — Verfassung und Verwaltung der Gemeinde

ter Vorsitzender befinden. Gehören in diesem Fall sowohl der Bürgermeister als auch seine Stellvertreter zu den wegen Befangenheit ausgeschlossenen Mitgliedern, ist nach § 48 Abs. 1 Satz 6 erster Halbsatz für die Zeit der Verhinderung aus den nicht befangenen Mitgliedern ein Stellvertreter zu bestellen. Die zweite Sitzung entfällt im Falle der Beschlussunfähigkeit wegen Befangenheit nur dann, wenn schon in der ersten Sitzung nach § 18 Abs. 4 festgestellt worden ist, dass weniger als drei aller Mitglieder nicht befangen sind; andernfalls ist die zweite Sitzung einzuberufen.

4. Hat der Bürgermeister an Stelle des beschlussunfähigen Gemeinderats zu entscheiden, kann er die Entscheidung nur in einer ordnungsmäßigen Sitzung des Gemeinderats treffen. Bei Beschlussunfähigkeit des Gemeinderats wegen Abwesenheit von Mitgliedern kann der Bürgermeister in der zweiten Sitzung nach § 37 Abs. 3 entscheiden. Bei Beschlussunfähigkeit des Gemeinderats wegen Befangenheit von Mitgliedern kann der Bürgermeister im Falle des § 37 Abs. 3 Satz 2 bereits in der ersten, sonst bereits in der zweiten Sitzung nach Anhörung der in der Sitzung anwesenden nichtbefangenen Gemeinderäte entscheiden. Beruft der Bürgermeister für seine Entscheidung eine neue Sitzung ein, sind hierzu auch die befangenen Gemeinderäte einzuladen; auch in einer solchen Sitzung sind vor der Entscheidung nur die in der Sitzung anwesenden nichtbefangenen Gemeinderäte zu hören.
Die Bestellung eines Beauftragten nach § 37 Abs. 4 Satz 2 erster Halbsatz kommt nur in Betracht, wenn sowohl der Bürgermeister als auch alle nach § 48 Abs. 1 Satz 1 bestellten Stellvertreter oder in Gemeinden mit Beigeordneten diese als allgemeine Stellvertreter und etwa nach § 49 Abs. 1 Satz 3 bestellte Stellvertreter befangen sind. In diesem Fall ist dem Gemeinderat nach § 37 Abs. 4 Satz 2 zweiter Halbsatz als Ausnahme von § 48 Abs. 1 Satz 6 erster Halbsatz freigestellt, ob er zur Abwendung der Bestellung eines Beauftragten aus etwa vorhandenen nichtbefangenen Gemeinderäten für die Entscheidung einen Stellvertreter nach § 48 Abs. 1 Satz 1 zusätzlich bestellen will.

5. Werden Beschlüsse durch Abstimmung gefasst, ist es zur einwandfreien Ermittlung des Abstimmungsergebnisses erforderlich, den zur Abstimmung gestellten Antrag so zu formulieren, dass er als Ganzes entweder angenommen oder abgelehnt werden kann. Bei der Abstimmung ist die Frage so zu stellen, dass die ausdrückliche Zustimmung zu dem Antrag festgestellt werden kann. Bei der Festlegung des Abstimmungsergebnisses bleiben Stimmenthaltungen außer Betracht.

6. Das Ergebnis von geheimen Abstimmungen und von Wahlen (§ 37 Abs. 6 und 7) wird durch den Vorsitzenden unter Mithilfe eines vom

Gemeinderat bestellten Mitglieds oder eines Gemeindebediensteten ermittelt.

§ 37 Abs. 7 Satz 6 findet bei einer Wahl nur Anwendung, wenn von Anfang an nur ein Bewerber vorhanden ist, oder wenn bei zwei Bewerbern einer vor der nach Satz 4 sonst durchzuführenden Stichwahl seine Bewerbung zurückzieht. Tritt bei einer Wahl mit mehreren Bewerbern einer der beiden Stichwahlbewerber vor der Stichwahl zurück, ist der gesamte Wahlvorgang als ergebnislos zu werten.

Zu den Begriffen „Ernennung" und „Einstellung" wird auf die Ausführungen in Nummer 2 zu § 24 verwiesen.

§ 38 Niederschrift

(1) Über den wesentlichen Inhalt der Verhandlungen des Gemeinderats ist eine Niederschrift zu fertigen, dabei findet § 3a LVwVfG keine Anwendung; sie muss insbesondere den Namen des Vorsitzenden, die Zahl der anwesenden und die Namen der abwesenden Gemeinderäte unter Angabe des Grundes der Abwesenheit, die Gegenstände der Verhandlung, die Anträge, die Abstimmungs- und Wahlergebnisse und den Wortlaut der Beschlüsse enthalten. Der Vorsitzende und jedes Mitglied können verlangen, dass ihre Erklärung oder Abstimmung in der Niederschrift festgehalten wird.

(2) Die Niederschrift ist vom Vorsitzenden, zwei Gemeinderäten, die an der Verhandlung teilgenommen haben, und dem Schriftführer zu unterzeichnen. Sie ist innerhalb eines Monats zur Kenntnis des Gemeinderats zu bringen; Mehrfertigungen von Niederschriften über nichtöffentliche Sitzungen dürfen nicht ausgehändigt werden. Über die gegen die Niederschrift vorgebrachten Einwendungen entscheidet der Gemeinderat. Die Einsichtnahme in die Niederschriften über die öffentlichen Sitzungen ist den Einwohnern gestattet.

VwV GemO zu § 38:

Zur Darstellung des wesentlichen Inhalts der Verhandlungen gehört die Angabe der wichtigeren Einzelheiten der Beratung, ohne dass die Ausführungen der einzelnen Redner in allen Einzelheiten wiedergegeben werden müssten.

§ 38 Abs. 2 geht davon aus, dass ein besonderer Schriftführer bestellt wird. Die Niederschrift muss nach § 38 Abs. 2 Satz 2 dem Gemeinderat spätes-

§ 39 GemO   Verfassung und Verwaltung der Gemeinde

tens innerhalb eines Monats zur Kenntnis gebracht werden. Die Entscheidung des Gemeinderats über Einwendungen gegen die Niederschrift ist in dieser Niederschrift nachzutragen. Gemeinderäte, die wegen Befangenheit oder aus sonstigen Gründen nicht an der Beratung und Entscheidung sämtlicher Tagesordnungspunkte teilgenommen haben, können nicht zur Unterzeichnung der Niederschrift herangezogen werden. Beschlüsse, die im Wege der Offenlegung oder im schriftlichen Verfahren gefasst wurden, sind ebenfalls in die Niederschrift aufzunehmen. Aus dem Recht der Bürger auf Einsichtnahme in die Niederschriften über die öffentlichen Sitzungen ergibt sich, dass über die nichtöffentlichen Sitzungen besondere Niederschriften zu fertigen sind.

Es steht im Ermessen der Gemeinde, ob sie einem Bürger eine Abschrift (Fotokopie) der Niederschrift über eine öffentliche Sitzung des Gemeinderats erteilt. Aus § 38 Abs. 2 Satz 4, der die Einsichtnahme gestattet, kann kein Anspruch auf eine Abschrift abgeleitet werden.

§ 39 Beschließende Ausschüsse

(1) Durch die Hauptsatzung kann der Gemeinderat beschließende Ausschüsse bilden und ihnen bestimmte Aufgabengebiete zur dauernden Erledigung übertragen. Durch Beschluss kann der Gemeinderat einzelne Angelegenheiten auf bestehende beschließende Ausschüsse übertragen oder für ihre Erledigung beschließende Ausschüsse bilden.

(2) Auf beschließende Ausschüsse kann nicht übertragen werden die Beschlussfassung über
1. die Bestellung der Mitglieder von Ausschüssen des Gemeinderats, der Stellvertreter des Bürgermeisters, der Beigeordneten sowie Angelegenheiten nach § 24 Abs. 2 Satz 1 bei leitenden Gemeindebediensteten,
2. die Übernahme freiwilliger Aufgaben,
3. den Erlass von Satzungen und Rechtsverordnungen,
4. die Änderung des Gemeindegebiets,
5. die Entscheidung über die Durchführung eines Bürgerentscheids oder die Zulässigkeit eines Bürgerbegehrens,
6. die Verleihung und den Entzug des Ehrenbürgerrechts,
7. die Regelung der allgemeinen Rechtsverhältnisse der Gemeindebediensteten,
8. die Übertragung von Aufgaben auf den Bürgermeister,

Gemeinderat **GemO § 39**

9. das Einvernehmen zur Abgrenzung der Geschäftskreise der Beigeordneten,
10. die Verfügung über Gemeindevermögen, die für die Gemeinde von erheblicher wirtschaftlicher Bedeutung ist,
11. die Errichtung, wesentliche Erweiterung und Aufhebung von öffentlichen Einrichtungen und von Unternehmen sowie die Beteiligung an solchen,
12. die Umwandlung der Rechtsform von öffentlichen Einrichtungen und von Unternehmen der Gemeinde und von solchen, an denen die Gemeinde beteiligt ist,
13. die Bestellung von Sicherheiten, die Übernahme von Bürgschaften und von Verpflichtungen aus Gewährverträgen und den Abschluss der ihnen wirtschaftlich gleichkommenden Rechtsgeschäfte, soweit sie für die Gemeinde von erheblicher wirtschaftlicher Bedeutung sind,
14. den Erlass der Haushaltssatzung und der Nachtragshaushaltssatzungen, die Feststellung des Jahresabschlusses und des Gesamtabschlusses, die Wirtschaftspläne und die Feststellung des Jahresabschlusses von Sondervermögen,*
15. die allgemeine Festsetzung von Abgaben,
16. den Verzicht auf Ansprüche der Gemeinde und die Niederschlagung solcher Ansprüche, die Führung von Rechtsstreiten und den Abschluss von Vergleichen, soweit sie für die Gemeinde von erheblicher wirtschaftlicher Bedeutung sind,
17. den Beitritt zu Zweckverbänden und den Austritt aus diesen und
18. die Übertragung von Aufgaben auf das Rechnungsprüfungsamt.

(3) Im Rahmen ihrer Zuständigkeit entscheiden die beschließenden Ausschüsse selbstständig an Stelle des Gemeinderats. Ergibt sich, dass eine Angelegenheit für die Gemeinde von besonderer Bedeutung ist, können die beschließenden Ausschüsse die Angelegenheit dem Gemeinderat zur Beschlussfassung unterbreiten. In der Hauptsatzung kann bestimmt werden, dass ein Viertel aller Mitglieder eines beschließenden Ausschusses eine Angelegenheit dem Gemeinderat zur Beschlussfassung unterbreiten kann, wenn sie für die Gemeinde von besonderer Bedeutung ist. Lehnt der Gemeinderat eine Behandlung ab, weil er die Voraussetzungen für die Verweisung als nicht gegeben ansieht, entscheidet der zuständige beschließende Aus-

---

* Anm. des Bearbeiters: Zur vorläufigen Fortgeltung der bisherigen Fassung s. S. 214 ff.

§ 40 GemO — Verfassung und Verwaltung der Gemeinde

schuss. In der Hauptsatzung kann weiter bestimmt werden, dass der Gemeinderat allgemein oder im Einzelfall Weisungen erteilen, jede Angelegenheit an sich ziehen und Beschlüsse der beschließenden Ausschüsse, solange sie noch nicht vollzogen sind, ändern oder aufheben kann.

(4) Angelegenheiten, deren Entscheidung dem Gemeinderat vorbehalten ist, sollen den beschließenden Ausschüssen innerhalb ihres Aufgabengebiets zur Vorberatung zugewiesen werden. Durch die Hauptsatzung kann bestimmt werden, dass Anträge, die nicht vorberaten worden sind, auf Antrag des Vorsitzenden oder einer Fraktion oder eines Sechstels aller Mitglieder des Gemeinderats den zuständigen beschließenden Ausschüssen zur Vorberatung überwiesen werden müssen.

(5) Für den Geschäftsgang der beschließenden Ausschüsse gelten die §§ 33 und 34 bis 38 entsprechend. Vorberatungen nach Absatz 4 können in öffentlicher oder nichtöffentlicher Sitzung erfolgen; bei Vorliegen der Voraussetzungen des § 35 Absatz 1 Satz 2 muss nichtöffentlich verhandelt werden. Ist ein beschließender Ausschuss wegen Befangenheit von Mitgliedern nicht beschlussfähig im Sinne von § 37 Abs. 2 Satz 1, entscheidet der Gemeinderat an seiner Stelle ohne Vorberatung.

§ 40 Zusammensetzung der beschließenden Ausschüsse

(1) Die beschließenden Ausschüsse bestehen aus dem Vorsitzenden und mindestens vier Mitgliedern. Der Gemeinderat bestellt die Mitglieder und Stellvertreter widerruflich aus seiner Mitte. Nach jeder Wahl der Gemeinderäte sind die beschließenden Ausschüsse neu zu bilden. In die beschließenden Ausschüsse können durch den Gemeinderat sachkundige Einwohner widerruflich als beratende Mitglieder berufen werden; ihre Zahl darf die der Gemeinderäte in den einzelnen Ausschüssen nicht erreichen; sie sind ehrenamtlich tätig; § 32 Abs. 2 gilt entsprechend.

(2) Kommt eine Einigung über die Zusammensetzung eines beschließenden Ausschusses nicht zu Stande, werden die Mitglieder von den Gemeinderäten auf Grund von Wahlvorschlägen nach den Grundsätzen der Verhältniswahl unter Bindung an die Wahlvorschläge gewählt. Wird nur ein gültiger oder kein Wahlvorschlag eingereicht, findet Mehrheitswahl ohne Bindung an die vorgeschlagenen Bewerber statt.

Gemeinderat **GemO § 41**

(3) Vorsitzender der beschließenden Ausschüsse ist der Bürgermeister; er kann einen seiner Stellvertreter, einen Beigeordneten oder, wenn alle Stellvertreter oder Beigeordneten verhindert sind, ein Mitglied des Ausschusses, das Gemeinderat ist, mit seiner Vertretung beauftragen.

DVO GemO zu § 40:

§ 10 Wahl der Mitglieder der beschließenden Ausschüsse

(1) Für die Wahl der Mitglieder der beschließenden Ausschüsse nach § 40 Abs. 2 der Gemeindeordnung kann jeder Gemeinderat einen Wahlvorschlag einreichen. Jeder Bewerber kann nur auf einem Wahlvorschlag aufgeführt werden; ist sein Name in mehreren Wahlvorschlägen enthalten, hat er vor der Wahl dem Vorsitzenden des Gemeinderats gegenüber zu erklären, für welchen Wahlvorschlag er als Bewerber auftreten will.

(2) Jeder Gemeinderat hat bei Verhältniswahl eine Stimme, bei Mehrheitswahl so viel Stimmen, wie Mitglieder zu wählen sind.

(3) Bei Verhältniswahl gelten für die Verteilung der Sitze auf die Wahlvorschläge die Bestimmungen für die Wahl des Gemeinderats entsprechend; für die Verteilung der Sitze auf die einzelnen Bewerber eines jeden Wahlvorschlags ist die Reihenfolge der Benennung im Wahlvorschlag maßgebend. Bei Mehrheitswahl sind die Bewerber mit den höchsten Stimmenzahlen in der Reihenfolge dieser Zahlen gewählt; bei gleicher Stimmenzahl entscheidet das Los. Die nicht gewählten Bewerber sind Stellvertreter. Der Gemeinderat regelt die Stellvertretung im Einzelnen.

(4) Der Gemeinderat entscheidet über die Zulassung der Wahlvorschläge und stellt das Wahlergebnis fest.

(5) Tritt ein gewähltes Mitglied nicht ein oder scheidet ein Mitglied im Laufe der Amtszeit aus, rückt bei Verhältniswahl der nach der Reihenfolge der Benennung im Wahlvorschlag nächste Bewerber, bei Mehrheitswahl der nach der Stimmenzahl nächste Bewerber nach.

§ 41 Beratende Ausschüsse

(1) Zur Vorberatung seiner Verhandlungen oder einzelner Verhandlungsgegenstände kann der Gemeinderat beratende Ausschüsse bestellen. Sie werden aus der Mitte des Gemeinderats gebildet. In die

§ 41 GemO

beratenden Ausschüsse können durch den Gemeinderat sachkundige Einwohner widerruflich als Mitglieder berufen werden; ihre Zahl darf die der Gemeinderäte in den einzelnen Ausschüssen nicht erreichen; sie sind ehrenamtlich tätig; § 32 Abs. 2 gilt entsprechend.

(2) Den Vorsitz in den beratenden Ausschüssen führt der Bürgermeister. Er kann einen seiner Stellvertreter, einen Beigeordneten oder ein Mitglied des Ausschusses, das Gemeinderat ist, mit seiner Vertretung beauftragen; ein Beigeordneter hat als Vorsitzender Stimmrecht.

(3) Für den Geschäftsgang der beratenden Ausschüsse gelten die Vorschriften der §§ 33, 34, 36 bis 38 und § 39 Abs. 5 Satz 2 und 3 entsprechend.

VwV GemO zu §§ 39–41:

1. Als ständige Einrichtung mit einem bestimmten Aufgabengebiet können beschließende Ausschüsse nur durch die Hauptsatzung gebildet und nur auf diesem Weg als Einrichtung der Gemeinde aufgelöst oder in ihrer Zuständigkeit beschränkt oder erweitert werden. Hat sich der Gemeinderat in der Hauptsatzung die Einwirkungsmöglichkeiten nach § 39 Abs. 3 Satz 5 vorbehalten, kann er weiter bestimmen, dass die Beschlüsse eines Ausschusses erst nach Ablauf einer bestimmten Frist vollzogen werden dürfen.
2. Bei der Festlegung der Zuständigkeiten von beschließenden Ausschüssen muss auf eine sachlich einwandfreie Abgrenzung der Aufgabengebiete geachtet werden. In Gemeinden mit Beigeordneten empfiehlt es sich, die Aufgabengebiete der beschließenden Ausschüsse den Geschäftskreisen der Beigeordneten anzugleichen. Die Angelegenheiten, die nicht auf beschließende Ausschüsse übertragen werden können, sind in § 39 Abs. 2 abschließend aufgezählt.
3. Werden sachkundige Einwohner als Mitglieder in beschließende oder beratende Ausschüsse berufen, müssen die Gemeinderäte im Ausschuss die Mehrheit behalten.
4. Aus der Verweisung in § 39 Abs. 5 Satz 1 und § 41 Abs. 3 ergibt sich, dass § 33a auf Ausschüsse keine Anwendung findet. Der Bürgermeister oder sein Stellvertreter im Vorsitz legt deshalb die Tagesordnung ohne Beteiligung eines vorhandenen Ältestenrats fest. § 39 Abs. 5 Satz 3 und § 41 Abs. 3 schließen die Anwendung von § 37 Abs. 2 Satz 2 auf beschließende und beratende Ausschüsse aus.

Nach § 39 Abs. 5 Satz 2 und § 41 Abs. 3 sind die Sitzungen der beschließenden Ausschüsse, die der Vorberatung dienen, und die Sitzungen beratender Ausschüsse in der Regel nichtöffentlich. Nach dem Verhältnis von Regel und Ausnahme können deshalb solche Sitzungen nur dann öffentlich stattfinden, wenn dies durch besondere Umstände gerechtfertigt ist und dadurch die Entscheidungsfreiheit des Gemeinderats nicht beeinträchtigt werden kann. Die Vorschrift verbietet es, die genannten Sitzungen grundsätzlich öffentlich durchzuführen; ein entsprechender Beschluss des Gemeinderats wäre rechtswidrig. Darüber, ob ausnahmsweise eine Sitzung öffentlich stattfindet, entscheidet bei Aufstellung der Tagesordnung der Vorsitzende des betreffenden Ausschusses.

Entsprechend dem Sinn und Zweck der grundsätzlichen Nichtöffentlichkeit der vorberatenden Sitzungen beschließender Ausschüsse und der Sitzungen beratender Ausschüsse ist über den Gang und das Ergebnis einer nichtöffentlichen Beratung Verschwiegenheit zu wahren; bei Angelegenheiten, die anschließend in öffentlicher Sitzung des Gemeinderats zu behandeln sind, gilt diese Verschwiegenheitspflicht dagegen nicht in Bezug auf den Gegenstand der Beratung. Von der Verschwiegenheitspflicht bei nichtöffentlichen vorberatenden Ausschusssitzungen kann der Vorsitzende nicht entbinden.

§ 35 findet auf vorberatende Sitzungen beschließender Ausschüsse und auf die Sitzungen beratender Ausschüsse nur insoweit entsprechende Anwendung, wie es um die Frage geht, ob aus Gründen des öffentlichen Wohls oder berechtigter Interessen Einzelner nichtöffentlich beraten werden muss.

§ 41a Beteiligung von Kindern und Jugendlichen

(1) Die Gemeinde soll Kinder und muss Jugendliche bei Planungen und Vorhaben, die ihre Interessen berühren, in angemessener Weise beteiligen. Dafür sind von der Gemeinde geeignete Beteiligungsverfahren zu entwickeln. Insbesondere kann die Gemeinde einen Jugendgemeinderat oder eine andere Jugendvertretung einrichten. Die Mitglieder der Jugendvertretung sind ehrenamtlich tätig.

(2) Jugendliche können die Einrichtung einer Jugendvertretung beantragen. Der Antrag muss
in Gemeinden mit bis zu 20 000 Einwohner   von 20,
in Gemeinden mit bis zu 50 000 Einwohnern   von 50,
in Gemeinden mit bis zu 200 000 Einwohnern   von 150,
in Gemeinden mit über 200 000 Einwohnern   von 250

in der Gemeinde wohnenden Jugendlichen unterzeichnet sein. Der Gemeinderat hat innerhalb von drei Monaten nach Eingang des Antrags über die Einrichtung der Jugendvertretung zu entscheiden; er hat hierbei Vertreter der Jugendlichen zu hören.

(3) In der Geschäftsordnung ist die Beteiligung von Mitgliedern der Jugendvertretung an den Sitzungen des Gemeinderats in Jugendangelegenheiten zu regeln; insbesondere sind ein Rederecht, ein Anhörungsrecht und ein Antragsrecht vorzusehen.

(4) Der Jugendvertretung sind angemessene finanzielle Mittel zur Verfügung zu stellen. Über den Umfang entscheidet der Gemeinderat im Rahmen des Haushaltsplans. Über die Verwendung der Mittel ist ein Nachweis in einfacher Form zu führen.

§ 41b Veröffentlichung von Informationen[*]

(1) Die Gemeinde veröffentlicht auf ihrer Internetseite Zeit, Ort und Tagesordnung der öffentlichen Sitzungen des Gemeinderats und seiner Ausschüsse. Absatz 2 Satz 2 gilt entsprechend.

(2) Die der Tagesordnung beigefügten Beratungsunterlagen für öffentliche Sitzungen sind auf der Internetseite der Gemeinde zu veröffentlichen, nachdem sie den Mitgliedern des Gemeinderats zugegangen sind. Durch geeignete Maßnahmen ist sicherzustellen, dass hierdurch keine personenbezogenen Daten oder Betriebs- und Geschäftsgeheimnisse unbefugt offenbart werden. Sind Maßnahmen nach Satz 2 nicht ohne erheblichen Aufwand oder erhebliche Veränderungen der Beratungsunterlage möglich, kann im Einzelfall von der Veröffentlichung abgesehen werden.

---

[*] Anm. des Bearbeiters:
§ 41b tritt nach Art. 11 Abs. 2 des Gesetzes zur Änderung kommunalverfassungsrechtlicher Vorschriften vom 28. Oktober 2015 (GBl. S. 870, 877) am 30. Oktober 2016 in Kraft.
Nach Art. 10 § 1 des o. g. Gesetzes gilt folgende, ebenfalls am 30. Oktober 2016 in Kraft tretende Übergangsbestimmung:

§ 1 Veröffentlichung von Informationen

§ 41b Absatz 1, 2 und 5 der Gemeindeordnung und § 36a Absatz 1, 2 und 5 der Landkreisordnung finden keine Anwendung auf Gemeinden und Landkreise, in denen kein elektronisches System zur Bereitstellung der Sitzungsunterlagen für die Gemeinderäte beziehungsweise Kreisräte existiert.

(3) In öffentlichen Sitzungen sind die Beratungsunterlagen im Sitzungsraum für die Zuhörer auszulegen. Absatz 2 Sätze 2 und 3 gelten entsprechend. Die ausgelegten Beratungsunterlagen dürfen vervielfältigt werden.

(4) Die Mitglieder des Gemeinderats dürfen den Inhalt von Beratungsunterlagen für öffentliche Sitzungen, ausgenommen personenbezogene Daten oder Betriebs- und Geschäftsgeheimnisse, zur Wahrnehmung ihres Amtes gegenüber Dritten und der Öffentlichkeit bekannt geben.

(5) Die in öffentlicher Sitzung des Gemeinderats oder des Ausschusses gefassten oder bekannt gegebenen Beschlüsse sind im Wortlaut oder in Form eines zusammenfassenden Berichts innerhalb einer Woche nach der Sitzung auf der Internetseite der Gemeinde zu veröffentlichen.

(6) Die Beachtung der Absätze 1 bis 5 ist nicht Voraussetzung für die Ordnungsmäßigkeit der Einberufung und Leitung der Sitzung.

3. Abschnitt: Bürgermeister

§ 42 Rechtsstellung des Bürgermeisters

(1) Der Bürgermeister ist Vorsitzender des Gemeinderats und Leiter der Gemeindeverwaltung. Er vertritt die Gemeinde.

(2) In Gemeinden mit weniger als 2000 Einwohnern ist der Bürgermeister Ehrenbeamter auf Zeit; in Gemeinden mit mehr als 500 Einwohnern kann durch die Hauptsatzung bestimmt werden, dass er hauptamtlicher Beamter auf Zeit ist. In den übrigen Gemeinden ist der Bürgermeister hauptamtlicher Beamter auf Zeit.

(3) Die Amtszeit des Bürgermeisters beträgt acht Jahre. Die Amtszeit beginnt mit dem Amtsantritt, im Fall der Wiederwahl schließt sich die neue Amtszeit an das Ende der vorangegangenen Amtszeit an.

(4) In Stadtkreisen und Großen Kreisstädten führt der Bürgermeister die Amtsbezeichnung Oberbürgermeister.

(5) Der Bürgermeister führt nach Freiwerden seiner Stelle die Geschäfte bis zum Amtsantritt des neu gewählten Bürgermeisters weiter; sein Dienstverhältnis besteht so lange weiter. Satz 1 gilt nicht, wenn der Bürgermeister

§ 42 GemO Verfassung und Verwaltung der Gemeinde

1. vor dem Freiwerden seiner Stelle der Gemeinde schriftlich oder elektronisch mitgeteilt hat, dass er die Weiterführung der Geschäfte ablehne,
2. des Dienstes vorläufig enthoben ist, oder wenn gegen ihn öffentliche Klage wegen eines Verbrechens erhoben ist, oder
3. ohne Rücksicht auf Wahlprüfung und Wahlanfechtung nach Feststellung des Gemeindewahlausschusses nicht wiedergewählt ist; ist im ersten Wahlgang kein Bewerber gewählt worden, so ist das Ergebnis der Neuwahl (§ 45 Abs. 2) entscheidend.

(6) Ein vom Gemeinderat gewähltes Mitglied vereidigt und verpflichtet den Bürgermeister in öffentlicher Sitzung im Namen des Gemeinderats.

DVO GemO zu § 42:

§ 11 Amtsantritt des Bürgermeisters

Der Bürgermeister hat nach seiner ersten Wahl in der Gemeinde der Rechtsaufsichtsbehörde den Tag seines Amtsantritts unverzüglich anzuzeigen.

VwV GemO zu § 42:

1. In Gemeinden mit nicht mehr als 500 Einwohnern ist der Bürgermeister stets Ehrenbeamter, in Gemeinden mit mindestens 2000 Einwohnern stets hauptamtlicher Beamter. In den Gemeinden der dazwischen liegenden Größengruppe kann durch die Hauptsatzung bestimmt werden, dass der sonst ehrenamtliche Bürgermeister hauptamtlich ist. Diese Entscheidung kann nur mit Wirkung von der nächsten Wahl an und muss so rechtzeitig getroffen werden, dass die für die Stellenausschreibung zu beachtende Frist eingehalten werden kann. Abweichend von § 42 Abs. 2 ist der unmittelbar wiedergewählte Bürgermeister einer Gemeinde mit weniger als 2000 Einwohnern hauptamtlich, wenn er in seiner vorangegangenen Amtszeit hauptamtlicher Bürgermeister war (§ 25 AllgGemRefG).
2. Eine Änderung der maßgebenden Einwohnerzahl einer Gemeinde wirkt sich während der laufenden Amtszeit nicht darauf aus, ob der Bürgermeister hauptamtlicher Beamter oder Ehrenbeamter auf Zeit ist; erst bei der nächsten Wahl sind die Folgen zu beachten.

3. Die Amtszeit des Bürgermeisters beginnt nach der erstmaligen Wahl mit dem Amtsantritt; dieser ist bei Anfechtung der Wahl erst nach rechtskräftiger Entscheidung über die Gültigkeit der Wahl zulässig. Bei unmittelbarer Wiederwahl des Bürgermeisters in derselben Gemeinde nach Ablauf der Amtszeit schließt sich die neue Amtszeit jedoch unabhängig vom Amtsantritt unmittelbar an das Ende der abgelaufenen Amtszeit an. Dies gilt auch dann, wenn die Wiederwahl angefochten wird und sich deshalb der Amtsantritt verzögert.
4. Die Regelung, dass der Bürgermeister nach Freiwerden der Stelle die Geschäfte vorläufig weiterführen kann, gilt für alle Fälle des Freiwerdens der Stelle. Beim Eintritt in den Ruhestand vor Ablauf der Amtszeit gilt diese Regelung sowohl im Falle des Eintritts in den Ruhestand kraft Gesetzes wegen Erreichens der Altersgrenze als auch im Falle der Versetzung in den Ruhestand auf Antrag nach § 134 Nr. 2 Satz 2 LBG, § 52 Satz 1 Nr. 2 und Satz 2 i. V. mit § 134 Nr. 2 Satz 3 LBG. Bei einer Zurruhesetzung wegen Dienstunfähigkeit kann dagegen keine Weiterführung der Geschäfte in Betracht kommen; erfolgt die Zurruhesetzung auf Antrag, ist, wenn nichts anderes zum Ausdruck kommt, davon auszugehen, dass mit dem Antrag die Mitteilung nach § 42 Abs. 5 Satz 2 Nr. 1 verbunden ist.

§ 43 Stellung im Gemeinderat

(1) Der Bürgermeister bereitet die Sitzungen des Gemeinderats und der Ausschüsse vor und vollzieht die Beschlüsse.

(2) Der Bürgermeister muss Beschlüssen des Gemeinderats widersprechen, wenn er der Auffassung ist, dass sie gesetzwidrig sind; er kann widersprechen, wenn er der Auffassung ist, dass sie für die Gemeinde nachteilig sind. Der Widerspruch muss unverzüglich, spätestens jedoch binnen einer Woche nach Beschlussfassung gegenüber den Gemeinderäten ausgesprochen werden. Der Widerspruch hat aufschiebende Wirkung. Gleichzeitig ist unter Angabe der Widerspruchsgründe eine Sitzung einzuberufen, in der erneut über die Angelegenheit zu beschließen ist; diese Sitzung hat spätestens drei Wochen nach der ersten Sitzung stattzufinden. Ist nach Ansicht des Bürgermeisters auch der neue Beschluss gesetzwidrig, muss er ihm erneut widersprechen und unverzüglich die Entscheidung der Rechtsaufsichtsbehörde herbeiführen.

§ 43 GemO — Verfassung und Verwaltung der Gemeinde

(3) Absatz 2 gilt entsprechend für Beschlüsse, die durch beschließende Ausschüsse gefasst werden. In diesen Fällen hat der Gemeinderat auf den Widerspruch zu entscheiden.

(4) In dringenden Angelegenheiten des Gemeinderats, deren Erledigung auch nicht bis zu einer ohne Frist und formlos einberufenen Gemeinderatssitzung (§ 34 Abs. 2) aufgeschoben werden kann, entscheidet der Bürgermeister an Stelle des Gemeinderats. Die Gründe für die Eilentscheidung und die Art der Erledigung sind den Gemeinderäten unverzüglich mitzuteilen. Das Gleiche gilt für Angelegenheiten, für deren Entscheidung ein beschließender Ausschuss zuständig ist.

(5) Der Bürgermeister hat den Gemeinderat über alle wichtigen die Gemeinde und ihre Verwaltung betreffenden Angelegenheiten zu unterrichten; bei wichtigen Planungen ist der Gemeinderat möglichst frühzeitig über die Absichten und Vorstellungen der Gemeindeverwaltung und laufend über den Stand und den Inhalt der Planungsarbeiten zu unterrichten. Über wichtige Angelegenheiten, die nach § 44 Abs. 3 Satz 3 geheim zu halten sind, ist der nach § 55 gebildete Beirat zu unterrichten. Die Unterrichtung des Gemeinderats über die in Satz 2 genannten Angelegenheiten ist ausgeschlossen.

VwV GemO zu § 43:

1. Das Widerspruchsrecht gegen gesetzwidrige oder für die Gemeinde nachteilige Beschlüsse des Gemeinderats steht dem Bürgermeister und im Falle seiner Verhinderung nur dem allgemeinen Stellvertreter zu. Wird der Widerspruch nicht in derselben Sitzung ausgesprochen oder wird ein erneuter Widerspruch nicht in einer innerhalb der Frist des § 43 Abs. 2 Satz 2 ordnungsmäßig einberufenen Sitzung ausgesprochen, muss er allen Gemeinderäten, auch denen, die an der Beschlussfassung nicht beteiligt waren, schriftlich zugestellt werden. Zu der neuen Sitzung müssen alle Gemeinderäte geladen werden.
2. Der Widerspruch gegen Beschlüsse der beschließenden Ausschüsse kommt grundsätzlich dem Bürgermeister und im Falle seiner Verhinderung dem allgemeinen Stellvertreter zu. Ist mit dem Vorsitz in einem beschließenden Ausschuss auf Grund von § 40 Abs. 3 ein Stellvertreter, ein Beigeordneter oder ein Mitglied des Ausschusses beauftragt, steht diesem Vorsitzenden das Widerspruchsrecht nur zu, wenn ihn der Bürgermeister ausdrücklich damit beauftragt hat. Wegen der Einlegung des Widerspruchs gelten die Ausführungen unter Nummer 1 ent-

sprechend; der Widerspruch braucht nur gegenüber den Mitgliedern des betreffenden beschließenden Ausschusses ausgesprochen zu werden.
3. Der Bürgermeister darf von seinem Eilentscheidungsrecht nur Gebrauch machen, wenn die zu treffende Entscheidung auch nicht mehr bis zu einer nach § 34 Abs. 2 einberufenen Sitzung zurückgestellt werden kann, weil selbst von dieser Verzögerung der Entscheidung wesentliche Nachteile für die Gemeinde oder für einzelne Personen zu erwarten sind. Vom Bürgermeister im Wege der Eilentscheidung erledigte Geschäfte unterliegen nicht der nachträglichen Beschlussfassung durch den Gemeinderat.

§ 44 Leitung der Gemeindeverwaltung

(1) Der Bürgermeister leitet die Gemeindeverwaltung. Er ist für die sachgemäße Erledigung der Aufgaben und den ordnungsmäßigen Gang der Verwaltung verantwortlich, regelt die innere Organisation der Gemeindeverwaltung und grenzt im Einvernehmen mit dem Gemeinderat die Geschäftskreise der Beigeordneten ab.

(2) Der Bürgermeister erledigt in eigener Zuständigkeit die Geschäfte der laufenden Verwaltung und die ihm sonst durch Gesetz oder vom Gemeinderat übertragenen Aufgaben. Die dauernde Übertragung der Erledigung bestimmter Aufgaben auf den Bürgermeister ist durch die Hauptsatzung zu regeln. Der Gemeinderat kann die Erledigung von Angelegenheiten, die er nicht auf beschließende Ausschüsse übertragen kann (§ 39 Abs. 2), auch nicht dem Bürgermeister übertragen.

(3) Weisungsaufgaben erledigt der Bürgermeister in eigener Zuständigkeit, soweit gesetzlich nichts anderes bestimmt ist; abweichend hiervon ist der Gemeinderat für den Erlass von Satzungen und Rechtsverordnungen zuständig, soweit Vorschriften anderer Gesetze nicht entgegenstehen. Dies gilt auch, wenn die Gemeinde in einer Angelegenheit angehört wird, die auf Grund einer Anordnung der zuständigen Behörde geheim zu halten ist. Bei der Erledigung von Weisungsaufgaben, die auf Grund einer Anordnung der zuständigen Behörde geheim zu halten sind, sowie in den Fällen des Satzes 2 hat der Bürgermeister die für die Behörden des Landes geltenden Geheimhaltungsvorschriften zu beachten.

(4) Der Bürgermeister ist Vorgesetzter, Dienstvorgesetzter und oberste Dienstbehörde der Gemeindebediensteten.

VwV GemO zu § 44:

1. Die Aufgaben des Bürgermeisters nach § 44 können ihm vom Gemeinderat nicht entzogen werden. Werden dem Bürgermeister durch die Hauptsatzung weitere Aufgaben zur dauernden Erledigung übertragen, sind diese sachlich eindeutig abzugrenzen.
   Der Begriff der laufenden Verwaltung ist im Gesetz nicht näher definiert. Zu den Geschäften der laufenden Verwaltung gehören die Angelegenheiten, die für die Gemeinde weder nach der wirtschaftlichen noch nach der grundsätzlichen Seite von wesentlicher Bedeutung sind und die mit einer gewissen Häufigkeit wiederkehren. Ob ein Geschäft in einer bestimmten Gemeinde danach zur laufenden Verwaltung gehört, muss je nach der Größe, der Struktur, der Finanzkraft und der Verwaltungsintensität der Gemeinde beurteilt werden.
2. Die Verwaltungsbehörde der Gemeinde ist von den Rechtsaufsichtsbehörden im dienstlichen Verkehr als Bürgermeisteramt zu bezeichnen; Schreiben an die Gemeinde sind an das Bürgermeisteramt zu richten.

§ 45 Wahlgrundsätze

(1) Der Bürgermeister wird von den Bürgern in allgemeiner, unmittelbarer, freier, gleicher und geheimer Wahl gewählt. Die Wahl ist nach den Grundsätzen der Mehrheitswahl durchzuführen. Gewählt ist, wer mehr als die Hälfte der gültigen Stimmen erhalten hat.

(2) Entfällt auf keinen Bewerber mehr als die Hälfte der gültigen Stimmen, findet frühestens am zweiten und spätestens am vierten Sonntag nach der Wahl Neuwahl statt. Für die Neuwahl gelten die Grundsätze der ersten Wahl; es entscheidet die höchste Stimmenzahl und bei Stimmengleichheit das Los. Eine nochmalige Stellenausschreibung ist nicht erforderlich.

§ 46 Wählbarkeit, Hinderungsgründe

(1) Wählbar zum Bürgermeister sind Deutsche im Sinne von Artikel 116 des Grundgesetzes und Unionsbürger, die vor Zulassung der Bewerbungen in der Bundesrepublik Deutschland wohnen; die Bewerber müssen am Wahltag das 25., dürfen aber noch nicht das 68. Lebensjahr vollendet haben und müssen die Gewähr dafür bieten, dass sie jederzeit für die freiheitliche demokratische Grundordnung im Sinne des Grundgesetzes eintreten.

Bürgermeister **GemO § 46**

(2) Nicht wählbar ist, wer von der Wählbarkeit in den Gemeinderat ausgeschlossen ist (§ 28 Abs. 2). Nicht wählbar ist ferner,
1. wer aus dem Beamtenverhältnis entfernt, wem das Ruhegehalt aberkannt oder gegen wen in einem dem Disziplinarverfahren entsprechenden Verfahren durch die Europäische Gemeinschaft, in einem anderen Mitgliedstaat der Europäischen Gemeinschaft oder in einem anderen Vertragsstaat des Abkommens über den Europäischen Wirtschaftsraum eine entsprechende Maßnahme verhängt worden ist oder
2. wer wegen einer vorsätzlichen Tat durch ein deutsches Gericht oder durch die rechtsprechende Gewalt eines anderen Mitgliedstaats der Europäischen Gemeinschaft oder eines anderen Vertragsstaats des Abkommens über den Europäischen Wirtschaftsraum zu einer Freiheitsstrafe verurteilt worden ist, die bei einem Beamten den Verlust der Beamtenrechte zur Folge hat,

in den auf die Unanfechtbarkeit der Maßnahme oder Entscheidung folgenden fünf Jahren.

(3) Bedienstete der Rechtsaufsichtsbehörde, der oberen und obersten Rechtsaufsichtsbehörde, des Landratsamts und des Landkreises können nicht gleichzeitig Bürgermeister sein. Für ehrenamtliche Bürgermeister findet Satz 1 nur Anwendung, wenn sie unmittelbar mit der Ausübung der Rechtsaufsicht befasst sind.

(4) Der Bürgermeister kann nicht gleichzeitig eine andere Planstelle in der Gemeinde innehaben oder deren sonstiger Bediensteter sein.

VwV GemO zu § 46:

1. Ein Beschäftigungsverhältnis im Sinne von § 46 Abs. 2 schließt die Wählbarkeit zum Bürgermeister nicht aus. Bei einem Beamten, ausgenommen Ehrenbeamten und Beamten auf Widerruf, hindert es auch nicht den Amtsantritt als hauptamtlicher Bürgermeister; im Zeitpunkt des Amtsantritts, mit dem das Beamtenverhältnis als hauptamtlicher Bürgermeister beginnt, ist der Beamte jedoch nach § 40 Abs. 1 Nr. 4 LBG kraft Gesetzes entlassen.
Die Regelung des § 40 Abs. 1 Nr. 4 LBG gilt nicht für den Eintritt in ein Beamtenverhältnis als Ehrenbeamter. Deswegen steht bei einem ehrenamtlichen Bürgermeister ein Beschäftigungsverhältnis nach § 46 Abs. 2 dem Amtsantritt als Bürgermeister entgegen. Ein zum ehrenamtlichen Bürgermeister Gewählter kann das Amt des Bürgermeisters

§ 47 GemO   Verfassung und Verwaltung der Gemeinde

also erst nach Auflösung seines bisherigen Beschäftigungsverhältnisses antreten.

Auch Angestellte und Arbeiter sowie Ehrenbeamte und Beamte auf Widerruf in einem Beschäftigungsverhältnis nach § 46 Abs. 2 können das Amt des Bürgermeisters erst nach Auflösung ihres bisherigen Beschäftigungsverhältnisses bzw. des Ehrenbeamtenverhältnisses antreten.

Wird ein hauptamtlicher Bürgermeister Beamter bei einer der in § 46 Abs. 2 genannten Stellen, ist er aus seinem Beamtenverhältnis als Bürgermeister kraft Gesetzes entlassen, sofern es sich bei dem neuen Beamtenverhältnis nicht um ein Widerrufs- oder Ehrenbeamtenverhältnis handelt; dies gilt auch, vom Fall des § 40 Abs. 4 Satz 2 LBG abgesehen, wenn der Bürgermeister in ein öffentlich-rechtliches Dienst- oder Amtsverhältnis, ausgenommen in ein Beamtenverhältnis auf Widerruf oder als Ehrenbeamter, zu einem anderen Dienstherrn tritt (§ 40 Abs. 1 Nr. 4 LBG).

2. § 46 Abs. 3 schließt auch jedes weitere Beschäftigungsverhältnis des Bürgermeisters zu seiner Gemeinde sowie die Ausübung jeder anderen gesetzlich festgelegten Funktion durch den Bürgermeister in seiner Gemeinde aus. Ein bisheriges Beschäftigungsverhältnis zur Gemeinde endet bei einem hauptamtlichen Bürgermeister mit dem Amtsantritt (§ 12 Abs. 4, § 40 Abs. 3 LBG).

§ 47   Zeitpunkt der Wahl, Stellenausschreibung

(1) Wird die Wahl des Bürgermeisters wegen Ablaufs der Amtszeit oder wegen Eintritts in den Ruhestand oder Verabschiedung infolge Erreichens der Altersgrenze notwendig, ist sie frühestens drei Monate und spätestens einen Monat vor Freiwerden der Stelle, in anderen Fällen spätestens drei Monate nach Freiwerden der Stelle durchzuführen. Die Wahl kann bis zu einem Jahr nach Freiwerden der Stelle aufgeschoben werden, wenn die Auflösung der Gemeinde bevorsteht.

(2) Die Stelle des hauptamtlichen Bürgermeisters ist spätestens zwei Monate vor dem Wahltag öffentlich auszuschreiben. Die Gemeinde kann den Bewerbern, deren Bewerbungen zugelassen worden sind, Gelegenheit geben, sich den Bürgern in einer öffentlichen Versammlung vorzustellen.

Bürgermeister **GemO § 48**

VwV GemO zu § 47:

1. Die Bürgermeisterwahl ist nicht nur dann vor dem Freiwerden der Stelle durchzuführen, wenn sie wegen Ablaufs der Amtszeit des im Amt befindlichen Bürgermeisters notwendig ist, sondern auch dann, wenn dieser wegen Erreichens der Altersgrenze kraft Gesetzes in den Ruhestand tritt oder als Ehrenbeamter zu verabschieden ist. Nach dem Sinn der Vorschrift ist in jedem anderen Fall, in dem der Zeitpunkt des Freiwerdens der Stelle genügend lange vorher feststeht, entsprechend zu verfahren, so insbesondere bei Versetzung in den Ruhestand oder Verabschiedung auf Antrag nach § 134 Nr. 2 und 3 LBG oder nach den §§ 53, 54 LBG i. V. mit § 134 Nr. 4 LBG.
2. Die Bestimmung über die fristgerechte Ausschreibung der Stelle des hauptamtlichen Bürgermeisters ist eine zwingende Verfahrensvorschrift. Auf die Ausschreibung kann auch dann nicht verzichtet werden, wenn der bisherige Stelleninhaber zu erkennen gibt, dass er sich wieder bewerben wird und der Gemeinderat einhellig der Meinung ist, dass kein geeigneterer Bewerber gefunden werden kann. Eine ordnungsmäßige Stellenausschreibung setzt voraus, dass ein größerer Kreis interessierter Personen von der Veröffentlichung Kenntnis nehmen kann. Dies ist immer bei einer Ausschreibung im Staatsanzeiger für Baden-Württemberg gegeben.
Die Einreichung und Rücknahme der Bewerbungen zur Bürgermeisterwahl sowie deren Zulassung und öffentliche Bekanntmachung sind in § 10 KomWG und in § 20 KomWO geregelt.
3. Die Gemeinde kann den Bewerbern, deren Bewerbungen zugelassen worden sind, Gelegenheit geben, sich den Bürgern in einer öffentlichen Versammlung vorzustellen. Entscheidet sie sich für die Vorstellung in einer öffentlichen Versammlung, ist es in ihr pflichtgemäßes Ermessen gestellt, auf welche Weise dies geschieht. Es kann nur von der Vorstellungsversammlung insgesamt abgesehen werden; nicht aber können einzelne Bewerber ausgeschlossen werden. Die Gemeinde kann von den Bewerbern, die an der Vorstellung teilnehmen, keinen Ersatz der entstandenen Kosten verlangen. Andererseits hat auch der Bewerber keinen Anspruch auf Ersatz der Kosten, die ihm durch die Teilnahme an der Bewerbervorstellung entstanden sind.

§ 48 Stellvertreter des Bürgermeisters

(1) In Gemeinden ohne Beigeordnete (§ 49) bestellt der Gemeinderat aus seiner Mitte einen oder mehrere Stellvertreter des Bürgermeis-

§ 48 GemO

ters. § 46 Abs. 3 findet keine Anwendung. Die Stellvertretung beschränkt sich auf die Fälle der Verhinderung. Die Stellvertreter werden nach jeder Wahl der Gemeinderäte neu bestellt. Sie werden in der Reihenfolge der Stellvertretung je in einem besonderen Wahlgang gewählt. Sind alle bestellten Stellvertreter vorzeitig ausgeschieden oder sind im Fall der Verhinderung des Bürgermeisters auch alle Stellvertreter verhindert, hat der Gemeinderat unverzüglich einen oder mehrere Stellvertreter neu oder für die Dauer der Verhinderung zusätzlich zu bestellen; § 37 Abs. 4 Satz 2 bleibt unberührt. Bis zu dieser Bestellung nimmt das an Lebensjahren älteste, nicht verhinderte Mitglied des Gemeinderats die Aufgaben des Stellvertreters des Bürgermeisters wahr.

(2) Ist in Gemeinden ohne Beigeordnete die Stelle des Bürgermeisters voraussichtlich längere Zeit unbesetzt oder der Bürgermeister voraussichtlich längere Zeit an der Ausübung seines Amts verhindert, kann der Gemeinderat mit der Mehrheit der Stimmen aller Mitglieder einen Amtsverweser bestellen. Der Amtsverweser muss zum Bürgermeister wählbar sein; § 46 Abs. 3 findet keine Anwendung. Der Amtsverweser muss zum Beamten der Gemeinde bestellt werden.

(3) Ein zum Bürgermeister der Gemeinde gewählter Bewerber kann vom Gemeinderat mit der Mehrheit der Stimmen aller Mitglieder nach Feststellung der Gültigkeit der Wahl durch die Wahlprüfungsbehörde oder nach ungenutztem Ablauf der Wahlprüfungsfrist im Fall der Anfechtung der Wahl vor der rechtskräftigen Entscheidung über die Gültigkeit der Wahl zum Amtsverweser bestellt werden. Der Amtsverweser ist in Gemeinden mit hauptamtlichem Bürgermeister als hauptamtlicher Beamter auf Zeit, in Gemeinden mit ehrenamtlichem Bürgermeister als Ehrenbeamter auf Zeit zu bestellen. Seine Amtszeit beträgt zwei Jahre; Wiederbestellung ist zulässig. Die Amtszeit endet vorzeitig mit der Rechtskraft der Entscheidung über die Gültigkeit der Wahl zum Bürgermeister. Der Amtsverweser führt die Bezeichnung Bürgermeister (Oberbürgermeister). Er erhält in einer Gemeinde mit ehrenamtlichem Bürgermeister dessen Aufwandsentschädigung. Die Amtszeit als Bürgermeister verkürzt sich um die Amtszeit als Amtsverweser.

VwV GemO zu § 48:

1. Stellvertreter des Bürgermeisters aus der Mitte des Gemeinderats müssen in allen Gemeinden bestellt werden, die keinen Beigeordneten

haben. Auf die Stellvertreter des Bürgermeisters findet § 46 Abs. 3 Anwendung, nicht jedoch § 46 Abs. 2. § 46 Abs. 3 hindert nicht die Wahl zum Stellvertreter; in einem solchen Falle muss sich der Betroffene jedoch alsbald erklären, welche der beiden Aufgaben er wahrnehmen möchte. Es ist nicht vorgeschrieben, wie viele Stellvertreter zu bestellen sind. Ihre Zahl wird durch einfachen Beschluss des Gemeinderats und nicht durch die Hauptsatzung festgelegt. Stellvertreter können außer im Fall des § 48 Abs. 1 Satz 6 nur nach jeder Wahl der Gemeinderäte (regelmäßige Wahl oder Ergänzungswahl) gewählt werden. Die Zahl der Stellvertreter kann daher während der laufenden Amtszeit der Gemeinderäte außer im Fall des § 48 Abs. 1 Satz 6 nicht geändert werden, sofern nicht eine Ergänzungswahl der Gemeinderäte stattgefunden hat. Sind alle bestellten Stellvertreter vorzeitig ausgeschieden, müssen nach § 48 Abs. 1 Satz 6 Stellvertreter neu bestellt werden; sind nur einzelne Stellvertreter vorzeitig ausgeschieden, können für sie Stellvertreter neu bestellt werden.
2. Die Stellvertreter des Bürgermeisters können nur im Falle der Verhinderung des Bürgermeisters, dann aber auch ohne besonderen Auftrag, tätig werden. Der Verhinderungsfall ist gegeben, wenn der Bürgermeister tatsächlich, z.B. durch Urlaub oder Krankheit, oder rechtlich, z.B. wegen Befangenheit, gehindert ist, seine Amtsgeschäfte wahrzunehmen. Die Stellvertretung findet auch statt, wenn die Stelle des Bürgermeisters nicht besetzt ist.
3. Die Bestellung eines Amtsverwesers nach § 48 Abs. 2 oder 3 steht im Ermessen des Gemeinderats. Im Falle des Absatzes 2 muss der Amtsverweser zum Gemeindebeamten auf Widerruf oder zum gemeindlichen Ehrenbeamten ernannt werden, auch wenn er bereits Gemeindebeamter ist. Auf die beamtenrechtlichen Vorschriften des § 137a Abs. 1 LBG wird hingewiesen.

Die Voraussetzungen für die Bestellung eines Amtsverwesers nach § 48 Abs. 3 liegen nur vor, wenn der bisherige Bürgermeister nicht die Geschäfte nach § 42 Abs. 5 Satz 1 weiterführt. Hauptamtliche Amtsverweser im Sinne dieser Vorschrift treten mit Ablauf ihrer Amtszeit unter den Voraussetzungen des § 131 i.V. mit § 134 Nr. 6 Sätze 1 und 2 LBG in den Ruhestand, sofern keiner der Ausschließungsgründe des § 137a Abs. 3 LBG vorliegt. § 48 Abs. 3 Satz 7 gilt nur für Bürgermeister, die zuvor Amtsverweser im Beamtenverhältnis auf Zeit waren.

§ 49 Beigeordnete

(1) In Gemeinden mit mehr als 10 000 Einwohnern können, in Stadtkreisen müssen als Stellvertreter des Bürgermeisters ein oder mehrere hauptamtliche Beigeordnete bestellt werden. Ihre Zahl wird entsprechend den Erfordernissen der Gemeindeverwaltung durch die Hauptsatzung bestimmt. Außerdem können Stellvertreter des Bürgermeisters nach § 48 Abs. 1 bestellt werden, die den Bürgermeister im Fall seiner Verhinderung vertreten, wenn auch alle Beigeordneten verhindert sind.

(2) Die Beigeordneten vertreten den Bürgermeister ständig in ihrem Geschäftskreis. Der Bürgermeister kann ihnen allgemein oder im Einzelfall Weisungen erteilen.

(3) Der Erste Beigeordnete ist der ständige allgemeine Stellvertreter des Bürgermeisters. Er führt in Stadtkreisen und Großen Kreisstädten die Amtsbezeichnung Bürgermeister. Die weiteren Beigeordneten sind nur allgemeine Stellvertreter des Bürgermeisters, wenn der Bürgermeister und der Erste Beigeordnete verhindert sind; die Reihenfolge der allgemeinen Stellvertretung bestimmt der Gemeinderat. In Stadtkreisen und Großen Kreisstädten kann der Gemeinderat den weiteren Beigeordneten die Amtsbezeichnung Bürgermeister verleihen.

VwV GemO zu § 49:

1. Im Gegensatz zu den ehrenamtlichen Stellvertretern des Bürgermeisters nach § 48 muss die Zahl der Beigeordneten durch die Hauptsatzung bestimmt werden. Werden daneben auch Stellvertreter des Bürgermeisters nach § 48 Abs. 1 bestellt, wird ihre Zahl nicht in der Hauptsatzung, sondern durch einfachen Beschluss des Gemeinderats festgelegt (vgl. Nr. 1 zu § 48).
2. Die Beigeordneten sind in der Vertretung des Bürgermeisters nicht auf den Fall der Verhinderung des Bürgermeisters, aber (außer im Falle des § 49 Abs. 4 Satz 3) auf den ihnen zugeteilten Geschäftskreis beschränkt. Nur der Erste Beigeordnete nimmt eine Sonderstellung ein; er ist gleichzeitig ständiger allgemeiner Stellvertreter des Bürgermeisters. Als solcher kann er ständig in gleichem Umfang wie der Bürgermeister die Gemeinde nach außen vertreten, auch wenn der Bürgermeister nicht verhindert ist; ob und inwieweit er hierzu im Innenverhältnis befugt ist, hängt von der Zuständigkeitsregelung ab.

§ 50 Rechtsstellung und Bestellung der Beigeordneten

(1) Die Beigeordneten sind als hauptamtliche Beamte auf Zeit zu bestellen. Ihre Amtszeit beträgt acht Jahre.

(1a) Zum Beigeordneten kann bestellt werden, wer am Tag der Wahl das 68. Lebensjahr noch nicht vollendet hat.

(2) Die Beigeordneten werden vom Gemeinderat je in einem besonderen Wahlgang gewählt. Der Gemeinderat kann beschließen, dass der Erste Beigeordnete gewählt wird, nachdem für jede zu besetzende Beigeordnetenstelle ein Bewerber gewählt ist. Sieht die Hauptsatzung mehrere Beigeordnete vor, sollen die Parteien und Wählervereinigungen gemäß ihren Vorschlägen nach dem Verhältnis ihrer Sitze im Gemeinderat berücksichtigt werden.

(3) Für den Zeitpunkt der Bestellung gilt § 47 Abs. 1 entsprechend. Die Stellen der Beigeordneten sind spätestens zwei Monate vor der Besetzung öffentlich auszuschreiben.

(4) Wird bei der Eingliederung einer Gemeinde in eine andere Gemeinde oder bei der Neubildung einer Gemeinde durch Vereinigung von Gemeinden in der Vereinbarung nach § 9 bestimmt, dass der Bürgermeister oder ein Beigeordneter der eingegliederten oder einer vereinigten Gemeinde zum Beigeordneten der aufnehmenden oder neugebildeten Gemeinde bestellt wird, finden Absätze 2 und 3 keine Anwendung.

VwV GemO zu § 50:

1. § 24 Abs. 2 gilt für die Bestellung der Beigeordneten nicht. Auf die Beigeordneten als hauptamtliche Beamte auf Zeit finden die Vorschriften des Beamtenrechts in vollem Umfang Anwendung.
Das Beamtenverhältnis der Beigeordneten ist durch Ernennung zu begründen. Die Ernennungsurkunde ist nach der Wahl durch den Gemeinderat vom Bürgermeister auszustellen und zu unterzeichnen. Für Form und Inhalt der Ernennungsurkunde gilt § 12 LBG; neben der Zeitdauer der Berufung sollen in der Urkunde noch Beginn und Ende der Amtszeit mit Datum bezeichnet werden.
Die Beigeordneten leisten den durch § 71 LBG vorgeschriebenen Diensteid; einer besonderen Verpflichtung wie beim Bürgermeister bedarf es darüber hinaus nicht.
2. Verspätet eingegangene Bewerbungen können unter Beachtung des Gleichbehandlungsgrundsatzes berücksichtigt werden.

§ 51 GemO

Das Verfahren nach § 50 Abs. 2 Satz 2 kommt in Betracht, wenn die Stelle des Ersten Beigeordneten zu besetzen ist. Das Verfahren muss vom Gemeinderat ausdrücklich beschlossen werden. Dabei erfolgt die Bestellung des Ersten Beigeordneten in einem zweistufigen Verfahren: Zunächst wird für die freie Stelle ein Bewerber als Beigeordneter gewählt, der aber noch nicht ernannt wird. Sodann wird aus den Beigeordneten unter Einbeziehung des neu Gewählten der Erste Beigeordnete gewählt.

Hat der Gemeinderat beschlossen, dieses Verfahren anzuwenden, so ist es geboten, dass die zu besetzende Stelle als Beigeordnetenstelle ausgeschrieben und in der Ausschreibung auf dieses Verfahren hingewiesen wird. Kommt die Neuordnung der Geschäftskreise nach der Wahl des Beigeordneten in Betracht, soll darauf bereits in der Ausschreibung hingewiesen werden.

§ 50 lässt es jedoch nicht zu, einen weiteren Beigeordneten im Falle des Freiwerdens der Stelle des Ersten Beigeordneten für den Rest seiner Amtszeit als Beigeordneter zum Ersten Beigeordneten zu bestellen.

3. Bei einer Bestellung nach § 50 Abs. 4 bedarf es nur der Ernennung zum Beigeordneten durch Ausstellung und Aushändigung der Ernennungsurkunde durch den Bürgermeister. Voraussetzung für die Ernennung ist jedoch auch hier, dass in Vollzug der Vereinbarung über den Gemeindezusammenschluss die Zahl der Beigeordneten durch die Hauptsatzung bestimmt ist und ihre Geschäftskreise durch den Bürgermeister im Einvernehmen mit dem Gemeinderat abgegrenzt sind (§ 44 Abs. 1).

§ 51 Hinderungsgründe

(1) Beigeordnete können nicht gleichzeitig andere Planstellen der Gemeinde innehaben oder deren Bedienstete sein. Sie können auch nicht Bedienstete der Rechtsaufsichtsbehörde, der oberen und obersten Rechtaufsichtsbehörde sowie des Landratsamts und des Landkreises sein.

(2) Beigeordnete dürfen weder miteinander noch mit dem Bürgermeister in einem die Befangenheit begründenden Verhältnis nach § 18 Abs. 1 Nr. 1 bis 3 stehen oder als persönlich haftende Gesellschafter an derselben Handelsgesellschaft beteiligt sein. Entsteht ein solches Verhältnis zwischen dem Bürgermeister und einem Beigeordneten, ist der Beigeordnete, im Übrigen der an Dienstjahren Jüngere in den einstweiligen Ruhestand zu versetzen.

VwV GemO zu § 51:

1. Die Ausführungen zu § 46 über den hauptamtlichen Bürgermeister gelten entsprechend.
2. Im Fall des § 51 Abs. 2 Satz 2 sind nicht nur die Dienstjahre als Beigeordneter, sondern es ist die Gesamtdienstzeit im öffentlichen Dienst maßgebend.

§ 52 Besondere Dienstpflichten

Für den Bürgermeister und die Beigeordneten gelten die Bestimmungen des § 17 Abs. 1 bis 3 und des § 18 entsprechend.

§ 53 Beauftragung, rechtsgeschäftliche Vollmacht

(1) Der Bürgermeister kann Gemeindebedienstete mit seiner Vertretung auf bestimmten Aufgabengebieten oder in einzelnen Angelegenheiten der Gemeindeverwaltung beauftragen. Er kann diese Befugnis auf Beigeordnete für deren Geschäftskreis übertragen.

(2) Der Bürgermeister kann in einzelnen Angelegenheiten rechtsgeschäftliche Vollmacht erteilen. Absatz 1 Satz 2 gilt entsprechend.

VwV GemO zu § 53:

1. Die Vertretung kraft öffentlich-rechtlicher Beauftragung nach § 53 Abs. 1 umfasst sowohl die Befugnis zur sachlichen Entscheidung als auch zur entsprechenden Vertretung nach außen. Beigeordnete haben dieses Recht in den Grenzen ihres Geschäftskreises auf Grund ihrer Stellung ohne besonderen Auftrag (§ 49 Abs. 3 und 4). Obwohl Beigeordnete in ihrem Geschäftskreis ständige Stellvertreter des Bürgermeisters sind, können sie wegen der in § 53 Abs. 1 Satz 2 getroffenen Spezialregelung Vertretungsaufträge an Beamten und Angestellte auch in ihrem eigenen Geschäftskreis nur geben, soweit ihnen diese Befugnis vom Bürgermeister allgemein oder im Einzelfall übertragen worden ist. Diese Regelung, die gleichzeitig eine Einschränkung insofern enthält, als der Bürgermeister die Befugnis zur Beauftragung nicht auch auf sonstige Beamte, z. B. Amtsleiter, übertragen kann, steht im engsten Zusammenhang mit dem in § 44 Abs. 1 Satz 2 festgelegten Organisationsrecht des Bürgermeisters. Inwieweit das Vertretungsverhältnis im inner- und außerdienstlichen Ver-

§ 54 GemO — Verfassung und Verwaltung der Gemeinde

kehr durch einen Zusatz bei der Unterzeichnung kenntlich gemacht wird, bleibt der Entscheidung des Bürgermeisters vorbehalten. Für die Unterzeichnung von Verpflichtungserklärungen durch Vertreter gilt die Sonderregelung des § 54 Abs. 3.

2. Die Vollmacht ist in der Regel für die Erledigung eines einzelnen Rechtsgeschäfts zu erteilen. Vollmachten für bestimmte Arten von Rechtsgeschäften sind zulässig, sollen jedoch die Ausnahme bilden. Die Erteilung einer Generalvollmacht ist ausgeschlossen.

§ 54 Verpflichtungserklärungen

(1) Erklärungen, durch welche die Gemeinde verpflichtet werden soll, bedürfen der Schriftform oder müssen in elektronischer Form mit einer dauerhaft überprüfbaren Signatur versehen sein. Sie sind vom Bürgermeister zu unterzeichnen.

(2) Im Fall der Vertretung des Bürgermeisters müssen Erklärungen durch dessen Stellvertreter, den vertretungsberechtigten Beigeordneten oder durch zwei vertretungsberechtigte Gemeindebedienstete unterzeichnet werden.

(3) Den Unterschriften soll die Amtsbezeichnung und im Fall des Absatzes 2 ein das Vertretungsverhältnis kennzeichnender Zusatz beigefügt werden.

(4) Die Formvorschriften der Absätze 1 bis 3 gelten nicht für Erklärungen in Geschäften der laufenden Verwaltung oder auf Grund einer in der Form der Absätze 1 bis 3 ausgestellten Vollmacht.

VwV GemO zu § 54:

Unter Erklärungen, durch welche die Gemeinde verpflichtet werden soll, sind sowohl öffentlich-rechtliche als auch privatrechtliche Verpflichtungserklärungen zu verstehen. Die Verletzung der zwingenden Formvorschriften des § 54 macht öffentlich-rechtliche Verträge, durch welche die Gemeinde verpflichtet werden soll, nach § 59 Abs. 1 LVwVfG i. V. mit § 125 BGB und sonstige öffentlich-rechtliche Verpflichtungserklärungen in entsprechender Anwendung des § 125 BGB nichtig. Bei privatrechtlichen Rechtsgeschäften hat § 54 aus Gründen der Kompetenzen des Landesgesetzgebers dagegen nur die Bedeutung von Regelungen über die Vertretungsmacht zur rechtswirksamen Vertretung der Gemeinde, so dass Verstöße gegen § 54 Abs. 1 und 2, einschließlich der dort enthaltenen Formvorschriften, hier

Bürgermeister **GemO § 55**

nicht nach § 125 BGB die Nichtigkeit des Rechtsgeschäftes zur Folge haben; vielmehr finden in diesem Fall die Vorschriften der §§ 177 ff. BGB über die Vertretung ohne Vertretungsmacht Anwendung.
Zur Vermeidung der genannten Rechtsfolgen ist bei Verpflichtungserklärungen zu beachten, dass
a) nur der Bürgermeister, sein allgemeiner Stellvertreter (der ehrenamtliche Stellvertreter nach § 48 Abs. 1 und § 49 Abs. 1 Satz 3, der Amtsverweser nach § 48 Abs. 2 und 3 sowie der Erste Beigeordnete nach § 49 Abs. 4) und die weiteren Beigeordneten im Rahmen ihrer Vertretungsmacht (§ 49) allein unterzeichnen können,
b) in allen anderen Fällen zwei Unterschriften von vertretungsberechtigten Beamten oder Angestellten (§ 53 Abs. 1 Satz 1) notwendig sind,
c) alle Unterschriften eigenhändig vollzogen sein müssen und damit die Verwendung von Namensstempeln (Faksimile) und die Beglaubigung der Unterzeichnung des Entwurfs unzulässig sind und
d) den Unterschriften die Amtsbezeichnung des Unterzeichnenden und im Falle der Vertretung des Bürgermeisters ein das Vertretungsverhältnis kennzeichnender Zusatz beigefügt sein sollen.
Zusätzlich sind bei öffentlich-rechtlichen Verträgen allgemein die Vorschriften der §§ 54 bis 62 LVwVfG zu beachten.

§ 55 Beirat für geheim zu haltende Angelegenheiten

(1) Der Gemeinderat kann einen Beirat bilden, der den Bürgermeister in allen Angelegenheiten des § 44 Abs. 3 Satz 2 berät.

(2) Der Beirat besteht in Gemeinden mit nicht mehr als 1000 Einwohnern aus den Stellvertretern des Bürgermeisters nach § 48 Abs. 1 Satz 1.
Er besteht
in Gemeinden mit mehr als 1 000,
aber nicht mehr als 10 000 Einwohnern
aus zwei,
in Gemeinden mit mehr als 10 000,
aber nicht mehr als 30 000 Einwohnern
aus zwei oder drei,
in Gemeinden mit mehr als 30 000 Einwohnern
aus mindestens drei und höchstens
fünf Mitgliedern,
die vom Gemeinderat aus seiner Mitte bestellt werden. Dem Beirat können nur Mitglieder des Gemeinderats angehören, die auf die für

die Behörden des Landes geltenden Geheimhaltungsvorschriften verpflichtet sind.

(3) Vorsitzender des Beirats ist der Bürgermeister. Er beruft den Beirat ein, wenn es die Geschäftslage erfordert. Fällt die Angelegenheit in den Geschäftskreis eines Beigeordneten, nimmt dieser an der Sitzung teil. Die Sitzungen des Beirats sind nichtöffentlich. Für die Beratungen des Beirats gelten § 34 Abs. 3, § 36 Abs. 1 und 3, § 37 Abs. 1 Satz 1 und Abs. 2 und § 38 entsprechend.

4. Abschnitt: Gemeindebedienstete

§ 56 Einstellung, Ausbildung

(1) Die Gemeinde ist verpflichtet, die zur Erfüllung ihrer Aufgaben erforderlichen geeigneten Beamten und Arbeitnehmer einzustellen.

(2) Bei der Ausbildung der im Vorbereitungsdienst befindlichen Beamten für den Dienst in der Verwaltung des Landes und der Träger der Selbstverwaltung wirken die Gemeinden mit den zuständigen Stellen zusammen. Für den persönlichen Aufwand, der den Gemeinden entsteht, ist unter ihnen ein entsprechender finanzieller Ausgleich zu schaffen.

(3) Die Gemeinde fördert die Fortbildung ihrer Bediensteten.

§ 57 Stellenplan

Die Gemeinde bestimmt im Stellenplan die Stellen ihrer Beamten sowie ihrer nicht nur vorübergehend beschäftigten Arbeitnehmer, die für die Erfüllung der Aufgaben im Haushaltsjahr erforderlich sind. Für Sondervermögen, für die Sonderrechnungen geführt werden, sind besondere Stellenpläne aufzustellen. Beamte in Einrichtungen solcher Sondervermögen sind auch im Stellenplan nach Satz 1 aufzuführen und dort besonders zu kennzeichnen.

VwV GemO zu § 57:

Der Stellenplan weist haushaltsrechtlich den Stellenbedarf für das jeweilige Haushaltsjahr aus. Deswegen müssen in ihm die Stellen so ausgebracht

werden, wie sie in dem jeweiligen Haushaltsjahr erforderlich und voraussichtlich besetzbar sind. Abweichende Regelungen in der Verwaltungsvorschrift des Innenministeriums zu den Stellen und den Stellenobergrenzen im kommunalen Bereich (Stellenerlass) vom 20. Juni 1983 (GABl. S. 773) bleiben unberührt.
Neben dem Stellenplan kann die Gemeinde einen Organisationsplan aufstellen, der auch die Bewertung der Stellen enthalten kann.

§ 58 Gemeindefachbediensteter[*]

(1) Zur fachgemäßen Erledigung der Verwaltungsgeschäfte müssen die Gemeinden mindestens einen Bediensteten mit der Befähigung zum gehobenen oder höheren Verwaltungsdienst (Gemeindefachbediensteten) haben. Satz 1 findet keine Anwendung auf Gemeinden, die einer Verwaltungsgemeinschaft angehören, wenn diese der Gemeinde einen Gemeindefachbediensteten zur Erledigung der Verwaltungsgeschäfte zur Verfügung stellt.

(2) Wenn der Bürgermeister nichts anderes bestimmt, kommen die Aufgaben des Ratschreibers auf dem Gebiet der freiwilligen Gerichtsbarkeit in Gemeinden mit einem eigenen Fachbeamten diesem, sonst dem Bürgermeister zu.

VwV GemO zu § 58:

1. Über die Regelung des § 58 Abs. 1 Satz 1 hinaus kann ein Beamter ohne die Befähigung zum gehobenen oder höheren Verwaltungsdienst, der schon vor dem 3. August 1974 Gemeindefachbeamter war, weiterhin Gemeindefachbeamter sein (§ 26 Abs. 3 AllGemRefG).
2. Wer die Aufgaben des Ratschreibers auf dem Gebiet der freiwilligen Gerichtsbarkeit wahrnimmt (§ 31 Abs. 1 Satz 1 LFGG), bestimmt der Bürgermeister. Wenn er keine Bestimmung trifft, kommen die Aufgaben des Ratschreibers kraft Gesetzes dem Gemeindefachbeamten zu.

---

[*] Anm. des Bearbeiters: Abgedruckt ist die geltende Fassung. § 58 wird nach Art. 6 und Art. 19 Abs. 1 des Gesetzes zur Reform des Notariats- und Grundbuchwesens in Baden-Württemberg vom 29. Juli 2010 (GBl. S. 555) mit Wirkung zum 1. Januar 2018 wie folgt geändert:
1. Die Absatzbezeichnung „(1)" wird gestrichen.
2. Absatz 2 wird aufgehoben.

Der Bürgermeister kann die Bestimmung nach § 58 Abs. 2 jederzeit treffen oder eine getroffene Bestimmung ändern. Mit dem Sinn einer Zuständigkeitsregelung ist es jedoch nicht vereinbar, die Zuständigkeit nur von Fall zu Fall zu bestimmen.

5. Abschnitt: Besondere Verwaltungsformen

1. Verwaltungsgemeinschaft

§ 59 Rechtsformen der Verwaltungsgemeinschaft

Benachbarte Gemeinden desselben Landkreises können eine Verwaltungsgemeinschaft als Gemeindeverwaltungsverband bilden oder vereinbaren, dass eine Gemeinde (erfüllende Gemeinde) die Aufgaben eines Gemeindeverwaltungsverbands erfüllt (vereinbarte Verwaltungsgemeinschaft). Eine Gemeinde kann nur einer Verwaltungsgemeinschaft angehören. Die Verwaltungsgemeinschaft soll nach der Zahl der Gemeinden und ihrer Einwohner sowie nach der räumlichen Ausdehnung unter Berücksichtigung der örtlichen Verhältnisse und landesplanerischen Gesichtspunkte so abgegrenzt werden, dass sie ihre Aufgaben zweckmäßig und wirtschaftlich erfüllen kann.

VwV GemO zu § 59:

Zur Kennzeichnung der Tätigkeit der erfüllenden Gemeinde für die Verwaltungsgemeinschaft im schriftlichen Verkehr wird folgende Bezeichnung empfohlen:
„Gemeinde (Stadt) X
für die vereinbarte Verwaltungsgemeinschaft mit den Gemeinden Y und Z".

§ 60 Anwendung von Rechtsvorschriften und besondere Bestimmungen für die Verwaltungsgemeinschaft

(1) Für die Verwaltungsgemeinschaft gelten die Vorschriften des Gesetzes über kommunale Zusammenarbeit, soweit nichts anderes bestimmt ist.

(2) Der Genehmigung bedürfen auch Änderungen der Verbandssatzung und der Vereinbarung wegen der Aufnahme einer Gemeinde. Die

Besondere Verwaltungsformen **GemO § 60**

Rechtsaufsichtsbehörde entscheidet über alle erforderlichen Genehmigungen nach pflichtgemäßem Ermessen.

(3) Die Verbandsversammlung des Gemeindeverwaltungsverbands besteht nach näherer Bestimmung der Verbandssatzung aus dem Bürgermeister und mindestens einem weiteren Vertreter einer jeden Mitgliedsgemeinde. Die weiteren Vertreter werden nach jeder regelmäßigen Wahl der Gemeinderäte vom Gemeinderat aus seiner Mitte gewählt; scheidet ein weiterer Vertreter vorzeitig aus dem Gemeinderat oder der Verbandsversammlung aus, wird für den Rest der Amtszeit ein neuer weiterer Vertreter gewählt. Für jeden weiteren Vertreter ist mindestens ein Stellvertreter zu bestellen, der diesen im Verhinderungsfall vertritt.

(4) Bei der vereinbarten Verwaltungsgemeinschaft ist ein gemeinsamer Ausschuss aus Vertretern der beteiligten Gemeinden zu bilden. Der gemeinsame Ausschuss entscheidet an Stelle des Gemeinderats der erfüllenden Gemeinde über die Erfüllungsaufgaben (§ 61), soweit nicht der Bürgermeister der erfüllenden Gemeinde kraft Gesetzes zuständig ist oder ihm der gemeinsame Ausschuss bestimmte Angelegenheiten überträgt; eine dauernde Übertragung ist abweichend von § 44 Abs. 2 Satz 2 durch Satzung zu regeln. Für den gemeinsamen Ausschuss gelten die Vorschriften über die Verbandsversammlung des Gemeindeverwaltungsverbands entsprechend; keine Gemeinde darf mehr als 60 vom Hundert aller Stimmen haben; Vorsitzender ist der Bürgermeister der erfüllenden Gemeinde.

(5) Gegen Beschlüsse des gemeinsamen Ausschusses kann eine beteiligte Gemeinde binnen zwei Wochen nach der Beschlussfassung Einspruch einlegen, wenn der Beschluss für sie von besonderer Wichtigkeit oder erheblicher wirtschaftlicher Bedeutung ist. Der Einspruch hat aufschiebende Wirkung. Auf einen Einspruch hat der gemeinsame Ausschuss erneut zu beschließen. Der Einspruch ist zurückgewiesen, wenn der neue Beschluss mit einer Mehrheit von zwei Dritteln der Stimmen der vertretenen Gemeinden, mindestens jedoch mit der Mehrheit aller Stimmen, gefasst wird.

VwV GemO zu § 60:

1. Zu den Vorschriften des GKZ, auf die § 60 Abs. 1 verweist, wird auf den Runderlass des Innenministeriums zum GKZ vom 22. Oktober 1976 (GABl. S. 1425) verwiesen, der gemäß Verwaltungsvorschrift des

§ 60 GemO — Verfassung und Verwaltung der Gemeinde

Innenministeriums vom 13. Dezember 1986 (GABl. 1987 S. 1) weiter gilt.

2. Folgende Änderungen der Verbandssatzung eines Gemeindeverwaltungsverbands bzw. der Vereinbarung über eine vereinbarte Verwaltungsgemeinschaft bedürfen der Genehmigung durch die Rechtsaufsichtsbehörde:
   a) Änderungen nach § 21 Abs. 1 und 3 sowie § 25 Abs. 4 GKZ wegen der Übertragung weiterer Aufgaben auf die Verwaltungsgemeinschaft für alle oder nur für einzelne ihr angehörende Gemeinden (§ 61 Abs. 5 und 7 sowie § 60 Abs. 1 GemO i. V. mit § 21 Abs. 1 und 5, § 25 Abs. 4 und § 7 Abs. 1 GKZ);
   b) Änderungen nach § 21 Abs. 2 und § 25 Abs. 4 GKZ wegen der Aufnahme weiterer Gemeinden in die Verwaltungsgemeinschaft (§ 60 Abs. 2).

3. Soweit § 60 Abs. 3 keine besonderen Bestimmungen über die Zusammensetzung der Verbandsversammlung des Gemeindeverwaltungsverbands enthält, ist nach § 60 Abs. 1 GemO § 13 Abs. 4 GKZ anzuwenden.

   Für die Wahl mehrerer weiterer Vertreter einer Mitgliedsgemeinde in der Verbandsversammlung gelten nach § 13 Abs. 4 Satz 4 GKZ die Vorschriften über die Wahl der Mitglieder beschließender Gemeinderatsausschüsse (§ 40 Abs. 2 GemO und § 11 DVO GemO); bei dieser Wahl hat der Bürgermeister kein Stimmrecht (§ 40 Abs. 2 Satz 1 GemO). Die in § 60 Abs. 3 Satz 3 zwingend vorgeschriebenen Verhinderungsstellvertreter der weiteren Vertreter in der Verbandsversammlung sind nach Maßgabe des § 11 Abs. 3 DVO GemO zu ermitteln, wenn mehr als ein weiterer Verhinderungsstellvertreter zu wählen ist (§ 13 Abs. 4 Satz 4 GKZ).

   Aus der Regelung des § 60 Abs. 3 Satz 2 zweiter Halbsatz über die Ergänzungswahl beim vorzeitigen Ausscheiden von weiteren Vertretern aus der Verbandsversammlung folgt, dass für diese keine Ersatzleute im Sinne von § 11 Abs. 3 DVO GemO vorgesehen sind.

   Nach Ablauf der regelmäßigen Amtszeit der jeweiligen Gemeinderäte der Mitgliedsgemeinden führt die bisherige Verbandsversammlung die Geschäfte bis zum Zusammentreten der neuen Verbandsversammlung weiter.

4. Selbst wenn der Gemeindeverwaltungsverband eine Aufgabe nur für einzelne Mitgliedsgemeinden erfüllt, sind sämtliche Mitgliedsgemeinden in der Verbandsversammlung stimmberechtigt. Dafür kann aber den Mitgliedsgemeinden, für die allein eine Aufgabe vom Gemeindeverwaltungsverband erfüllt wird, nach § 60 Abs. 1 GemO i. V. mit § 13

Besondere Verwaltungsformen GemO § 60

Abs. 3 GKZ ein Einspruchsrecht gegen Beschlüsse der Verbandsversammlung eingeräumt werden.

5. Soll ein Verwaltungsrat gebildet werden, so muss für seine Zusammensetzung aus der Bestimmung des § 60 Abs. 3 Satz 2 geschlossen werden, dass ihm außer Bürgermeistern ebenfalls nur Gemeinderäte von Mitgliedsgemeinden (üblicherweise Mitglieder der Verbandsversammlung) angehören können.
6. Um die Verwaltungsleihe zu ermöglichen, bedarf es einer entsprechenden Bestimmung in der Verbandssatzung (§ 60 Abs. 1 GemO i. V. mit § 6 Abs. 2 Nr. 4 GKZ). In der Vereinbarung über die Verwaltungsleihe sind die erforderlichen Regelungen hinsichtlich des Weisungsrechts des Verbandsvorsitzenden gegenüber den „geliehenen" Bediensteten zu treffen und die Haftung des Gemeindeverwaltungsverbands im Innenverhältnis bei einer Amtspflichtverletzung der „geliehenen" Bediensteten in Ausübung einer Tätigkeit für den Gemeindeverwaltungsverband zu regeln.
7. Die auf die Erfüllungsaufgaben beschränkte Zuständigkeit des gemeinsamen Ausschusses umfasst auch die Feststellung des Mittelbedarfs für die Wahrnehmung dieser Aufgaben. Dies lässt die Zuständigkeit des Gemeinderats der erfüllenden Gemeinde für die Festsetzung der betreffenden Haushaltsplanansätze mit der Beschlussfassung über die Haushaltssatzung (§ 81 Abs. 2) unberührt; der Gemeinderat darf sich über die Mittelanforderung des gemeinsamen Ausschusses nur hinwegsetzen, soweit dadurch nicht eine sinnvolle Erfüllung der Aufgaben der Verwaltungsgemeinschaft im allgemeinen Haushaltsrahmen gefährdet wird.

Eine dauernde Übertragung bestimmter Angelegenheiten des Zuständigkeitsbereichs des gemeinsamen Ausschusses auf den Bürgermeister der erfüllenden Gemeinde ist nach § 60 Abs. 4 Satz 2 zweiter Halbsatz abweichend von § 44 Abs. 2 Satz 2 durch eine besondere, vom gemeinsamen Ausschuss zu beschließende Satzung der erfüllenden Gemeinde zu regeln. Dabei können die übertragenen Angelegenheiten für die Gebiete der beteiligten Gemeinden mit Rücksicht auf deren Verhältnisse betragsmäßig unterschiedlich begrenzt werden.
8. Das Mehrheitserfordernis nach § 60 Abs. 5 Satz 4 für die Zurückweisung eines Einspruchs begründet in Verbindung mit der Stimmenbeschränkung nach § 60 Abs. 4 Satz 3 zweiter Halbsatz eine dem Minderheitenschutz dienende Sperrminorität. Diese Sperrminorität darf jedoch nicht zur Verhinderung sachlich gerechtfertigter Beschlüsse des gemeinsamen Ausschusses missbraucht werden; soweit eine solche Ausnutzung der Sperrminorität in die Eigenverantwortlichkeit beteiligter

§ 61 GemO   Verfassung und Verwaltung der Gemeinde

Gemeinden für ihre eigenen Angelegenheiten eingreift und damit deren Selbstverwaltungsrecht verletzt, können sie dies gerichtlich abwehren.

9. Die Vertreter (Bürgermeister und weitere Vertreter) der übrigen beteiligten Gemeinden im gemeinsamen Ausschuss sind nach § 60 Abs. 4 Satz 3 erster Halbsatz und Abs. 1 GemO i. V. mit § 13 Abs. 6 Satz 1 GKZ im Dienste der erfüllenden Gemeinde als Träger der Aufgaben der Verwaltungsgemeinschaft ehrenamtlich tätig; ihr Anspruch auf Entschädigung für diese ehrenamtliche Tätigkeit nach § 60 Abs. 4 Satz 3 erster Halbsatz und Abs. 1 GemO i. V. mit § 13 Abs. 6 Satz 2 GKZ und § 19 GemO richtet sich deswegen gegen die erfüllende Gemeinde und bestimmt sich nach deren Satzung über die Entschädigung für ehrenamtliche Tätigkeit; für den Fall der Gewährung einer Aufwandsentschädigung nach § 19 Abs. 3 ist diese Satzung entsprechend zu ergänzen. Auf den Bürgermeister der erfüllenden Gemeinde findet weder § 16 Abs. 4 GKZ noch § 13 Abs. 6 Satz 2 GKZ i. V. mit § 19 GemO Anwendung, weil die gesetzliche Funktion als Vorsitzender des gemeinsamen Ausschusses ebenso zum Inhalt seines Amts gehört wie der Vorsitz im Gemeinderat der erfüllenden Gemeinde; für die weiteren Vertreter der erfüllenden Gemeinde im gemeinsamen Ausschuss gelten die Vorschriften über ihre Entschädigung als Gemeinderäte, da sie ihre Tätigkeit im gemeinsamen Ausschuss als Gemeinderäte ausüben.
Im Verhinderungsfall wird der Bürgermeister der erfüllenden Gemeinde als Vorsitzender des gemeinsamen Ausschusses durch seinen allgemeinen Stellvertreter vertreten.

§ 61 Aufgaben der Verwaltungsgemeinschaft

(1) Der Gemeindeverwaltungsverband berät seine Mitgliedsgemeinden bei der Wahrnehmung ihrer Aufgaben. Bei Angelegenheiten, die andere Mitgliedsgemeinden berühren und eine gemeinsame Abstimmung erfordern, haben sich die Mitgliedsgemeinden der Beratung durch den Gemeindeverwaltungsverband zu bedienen.

(2) Der Gemeindeverwaltungsverband kann seinen Mitgliedsgemeinden Gemeindefachbedienstete und sonstige Bedienstete zur Wahrnehmung ihrer Aufgaben zur Verfügung stellen. Die Gemeindefachbediensteten gelten als solche der Mitgliedsgemeinden im Sinne von § 58 Abs. 1 und 2. Der Bürgermeister einer jeden Gemeinde kann die zur Verfügung gestellten Bediensteten nach § 53 Abs. 1 Satz 1 mit seiner Vertretung beauftragen.

Besondere Verwaltungsformen **GemO § 61**

(3) Der Gemeindeverwaltungsverband erledigt für seine Mitgliedsgemeinden in deren Namen die folgenden Angelegenheiten und Geschäfte der Gemeindeverwaltung nach den Beschlüssen und Anordnungen der Gemeindeorgane (Erledigungsaufgaben):
1. die technischen Angelegenheiten bei der verbindlichen Bauleitplanung und der Durchführung von Bodenordnungsmaßnahmen sowie von Maßnahmen nach dem Städtebauförderungsgesetz,
2. die Planung, Bauleitung und örtliche Bauaufsicht bei den Vorhaben des Hoch- und Tiefbaus,
3. die Unterhaltung und den Ausbau der Gewässer zweiter Ordnung,
4. die Abgaben-, Kassen- und Rechnungsgeschäfte.

Die Rechtsaufsichtsbehörde kann von Satz 1 Ausnahmen zulassen, soweit dies, insbesondere bei den Abgaben-, Kassen- und Rechnungsgeschäften, zweckmäßig ist.

(4) Der Gemeindeverwaltungsverband erfüllt an Stelle seiner Mitgliedsgemeinden in eigener Zuständigkeit die folgenden Aufgaben (Erfüllungsaufgaben):
1. die vorbereitende Bauleitplanung und
2. die Aufgaben des Trägers der Straßenbaulast für die Gemeindeverbindungsstraßen.

Die Rechtsaufsichtsbehörde kann in besonderen Fällen von Satz 1 Nr. 2 Ausnahmen zulassen.

(5) Die Mitgliedsgemeinden können einzeln oder gemeinsam weitere Aufgaben als Erledigungs- und Erfüllungsaufgaben auf den Gemeindeverwaltungsverband übertragen; dazu bedarf es der Änderung der Verbandssatzung. Erledigungs- und Erfüllungsaufgaben können auch alle Weisungsaufgaben sein, soweit Bundesrecht nicht entgegensteht.

(6) Soweit für die Wahrnehmung von Erfüllungsaufgaben bereits Zweckverbände bestehen oder öffentlich-rechtliche Vereinbarungen gelten, tritt der Gemeindeverwaltungsverband in die Rechtsstellung seiner daran beteiligten Mitgliedsgemeinden ein. § 23 Abs. 2 des Gesetzes über kommunale Zusammenarbeit gilt entsprechend.

(7) Absätze 1 bis 6 gelten entsprechend für die vereinbarte Verwaltungsgemeinschaft.

§ 61 GemO — Verfassung und Verwaltung der Gemeinde

VwV GemO zu § 61:

1. Soll von den Möglichkeiten des § 61 Abs. 2 Gebrauch gemacht werden, ist dies als Aufgabe in der Verbandssatzung oder in der Vereinbarung über die vereinbarte Verwaltungsgemeinschaft zu regeln (§ 60 Abs. 1 GemO i. V. mit § 6 Abs. 2 Nr. 2 GKZ); dabei sind auch die Haftung im Innenverhältnis bei Amtspflichtverletzungen dieser Bediensteten in Ausübung dieser Tätigkeit und das Weisungsrecht der Bürgermeister der Mitgliedsgemeinden zu regeln.
2. Bei den Erledigungsaufgaben ist der Gemeindeverwaltungsverband nur für die Erledigung der ihm durch Gesetz oder Verbandssatzung zugewiesenen Angelegenheiten und Verwaltungsgeschäfte bei der Erfüllung von Aufgaben der Mitgliedsgemeinden an Stelle der Gemeindeverwaltungen zuständig. Für die Erfüllung der betreffenden Aufgaben selbst bleiben die Mitgliedsgemeinden zuständig. Damit verbleibt ihren Organen auch die volle Sachentscheidungsbefugnis. Lediglich die Ausführung der Sachentscheidungen der Mitgliedsgemeinden, die je nach Entscheidungszuständigkeit in der Gemeinde vom Gemeinderat durch Beschlüsse und vom Bürgermeister durch Anordnungen zu treffen sind, obliegt im Rahmen seiner Erledigungszuständigkeit dem Gemeindeverwaltungsverband. Insoweit ist er aber ebenso eigenverantwortlich zuständig wie der Bürgermeister nach § 44 Abs. 1; wie sonst dieser bestimmt hier der Gemeindeverwaltungsverband die Art und Weise der Ausführung. Im Gemeindeverwaltungsverband bestimmt sich die Zuständigkeit für die Erledigungsaufgaben nach der Verbandssatzung; in der erfüllenden Gemeinde einer vereinbarten Verwaltungsgemeinschaft ist der Bürgermeister für sie zuständig, soweit nicht einzelne Entscheidungen vom Gemeinderat zu treffen sind.
   Der Gemeindeverwaltungsverband kann sich zur Durchführung seiner Erledigungsaufgaben eigener oder von einer Mitgliedsgemeinde „geliehener" Bediensteter (vgl. Nr. 6 zu § 60) und sächlicher Verwaltungsmittel bedienen; er kann sich hierzu aber auch privater Dritter bedienen. Über eine Beauftragung Dritter entscheidet er selbst; die Organe der Mitgliedsgemeinden sind auf die Sachentscheidung beschränkt.
3. Die Zuständigkeiten des Gemeindeverwaltungsverbands und der erfüllenden Gemeinde in der vereinbarten Verwaltungsgemeinschaft als Träger der vorbereitenden Bauleitplanung für den Bereich der Verwaltungsgemeinschaft, von denen keine Ausnahme erteilt werden kann, müssen in dem Sinne verfassungskonform gehandhabt werden, dass
   a) Planungen gegen den Willen einer Mitgliedsgemeinde (beteiligten Gemeinde) nur vorgenommen werden dürfen, wenn und soweit sie

durch überörtliche, raumordnerische oder landesplanerische Gesichtspunkte (Belange einer überörtlichen Abstimmung und der Entwicklung des ganzen Verwaltungsraumes, raumordnerische und landesplanerische Ziele) gerechtfertigt sind, und
b) im Übrigen den überörtlich nicht relevanten einzelgemeindlichen Planungswünschen Rechnung zu tragen ist.
4. Zusätzlich zu den Mindestaufgaben nach § 61 Abs. 3 und 4 obliegen den Verwaltungsgemeinschaften, die Anspruch auf Zuweisungen nach § 34b Abs. 1 des Gesetzes über den kommunalen Finanzausgleich in der bis zum 1. April 1972 geltenden Fassung (FAG 1970 a. F.) hatten oder noch haben, für die ihnen angehörenden Gemeinden mit weniger als 2000 Einwohnern auch diejenigen Aufgaben als gesetzliche Aufgaben, die sie für diese Gemeinden nach der am 1. Januar 1975 geltenden Verbandssatzung oder Vereinbarung wahrzunehmen hatten; das Gleiche gilt für die Verwaltungsgemeinschaften, die aus einer Umbildung solcher Verwaltungsgemeinschaften durch das Besondere Gemeindereformgesetz hervorgegangen sind (§ 16 AllGemRefG).

§ 62 Auflösung der Verwaltungsgemeinschaft und Ausscheiden beteiligter Gemeinden

(1) Verwaltungsgemeinschaften können aus Gründen des öffentlichen Wohls aufgelöst werden. Die Auflösung bedarf einer Rechtsverordnung des Innenministeriums, wenn alle beteiligten Gemeinden, bei einem Gemeindeverwaltungsverband auch dieser, zustimmen. Gegen den Willen eines der Beteiligten kann die Auflösung nur durch Gesetz nach Anhörung der Beteiligten erfolgen. Das Gleiche gilt für das Ausscheiden von Gemeinden aus einer Verwaltungsgemeinschaft. § 8 bleibt unberührt.

(2) Im Fall der Auflösung einer Verwaltungsgemeinschaft oder des Ausscheidens einer beteiligten Gemeinde regeln die Beteiligten die dadurch erforderliche Auseinandersetzung durch Vereinbarung. Diese bedarf der Genehmigung der Rechtsaufsichtsbehörde. Kommt eine Vereinbarung nicht zu Stande, trifft die Rechtsaufsichtsbehörde auf Antrag eines Beteiligten nach Anhörung der Beteiligten die im Interesse des öffentlichen Wohls erforderlichen Bestimmungen. § 9 Abs. 5 gilt entsprechend.

§ 63 GemO

VwV GemO zu § 62:

Ein Wechsel der Organisationsform einer Verwaltungsgemeinschaft ist nur im Wege der Auflösung der bisherigen Verwaltungsgemeinschaft nach § 62 Abs. 1 und der Neubildung einer Verwaltungsgemeinschaft in der anderen Organisationsform möglich.

2. Bürgermeister in mehreren Gemeinden

§ 63

Benachbarte kreisangehörige Gemeinden können dieselbe Person zum Bürgermeister wählen. Die Wahl des Bürgermeisters ist in jeder Gemeinde getrennt durchzuführen. Die Amtszeit bestimmt sich für jede Gemeinde nach den hierfür geltenden Vorschriften.

DVO GemO zu § 63:

§ 12 Verteilung des Aufwands für Bürgermeister in mehreren Gemeinden

Die Verteilung des persönlichen Aufwands für Bürgermeister in mehreren Gemeinden ist von den beteiligten Gemeinden durch Vereinbarung zu regeln. Kommt eine Einigung nicht zu Stande, ist der Aufwand anteilmäßig im Verhältnis der Einwohnerzahlen von den einzelnen Gemeinden zu tragen.

VwV GemO zu § 63:

1. Die Vorschrift enthält keine die Wählbarkeit nach § 46 Abs. 1 betreffende Sonderregelung, sondern beschränkt nur die Zulässigkeit der nach § 40 Abs. 4 Satz 2 LBG erforderlichen Anordnung auf die Übernahme des Amts des Bürgermeisters in benachbarten kreisangehörigen Gemeinden. Für die Übernahme dieses Amts in anderen als benachbarten kreisangehörigen Gemeinden ist diese Anordnung ausgeschlossen. Die Wahl ist in jeder der beteiligten Gemeinden als eigenständige Bürgermeisterwahl durchzuführen. Dementsprechend bestimmt sich auch für jede Gemeinde getrennt, ob die Stelle des Bürgermeisters hauptamtlich zu besetzen ist oder ob er Ehrenbeamter ist.
2. Durch die Wahl zum Bürgermeister in mehreren Gemeinden werden mehrere Beamtenverhältnisse begründet; sie können jedoch nebeneinander nur Bestand haben, wenn die nach § 134 Nr. 4 LBG zuständige

Besondere Verwaltungsformen **GemO §§ 64, 65**

Rechtsaufsichtsbehörde eine entsprechende Anordnung nach § 40 Abs. 4 Satz 2 LBG getroffen hat. Die Besoldung des hauptamtlichen Bürgermeisters in mehreren Gemeinden richtet sich nach § 4 der Landeskommunalbesoldungsverordnung; § 5 BBesG ist nicht anwendbar.

3. Bezirksverfassung

§ 64 Gemeindebezirk

(1) Durch die Hauptsatzung können in Stadtkreisen und Großen Kreisstädten und in Gemeinden mit räumlich getrennten Ortsteilen Gemeindebezirke (Stadtbezirke) eingerichtet werden. Mehrere benachbarte Ortsteile können zu einem Gemeindebezirk zusammengefasst werden.

(2) In den Gemeindebezirken können Bezirksbeiräte gebildet werden.

(3) In den Gemeindebezirken kann eine örtliche Verwaltung eingerichtet werden.

§ 65 Bezirksbeirat

(1) Die Mitglieder des Bezirksbeirats (Bezirksbeiräte) werden vom Gemeinderat aus dem Kreis der im Gemeindebezirk wohnenden wählbaren Bürger nach jeder regelmäßigen Wahl der Gemeinderäte bestellt. Die Zahl der Bezirksbeiräte wird durch die Hauptsatzung bestimmt. Bei der Bestellung der Bezirksbeiräte soll das von dem im Gemeinderat vertretenen Parteien und Wählvereinigungen bei der letzten regelmäßigen Wahl der Gemeinderäte im Gemeindebezirk erzielte Wahlergebnis berücksichtigt werden; bei unechter Teilortswahl ist das Wahlergebnis für die Besetzung der Sitze aller Wohnbezirke zu Grunde zu legen. In die Bezirksbeiräte können durch den Gemeinderat sachkundige Einwohner widerruflich als beratende Mitglieder berufen werden; ihre Zahl darf die der Mitglieder in den einzelnen Bezirksbeiräten nicht erreichen; sie sind ehrenamtlich tätig.

(2) Der Bezirksbeirat ist zu wichtigen Angelegenheiten, die den Gemeindebezirk betreffen, zu hören. Der Bezirksbeirat hat ferner die Aufgabe, die örtliche Verwaltung des Gemeindebezirks in allen wichtigen Angelegenheiten zu beraten. Sofern in den Ausschüssen des Gemeinderats wichtige Angelegenheiten, die den Gemeindebezirk betreffen, auf der Tagesordnung stehen, kann der Bezirksbeirat eines seiner Mitglieder zu den Ausschusssitzungen entsenden. Das ent-

§§ 66, 67 GemO   Verfassung und Verwaltung der Gemeinde

sandte Mitglied nimmt an den Ausschusssitzungen mit beratender Stimme teil. Der Termin, an dem sich der Ausschuss des Gemeinderats mit der Angelegenheit befasst, ist dem Bezirksbeirat über dessen Vorsitzenden rechtzeitig bekannt zu geben.

(3) Vorsitzender des Bezirksbeirats ist der Bürgermeister oder ein von ihm Beauftragter. Innerhalb eines Jahres sind mindestens drei Sitzungen des Bezirksbeirats durchzuführen. Im Übrigen finden auf den Geschäftsgang die für beratende Ausschüsse geltenden Vorschriften entsprechende Anwendung.

(4) In Gemeinden mit mehr als 100 000 Einwohnern kann der Gemeinderat durch die Hauptsatzung bestimmen, dass die Bezirksbeiräte nach den für die Wahl der Gemeinderäte geltenden Vorschriften gewählt werden. In diesem Fall werden für die Gemeindebezirke Bezirksvorsteher gewählt; die Vorschriften über die Ortschaftsverfassung, den Ortschaftsrat, die Ortschaftsräte und den Ortsvorsteher gelten entsprechend. Die Entscheidung über den Haushaltsplan bleibt dem Gemeinderat vorbehalten.

§ 66   Aufhebung der Bezirksverfassung

Für die Aufhebung der Bezirksverfassung gilt § 73 entsprechend.

4.   Ortschaftsverfassung

§ 67   Einführung der Ortschaftsverfassung

In Gemeinden mit räumlich getrennten Ortsteilen kann die Ortschaftsverfassung eingeführt werden. Für die Ortschaftsverfassung gelten die §§ 68 bis 73.

VwV GemO zu § 67:

1. Zur Ortschaftsverfassung allgemein wird auf den Erlass des Innenministeriums zur Ortschaftsverfassung vom 12. Mai 1978 (GABl. S. 465) verwiesen.
2. Die Ortschaftsverfassung soll nur für Ortsteile mit einer nach der Bevölkerungszahl ausreichenden Tragfähigkeit und mit einem erkennbaren örtlichen Eigenleben eingerichtet werden. Die Ortschaftsverfassung

Besondere Verwaltungsformen **GemO § 68**

schließt die Beibehaltung oder Bildung von Gemeindebezirken (§§ 64 bis 66) für andere Ortsteile nicht aus.
3. Die Ortschaftsverfassung wird durch die Hauptsatzung mit der Einrichtung von Ortschaften eingeführt. Ist bei einem Gemeindezusammenschluss in der Vereinbarung nach § 8 Abs. 2 die Einführung und Ausgestaltung der Ortschaftsverfassung festgelegt, hat dies lediglich verpflichtenden Charakter; die Vereinbarung bedarf insofern des Vollzugs durch die Hauptsatzung, bezüglich der Einrichtung einer örtlichen Verwaltung des Vollzugs durch den hierfür kraft seines Organisationsrechts nach § 44 Abs. 1 Satz 2 zuständigen Bürgermeister.

§ 68 Ortschaften

(1) Durch die Hauptsatzung werden Ortschaften eingerichtet. Mehrere benachbarte Ortsteile können zu einer Ortschaft zusammengefasst werden.

(2) In den Ortschaften werden Ortschaftsräte gebildet.

(3) Für die Ortschaften werden Ortsvorsteher bestellt.

(4) In den Ortschaften kann eine örtliche Verwaltung eingerichtet werden.

VwV GemO zu § 68:

1. Der räumliche Bereich der Ortschaften ist in der Hauptsatzung durch die genaue Bezeichnung der Ortsteile und evtl. der weiter umfassten Gebietsteile der Gemeinde festzulegen.
2. Die Ortschaft hat keine Rechtspersönlichkeit, sondern ist nur ein Verwaltungsbezirk der Gemeinde mit der Besonderheit einer eigenen bürgerschaftlichen Organisation in Form eines Ortschaftrats und eines Ortsvorstehers. Ortschaften kann daher nicht das Recht zum Führen eines eigenen Wappens und einer eigenen Flagge verliehen werden. Örtliche Verwaltungen führen als Dienstsiegel das Gemeindesiegel. In der Umschrift ist eine Zusatzbezeichnung wie z.B. „Örtliche Verwaltung ..." möglich.
3. Die Einrichtung, Ausgestaltung und Aufhebung einer örtlichen Verwaltung obliegt dem Bürgermeister im Rahmen seines Organisationsrechts nach § 44 Abs. 1 Satz 2. Die örtliche Verwaltung ist ein unselbständiger Teil der Gemeindeverwaltung.

§ 69 GemO Verfassung und Verwaltung der Gemeinde

§ 69 Ortschaftsrat

(1) Die Mitglieder des Ortschaftsrats (Ortschaftsräte) werden nach den für die Wahl der Gemeinderäte geltenden Vorschriften gewählt. Wird eine Ortschaft während der laufenden Amtszeit der Gemeinderäte neu eingerichtet, werden die Ortschaftsräte erstmals nach der Einrichtung der Ortschaft für die Dauer der restlichen Amtszeit der Gemeinderäte, im Übrigen gleichzeitig mit den Gemeinderäten gewählt. Wahlgebiet ist die Ortschaft. Wahlberechtigt sind die in der Ortschaft wohnenden Bürger. Wählbar sind in der Ortschaft wohnende Bürger, die das 18. Lebensjahr vollendet haben. Im Fall einer Eingemeindung kann in der Hauptsatzung bestimmt werden, dass erstmals nach Einrichtung der Ortschaft die bisherigen Gemeinderäte der eingegliederten Gemeinde die Ortschaftsräte sind; scheidet ein Ortschaftsrat vorzeitig aus, gilt § 31 Abs. 2 entsprechend.

(2) Die Zahl der Ortschaftsräte wird durch die Hauptsatzung bestimmt. Ihre Amtszeit richtet sich nach der der Gemeinderäte. § 25 Abs. 2 Satz 3 gilt entsprechend.

(3) Vorsitzender des Ortschaftsrats ist der Ortsvorsteher.

(4) Nimmt der Bürgermeister an der Sitzung des Ortschaftsrats teil, ist ihm vom Vorsitzenden auf Verlangen jederzeit das Wort zu erteilen. Gemeinderäte, die in der Ortschaft wohnen und nicht Ortschaftsräte sind, können an den Verhandlungen des Ortschaftsrats mit beratender Stimme teilnehmen. In Gemeinden mit unechter Teilortswahl können die als Vertreter eines Wohnbezirks gewählten Gemeinderäte an den Verhandlungen des Ortschaftsrats der Ortschaften im Wohnbezirk mit beratender Stimme teilnehmen.

VwV GemO zu § 69:

1. Durch die Hauptsatzung kann auch für die Wahl der Ortschaftsräte die unechte Teilortswahl nach § 72 i. V. mit § 27 Abs. 2 eingeführt werden, wenn die Ortschaft aus mehreren räumlich getrennten Ortsteilen besteht.
2. Die Zahl der Ortschaftsräte ist in der Hauptsatzung zu bestimmen; dabei ist zu beachten, dass der aus der Mitte des Ortschaftsrats gewählte Ortsvorsteher auch weiterhin Ortschaftsrat ist.
   Der Ortsvorsteher hat nur Stimmrecht, wenn er Mitglied des Ortschaftsrats ist oder auf Grund von § 2 des Zweiten Stärkungsgesetzes (s. Nr. 5 zu § 71) bestellt wurde.

Besondere Verwaltungsformen **GemO § 69**

3. Ortschaftsräte sind ehrenamtlich tätig; die Vorschriften über ehrenamtliche Tätigkeit (§§ 15 bis 19) finden auch auf sie Anwendung. Nach § 72 findet § 29 auch auf Ortschaftsräte entsprechende Anwendung; Beamte und Angestellte der Gemeinde, ausgenommen Ehrenbeamte sowie die bei örtlichen Verwaltungen anderer Ortschaften der Gemeinde tätigen sonstigen Gemeindebediensteten, können somit nicht Ortschaftsräte sein. Dagegen können Gemeinderäte gleichzeitig Ortschaftsräte sein (§ 69 Abs. 4 Satz 2). Die Hinderungsgründe des § 29 Abs. 2 und 3 betreffen die Beziehungen der Ortschaftsräte untereinander, nicht dagegen zu den Gemeinderäten. Für die Anwendung des § 29 Abs. 2 Satz 1 auf Ortschaftsräte kommt es auf die Einwohnerzahl der Ortschaft an. § 29 Abs. 4 findet auf Ortschaftsräte entsprechende Anwendung, die in einem ein Hindernis begründenden Verhältnis nach § 29 Abs. 2 zu dem Ortsvorsteher nach § 71 Abs. 1 oder 2 oder dem als Ortsvorsteher weiter verwendeten früheren Bürgermeister stehen. Entsteht ein ein Hindernis begründendes Verhältnis nach § 29 Abs. 2 im Laufe der Amtszeit zu dem Ortsvorsteher nach § 71 Abs. 1, gilt auch hier § 29 Abs. 4 Satz 2 entsprechend; auch wenn dieser Ortsvorsteher zugleich Ortschaftsrat ist, geht in diesem Fall die Bestimmung des § 29 Abs. 4 Satz 2 der Vorschrift des § 31 Abs. 1 Satz 2 vor. Die Feststellung nach dem gemäß § 72 entsprechend anzuwendenden § 29 Abs. 5 trifft der Ortschaftsrat.
4. Dem Bürgermeister, der teilnahmeberechtigt an den Sitzungen des Ortschaftsrats ist, muss zwar auf Verlangen jederzeit das Wort erteilt werden; er hat im Ortschaftsrat aber kein Stimmrecht. Dem allgemeinen Stellvertreter des Bürgermeisters nach § 48 bzw. § 49 stehen im Verhinderungsfall die gleichen Rechte im Ortschaftsrat zu.
Das Recht zur Teilnahme an den Sitzungen der Ortschaftsräte nach § 69 Abs. 4 Satz 3 haben auch Gemeinderäte, die einen Ausgleichsitz (§ 25 Abs. 2 Satz 7, § 26 Abs. 2 Satz 4 KomWG) innehaben. Gemeinderäte, die nach § 69 Abs. 4 an nichtöffentlichen Sitzungen des Ortschaftsrats teilnehmen, unterliegen der Schweigepflicht nach § 35 Abs. 2 in gleichem Maße wie die Ortschaftsräte. Dies gilt jedoch nicht für die Unterrichtung des Gemeinderats über Gegenstand, Gang und Ergebnis der nichtöffentlichen Sitzung des Ortschaftsrats in Angelegenheiten, für die der Gemeinderat zuständig ist; diese Unterrichtung darf allerdings nur in einer nichtöffentlichen Sitzung erfolgen.

§ 70 GemO   Verfassung und Verwaltung der Gemeinde

§ 70   Aufgaben des Ortschaftsrats

(1) Der Ortschaftsrat hat die örtliche Verwaltung zu beraten. Er ist zu wichtigen Angelegenheiten, die die Ortschaft betreffen, zu hören. Er hat ein Vorschlagsrecht in allen Angelegenheiten, die die Ortschaft betreffen.

(2) Der Gemeinderat kann durch die Hauptsatzung dem Ortschaftsrat bestimmte Angelegenheiten, die die Ortschaft betreffen, zur Entscheidung übertragen. Dies gilt nicht für vorlage- und genehmigungspflichtige Beschlüsse und für die in § 39 Abs. 2 genannten Angelegenheiten.

VwV GemO zu § 70:

1. Wichtige Angelegenheiten im Sinne von § 70 Abs. 1 Satz 2 sind nur solche Angelegenheiten, die für die Ortschaft von besonderer Bedeutung sind, z. B. die Veranschlagung der Haushaltsmittel für wichtige Maßnahmen in der Ortschaft; die Ausgestaltung, wesentliche Änderung und Aufhebung der örtlichen Verwaltung; die Aufstellung, wesentliche Änderung und Aufhebung von Bauleitplänen. Die zuständigen Gemeindeorgane sind nicht gehindert, den Kreis der Anhörungsgegenstände über den Rahmen der gesetzlichen Anhörungspflicht hinaus zu erweitern. Die Verletzung des gesetzlichen Anhörungsrechts des Ortschaftsrats hat die Rechtswidrigkeit der ohne Anhörung getroffenen Entscheidung zur Folge. Das Anhörungsrecht ist gewahrt, wenn dem Ortschaftsrat Gelegenheit zur Stellungnahme binnen einer bestimmten Frist gegeben wurde.
   Für die Sitzungen des Ortschaftsrats gelten nach § 72 die für den Gemeinderat maßgebenden Vorschriften entsprechend; die Frage der Öffentlichkeit oder Nichtöffentlichkeit seiner Sitzungen bestimmt sich somit ausschließlich nach § 35 Abs. 1, auch wenn noch nichtöffentliche Vorberatungen durch Ausschüsse des Gemeinderats nachfolgen.
2. Durch die Hauptsatzung kann der Gemeinderat dem Ortschaftsrat die Entscheidungsbefugnis über bestimmte, die Ortschaft betreffende Angelegenheiten übertragen, soweit sie nicht in die ausschließliche Entscheidungsbefugnis des Gemeinderats fallen (§ 39 Abs. 2) oder die Beschlüsse vorlage- oder genehmigungspflichtig sind. Hierfür können nur solche Angelegenheiten in Betracht kommen, die ausschließlich die Ortschaft betreffen, deren dezentrale Wahrnehmung also keine wesentlichen Bezüge zur Gesamtgemeinde aufweisen. Werden dem Ort-

schaftsrat Entscheidungszuständigkeiten übertragen, sollen im Haushaltsplan entsprechende Mittel veranschlagt werden. Angelegenheiten aus dem gesetzlichen Zuständigkeitsbereich des Bürgermeisters nach § 44 können auf den Ortschaftsrat nicht übertragen werden.
3. Für Angelegenheiten, die dem Ortschaftsrat zur Entscheidung übertragen sind, kann sich der Gemeinderat kein Weisungsrecht vorbehalten. Durch die Übertragung von Entscheidungszuständigkeiten wird der Ortschaftsrat nicht zum beschließenden Ausschuss des Gemeinderats.

§ 71 Ortsvorsteher

(1) Der Ortsvorsteher und ein oder mehrere Stellvertreter werden nach der Wahl der Ortschaftsräte (§ 69 Abs. 1) vom Gemeinderat auf Vorschlag des Ortschaftsrats aus dem Kreis der zum Ortschaftsrat wählbaren Bürger, die Stellvertreter aus der Mitte des Ortschaftsrats gewählt. Der Gemeinderat kann mit einer Mehrheit von zwei Dritteln der Stimmen aller Mitglieder beschließen, dass weitere Bewerber aus der Mitte des Ortschaftsrats in die Wahl einbezogen werden; in diesem Fall ist der Ortschaftsrat vor der Wahl anzuhören. Der Ortsvorsteher ist zum Ehrenbeamten auf Zeit zu ernennen. Seine Amtszeit endet mit der der Ortschaftsräte. Er ist zu verabschieden, wenn er die Wählbarkeit verliert. Bis zur Ernennung des gewählten Ortsvorstehers nimmt das an Lebensjahren älteste Mitglied des Ortschaftsrats die Aufgaben des Ortsvorstehers wahr, wenn nicht der Ortsvorsteher nach Freiwerden seiner Stelle die Geschäfte in entsprechender Anwendung des § 42 Abs. 5 weiterführt.

(2) Für Ortschaften mit einer örtlichen Verwaltung kann die Hauptsatzung bestimmen, dass ein Gemeindebeamter vom Gemeinderat im Einvernehmen mit dem Ortschaftsrat für die Dauer der Amtszeit der Ortschaftsräte zum Ortsvorsteher bestellt wird.

(3) Der Ortsvorsteher vertritt den Bürgermeister, in Gemeinden mit Beigeordneten auch den Beigeordneten ständig bei dem Vollzug der Beschlüsse des Ortschaftsrats und bei der Leitung der örtlichen Verwaltung. Der Bürgermeister und die Beigeordneten können dem Ortsvorsteher allgemein oder im Einzelfall Weisungen erteilen, soweit er sie vertritt. Der Bürgermeister kann dem Ortsvorsteher ferner in den Fällen des § 43 Abs. 2 und 4 Weisungen erteilen.

(4) Ortsvorsteher können an den Verhandlungen des Gemeinderats und seiner Ausschüsse mit beratender Stimme teilnehmen.

§ 71 GemO

Verfassung und Verwaltung der Gemeinde

VwV GemO zu § 71:

1. Über den Vorschlag des Ortschaftsrats nach § 71 Abs. 1 Satz 1 ist durch Wahl zu beschließen. Wird dagegen der Ortschaftsrat zu einer Ergänzung seines Vorschlags durch den Gemeinderat angehört (§ 71 Abs. 1 Satz 2), so ist über die Stellungnahme nach den Regelungen über die Abstimmung zu beschließen; nur wenn der Ortschaftsrat sich in diesem Verfahren entschließt, einen neuen Vorschlag einzubringen, finden die Vorschriften über die Wahl Anwendung. Bei der Wahl sind die in Betracht kommenden Bewerber aus der Mitte des Ortschaftsrats nicht befangen, da über eine ehrenamtliche Tätigkeit zu entscheiden ist (§ 18 Abs. 3 Satz 2). Das Gleiche gilt für die Wahl der Stellvertreter des Ortsvorstehers.
2. Ehrenamtliche Ortsvorsteher sind im Rahmen des § 19 GemO i. V. mit § 29 AufwEntG zu entschädigen (s. Nr. 4 zu § 19).
3. Der ehrenamtliche Ortsvorsteher nach § 71 Abs. 1 kann gleichzeitig Gemeinderat sein. Auf Ortsvorsteher, die nach § 71 Abs. 4 an den Verhandlungen des Gemeinderats und seiner Ausschüsse mit beratender Stimme teilnehmen, findet § 29 Abs. 2 und 3 keine entsprechende Anwendung, so dass Gemeinderäte, die mit ihnen in einem die Befangenheit begründenden Verhältnis nach § 18 Abs. 1 Nr. 1 bis 3 stehen, weiterhin Gemeinderäte sein können. Bei Teilnahme an nichtöffentlichen Sitzungen des Gemeinderats unterliegen die Ortsvorsteher dem Verschwiegenheitsgebot nach § 35 Abs. 2 wie die Gemeinderäte; in demselben Umfang wie diese sind sie auch bei Teilnahme an nichtöffentlichen vorberatenden Sitzungen von Ausschüssen des Gemeinderats zur Verschwiegenheit verpflichtet (vgl. Nr. 4 zu §§ 39 bis 41). Die Verschwiegenheitspflicht gilt jedoch nicht für die Unterrichtung des Ortschaftsrats über Gegenstand, Gang und Ergebnis der nichtöffentlichen Sitzung des Gemeinderats oder eines Ausschusses in Angelegenheiten, bei denen der Ortschaftsrat nach § 70 Abs. 1 beteiligt ist; diese Unterrichtung darf allerdings nur in einer nichtöffentlichen Sitzung erfolgen.
4. § 2 Abs. 1 des Zweiten Gesetzes zur Stärkung der Verwaltungskraft der Gemeinden vom 28. Juli 1970 (GBl. S. 419) in der Fassung nach § 20 AllGemRefG enthält eine Sonderregelung für die Bestellung des Ortsvorstehers, wenn bei einem Gemeindezusammenschluss Ortschaften mit einer örtlichen Verwaltung eingerichtet wurden. In diesem Fall konnte in der Vereinbarung nach § 8 Abs. 2 bestimmt werden, dass dem bisherigen Bürgermeister bis zum Ablauf der Amtszeit der erstmaligen Ortschaftsräte, bei einer längeren Amtszeit des bisherigen

Bürgermeisters bis zu deren Ablauf, das Amt des Ortsvorstehers übertragen wird. Als Ortsvorsteher verwendete Bürgermeister können unter Wahrung ihres Besitzstands jeweils nach Ablauf ihrer Amtszeit als Ortsvorsteher vom Gemeinderat nach Anhörung des Ortschaftsrats erneut zum Ortsvorsteher gewählt werden. Ihre Amtszeit richtet sich in diesem Fall jeweils nach der Amtszeit der Ortschaftsräte. Solche Ortsvorsteher können im Anschluss an die Verwendung als Ortsvorsteher in ein Beamtenverhältnis auf Zeit nach § 135 LBG berufen werden (§ 2 Abs. 3 Satz 2 des Zweiten Stärkungsgesetzes).
5. Im Falle des § 71 Abs. 2 wird dem Gemeindebeamten lediglich die Funktion des Ortsvorstehers übertragen. Er bleibt beamten- und besoldungsrechtlich in seiner Rechtsstellung. Die Übertragung der Funktionen des Ortsvorstehers auf einen Gemeindebeamten kann daher nur auf der Grundlage einer vorhandenen Stelle erfolgen. Auf die Ortsvorsteher nach § 71 Abs. 2 findet § 46 Abs. 3 keine Anwendung. Bürgermeister und Beigeordnete können nicht Ortsvorsteher sein. In der Hauptsatzung muss geregelt werden, in welcher Ortschaft ein Gemeindebeamter zum Ortsvorsteher bestellt werden soll.

Die Funktion des Ortsvorstehers kann nach § 71 Abs. 2 nicht nur hauptamtlichen Lebenszeitbeamten und Zeitbeamten nach § 135 LBG übertragen werden, sondern auch früheren hauptamtlichen Bürgermeistern, die nach § 2 des Zweiten Stärkungsgesetzes als Ortsvorsteher weiter verwendet worden sind; letzteren kann danach die Funktion des Ortsvorstehers auch für weitere Ortschaften übertragen werden. Unzulässig ist es, ein Ehrenbeamtenverhältnis oder ein Widerrufsbeamtenverhältnis als Grundlage für die Bestellung zum Ortsvorsteher nach § 71 Abs. 2 zu verwenden, weil einerseits § 71 Abs. 1 das Amt des Ortsvorstehers als Ehrenbeamter abschließend regelt und andererseits die auf Dauer angelegte Tätigkeit des Ortsvorstehers ein Widerrufsbeamtenverhältnis ausschließt.

§ 10 der Stellenobergrenzenverordnung enthält für die Ortsvorsteher nach § 71 Abs. 2 für die Stellenobergrenzen eine Sonderregelung; vgl. dazu Nummer 3.2.4 des Stellenerlasses des Innenministeriums vom 22. Juni 1983 (GABl. S. 773).
6. Aus der Stellvertretung des Bürgermeisters in der Leitung der örtlichen Verwaltung erwächst dem Ortsvorsteher keine Sachentscheidungszuständigkeit: als ständiger stellvertretender Leiter der örtlichen Verwaltung ist er lediglich für die sachgemäße Erledigung der Aufgaben der örtlichen Verwaltung und für den ordnungsmäßen Ablauf der Verwaltung verantwortlich sowie für die Regelung ihrer inneren Organisation zuständig (§ 44 Abs. 1 Satz 2). Der Bürgermeister kann jedoch den

Ortsvorsteher als Beamten der Gemeinde nach § 53 Abs. 1 Satz 1 mit seiner Vertretung auf bestimmten Aufgabengebieten oder in einzelnen Angelegenheiten seines Zuständigkeitsbereichs nach § 44 Abs. 2 und 3 beauftragen und dadurch mit Sachentscheidungsbefugnissen ausstatten. Diese Beauftragung wird sich regelmäßig auf Angelegenheiten, die die Ortschaft betreffen, beschränken, insbesondere auf Geschäfte in der örtlichen Verwaltung; sie kann aber auch Aufgabengebiete oder einzelne Angelegenheiten für die ganze Gemeinde zum Gegenstand haben; bei ehrenamtlichen Ortsvorstehern wird die Beauftragungsmöglichkeit jedoch durch die Natur des Beamtenverhältnisses eingeschränkt.

§ 72 Anwendung von Rechtsvorschriften

Soweit in den §§ 67 bis 71 nichts Abweichendes bestimmt ist, finden die Vorschriften des 2. und 3. Abschnitts des Zweiten Teils und § 126 auf den Ortschaftsrat und den Ortsvorsteher entsprechende Anwendung mit folgenden Maßgaben:
1. § 33a findet keine Anwendung;
2. bei Beschlussfassungen nach § 37 hat der Ortsvorsteher, der nicht Mitglied des Ortschaftsrats ist, im Ortschaftsrat kein Stimmrecht;
3. die Altersgrenzen nach § 46 Abs. 1 bestehen nicht für Ortsvorsteher;
4. die Hinderungsgründe nach § 46 Abs. 3 gelten nur für leitende Bedienstete und
5. das Verbot eines weiteren Beschäftigungsverhältnisses nach § 46 Abs. 4 gilt nicht für Ortsvorsteher nach § 71 Abs. 1.

§ 20 Absatz 3 findet für Fraktionen des Ortschaftsrats Anwendung, soweit dies der Gemeinderat bestimmt hat.

§ 73 Aufhebung der Ortschaftsverfassung

(1) Die Ortschaftsverfassung kann durch Änderung der Hauptsatzung zur nächsten regelmäßigen Wahl der Gemeinderäte aufgehoben werden.

(2) Ist die Ortschaftsverfassung auf Grund einer Vereinbarung nach § 8 Abs. 2 und § 9 Abs. 4 für eine bestimmte Zeit eingeführt worden, ohne dass die vereinbarte Befristung in die Hauptsatzung übernom-

Besondere Verwaltungsformen **GemO §§ 74–76**

men wurde, bedarf die Aufhebung der Ortschaftsverfassung einer Änderung der Hauptsatzung.

(3) Ist die Ortschaftsverfassung auf Grund einer Vereinbarung nach § 8 Abs. 2 und § 9 Abs. 4 auf unbestimmte Zeit eingeführt worden, kann sie durch Änderung der Hauptsatzung mit Zustimmung des Ortschaftsrats aufgehoben werden, frühestens jedoch zur übernächsten regelmäßigen Wahl der Gemeinderäte nach Einführung der Ortschaftsverfassung. Der Beschluss des Ortschaftsrats bedarf der Mehrheit der Stimmen aller Mitglieder.

VwV GemO zu § 73:

1. Ist die Ortschaftsverfassung durch die Hauptsatzung auf eine bestimmte Zeit eingeführt worden, entfällt sie mit Zeitablauf. Die Hauptsatzung ist nur zu berichtigen.
2. Ist die zeitliche Beschränkung der Ortschaftsverfassung bei einem Gemeindezusammenschluss in der Vereinbarung nach § 8 Abs. 2 oder § 9 Abs. 4 festgelegt, aber nicht in die Hauptsatzung aufgenommen worden, kann die Ortschaftsverfassung nur durch eine entsprechende Änderung der Hauptsatzung aufgehoben werden. Diese Änderung bedarf nicht der Zustimmung des Ortschaftsrats nach § 73 Satz 1; der Ortschaftsrat ist jedoch vor der Entscheidung über diese Änderung nach § 70 Abs. 1 Satz 2 anzuhören.
3. Ist die Ortschaftsverfassung auf Grund einer Vereinbarung nach § 8 Abs. 2 oder § 9 Abs. 4 auf unbestimmte Zeit eingeführt worden, genügt zur Aufhebung zwar ebenfalls die Änderung der Hauptsatzung, diese bedarf jedoch der Zustimmung des Ortschaftsrats. Die Entscheidung des Gemeinderats über die Aufhebung kann in diesem Fall wegen des Erfordernisses der Zustimmung des Ortschaftsrats nicht durch einen Bürgerentscheid ersetzt werden (vgl. § 21 Abs. 1 Satz 2 Nr. 5), weshalb auch kein Bürgerbegehren zulässig ist.

§§ 74 bis 76 *(entfallen)*

Dritter Teil: Gemeindewirtschaft

1. Abschnitt: Haushaltswirtschaft

§ 77 Allgemeine Haushaltsgrundsätze*

(1) Die Gemeinde hat ihre Haushaltswirtschaft so zu planen und zu führen, dass die stetige Erfüllung ihrer Aufgaben gesichert ist. Dabei ist den Erfordernissen des gesamtwirtschaftlichen Gleichgewichts grundsätzlich Rechnung zu tragen.

(2) Die Haushaltswirtschaft ist sparsam und wirtschaftlich zu führen.

(3) Die Gemeinde hat Bücher zu führen, in denen nach Maßgabe dieses Gesetzes und nach den Grundsätzen ordnungsmäßiger Buchführung unter Berücksichtigung der besonderen gemeindehaushaltsrechtlichen Bestimmungen die Verwaltungsvorfälle und die Vermögens-, Ertrags- und Finanzlage in der Form der doppelten Buchführung (Kommunale Doppik) ersichtlich zu machen sind.

§ 78 Grundsätze der Erzielung von Erträgen und Einzahlungen*

(1) Die Gemeinde erhebt Abgaben nach den gesetzlichen Vorschriften.

(2) Die Gemeinde hat die zur Erfüllung ihrer Aufgaben erforderlichen Erträge und Einzahlungen
1. soweit vertretbar und geboten aus Entgelten für ihre Leistungen,
2. im Übrigen aus Steuern

zu beschaffen, soweit die sonstigen Erträge und Einzahlungen nicht ausreichen. Sie hat dabei auf die wirtschaftlichen Kräfte ihrer Abgabenpflichtigen Rücksicht zu nehmen.

(3) Die Gemeinde darf Kredite nur aufnehmen, wenn eine andere Finanzierung nicht möglich ist oder wirtschaftlich unzweckmäßig wäre.

(4) Die Gemeinde darf zur Erfüllung ihrer Aufgaben nach § 1 Abs. 2 Spenden, Schenkungen und ähnliche Zuwendungen einwerben und annehmen oder an Dritte vermitteln, die sich an der Erfüllung von Aufgaben nach § 1 Abs. 2 beteiligen. Die Einwerbung und die Entgegennahme des Angebots einer Zuwendung obliegen ausschließlich

---

* Anm. des Bearbeiters: Zur vorläufigen Fortgeltung der bisherigen Fassung s. S. 214 ff.

dem Bürgermeister sowie den Beigeordneten. Über die Annahme oder Vermittlung entscheidet der Gemeinderat. Die Gemeinde erstellt jährlich einen Bericht, in welchem die Geber, die Zuwendungen und die Zuwendungszwecke anzugeben sind, und übersendet ihn der Rechtsaufsichtsbehörde.

§ 79 Haushaltssatzung[*]

(1) Die Gemeinde hat für jedes Haushaltsjahr eine Haushaltssatzung zu erlassen. Die Haushaltssatzung kann für zwei Haushaltsjahre, nach Jahren getrennt, erlassen werden.

(2) Die Haushaltssatzung enthält die Festsetzung
1. des Ergebnishaushalts unter Angabe des Gesamtbetrags
    a) der ordentlichen Erträge und Aufwendungen und deren Saldo als veranschlagtes ordentliches Ergebnis,
    b) der außerordentlichen Erträge und Aufwendungen und deren Saldo als veranschlagtes Sonderergebnis,
    c) des veranschlagten ordentlichen Ergebnisses und des veranschlagten Sonderergebnisses als veranschlagtes Gesamtergebnis,
2. des Finanzhaushalts unter Angabe des Gesamtbetrags
    a) der Einzahlungen und Auszahlungen aus laufender Verwaltungstätigkeit sowie deren Saldo als Zahlungsmittelüberschuss oder -bedarf des Ergebnishaushalts,
    b) der Einzahlungen und Auszahlungen aus Investitionstätigkeit und deren Saldo,
    c) aus den Salden nach Buchstaben a und b als Finanzierungsmittelüberschuss oder -bedarf,
    d) der Einzahlungen und Auszahlungen aus Finanzierungstätigkeit und deren Saldo,
    e) aus den Salden nach Buchstaben c und d als Saldo des Finanzhaushalts,
3. des Gesamtbetrags
    a) der vorgesehenen Kreditaufnahmen für Investitionen und Investitionsförderungsmaßnahmen (Kreditermächtigung) und
    b) der vorgesehenen Ermächtigungen zum Eingehen von Verpflichtungen, die künftige Haushaltsjahre mit Auszahlungen

---

[*] Anm. des Bearbeiters: Zur vorläufigen Fortgeltung der bisherigen Fassung s. S. 214 ff.

§ 80 GemO

für Investitionen und Investitionsförderungsmaßnahmen belasten (Verpflichtungsermächtigungen),
4. des Höchstbetrags der Kassenkredite und
5. der Steuersätze für die Grundsteuer und die Gewerbesteuer, soweit diese nicht in einer gesonderten Satzung festgesetzt werden.

Sie kann weitere Vorschriften enthalten, die sich auf die Erträge, Aufwendungen, Einzahlungen und Auszahlungen und den Stellenplan für das Haushaltsjahr beziehen.

(3) Die Haushaltssatzung tritt mit Beginn des Haushaltsjahres in Kraft und gilt für das Haushaltsjahr.

(4) Haushaltsjahr ist das Kalenderjahr.

§ 80 Haushaltsplan[*]

(1) Der Haushaltsplan ist Teil der Haushaltssatzung. Er enthält alle im Haushaltsjahr für die Erfüllung der Aufgaben der Gemeinde voraussichtlich
1. anfallenden Erträge und entstehenden Aufwendungen,
2. eingehenden ergebnis- und vermögenswirksamen Einzahlungen und zu leistenden ergebnis- und vermögenswirksamen Auszahlungen und
3. notwendigen Verpflichtungsermächtigungen.

Zusätzlich sollen Schlüsselpositionen und die bei diesen zu erbringenden Leistungsziele dargestellt werden. Der Haushaltsplan enthält ferner den Stellenplan nach § 57 Satz 1. Die Vorschriften über die Haushaltswirtschaft der Sondervermögen der Gemeinde bleiben unberührt.

(2) Der Haushaltsplan ist in einen Ergebnishaushalt und einen Finanzhaushalt zu gliedern. Das Ergebnis aus ordentlichen Erträgen und ordentlichen Aufwendungen (ordentliches Ergebnis) soll unter Berücksichtigung von Fehlbeträgen aus Vorjahren ausgeglichen werden; Absatz 3 bleibt unberührt.

(3) Ist ein Ausgleich des ordentlichen Ergebnisses unter Berücksichtigung von Fehlbeträgen aus Vorjahren trotz Ausnutzung aller Sparmöglichkeiten und Ausschöpfung aller Ertragsmöglichkeiten sowie Verwendung des Sonderergebnisses und von Überschussrücklagen

---

[*] Anm. des Bearbeiters: Zur vorläufigen Fortgeltung der bisherigen Fassung s. S. 214 ff.

nicht möglich, kann ein Fehlbetrag in die drei folgenden Haushaltsjahre vorgetragen werden. Ein danach verbleibender Fehlbetrag ist mit dem Basiskapital zu verrechnen. Das Basiskapital darf nicht negativ sein.

(4) Der Haushaltsplan ist nach Maßgabe dieses Gesetzes und der auf Grund dieses Gesetzes erlassenen Vorschriften für die Führung der Haushaltswirtschaft verbindlich. Ansprüche und Verbindlichkeiten werden durch ihn weder begründet noch aufgehoben.

§ 81 Erlass der Haushaltssatzung

(1) Die Haushaltssatzung ist vom Gemeinderat in öffentlicher Sitzung zu beraten und zu beschließen.

(2) Die vom Gemeinderat beschlossene Haushaltssatzung ist der Rechtsaufsichtsbehörde vorzulegen; sie soll ihr spätestens einen Monat vor Beginn des Haushaltsjahres vorliegen.

(3) Mit der öffentlichen Bekanntmachung der Haushaltssatzung ist der Haushaltsplan an sieben Tagen öffentlich auszulegen; in der Bekanntmachung ist auf die Auslegung hinzuweisen. Enthält die Haushaltssatzung genehmigungspflichtige Teile, kann sie erst nach der Genehmigung öffentlich bekannt gemacht werden.

§ 82 Nachtragshaushaltssatzung[*]

(1) Die Haushaltssatzung kann nur bis zum Ablauf des Haushaltsjahres durch Nachtragshaushaltssatzung geändert werden. Für die Nachtragshaushaltssatzung gelten die Vorschriften für die Haushaltssatzung entsprechend.

(2) Die Gemeinde hat unverzüglich eine Nachtragshaushaltssatzung zu erlassen, wenn
1. sich zeigt, dass im Ergebnishaushalt beim ordentlichen Ergebnis oder beim Sonderergebnis ein erheblicher Fehlbetrag entsteht oder ein veranschlagter Fehlbetrag sich erheblich vergrößert und dies sich nicht durch andere Maßnahmen vermeiden lässt,

---

[*] Anm. des Bearbeiters: Zur vorläufigen Fortgeltung der bisherigen Fassung s. S. 214 ff.

§ 83 GemO

2. bisher nicht veranschlagte oder zusätzliche einzelne Aufwendungen oder Auszahlungen in einem im Verhältnis zu den Gesamtaufwendungen oder Gesamtauszahlungen des Haushaltsplans erheblichen Umfang geleistet werden müssen,
3. Auszahlungen des Finanzhaushalts für bisher nicht veranschlagte Investitionen und Investitionsförderungsmaßnahmen geleistet werden sollen oder
4. Gemeindebedienstete eingestellt, angestellt, befördert oder höher eingestuft werden sollen und der Stellenplan die entsprechenden Stellen nicht enthält.

(3) Absatz 2 Nr. 2 bis 4 findet keine Anwendung auf
1. unbedeutende Investitionen und Investitionsförderungsmaßnahmen sowie unabweisbare Aufwendungen und Auszahlungen,
2. die Umschuldung von Krediten,
3. Abweichungen vom Stellenplan und die Leistung höherer Personalaufwendungen, die sich unmittelbar aus einer Änderung des Besoldungs- oder Tarifrechts ergeben und
4. eine Vermehrung oder Hebung von Stellen für Beamte und für Arbeitnehmer, wenn sie im Verhältnis zur Gesamtzahl der Stellen für diese Bediensteten unerheblich ist.

§ 83 Vorläufige Haushaltsführung[*]

(1) Ist die Haushaltssatzung bei Beginn des Haushaltsjahres noch nicht erlassen, darf die Gemeinde
1. finanzielle Leistungen nur erbringen, zu denen sie rechtlich verpflichtet ist oder die für die Weiterführung notwendiger Aufgaben unaufschiebbar sind; sie darf insbesondere Bauten, Beschaffungen und sonstige Leistungen des Finanzhaushalts, für die im Haushaltsplan eines Vorjahres Beträge vorgesehen waren, fortsetzen,
2. Steuern, deren Sätze nach § 79 Abs. 2 Nr. 5 festgesetzt werden, vorläufig nach den Sätzen des Vorjahres erheben und
3. Kredite umschulden.

(2) Reichen die Finanzierungsmittel für die Fortsetzung von Bauten, Beschaffungen und sonstigen Leistungen des Finanzhaushalts nach

---

[*] Anm. des Bearbeiters: Zur vorläufigen Fortgeltung der bisherigen Fassung s. S. 214 ff.

Absatz 1 Nr. 1 nicht aus, darf die Gemeinde mit Genehmigung der Rechtsaufsichtsbehörde Kredite für Investitionen und Investitionsförderungsmaßnahmen bis zu einem Viertel des durchschnittlichen Betrags der Kreditermächtigungen für die beiden Vorjahre aufnehmen. § 87 Abs. 2 Satz 2 gilt entsprechend.

(3) Der Stellenplan des Vorjahres gilt weiter, bis die Haushaltssatzung für das neue Jahr erlassen ist.

§ 84 Planabweichungen*

(1) Überplanmäßige und außerplanmäßige Aufwendungen sind nur zulässig, wenn ein dringendes Bedürfnis besteht und die Deckung gewährleistet ist oder wenn sie unabweisbar sind und kein erheblicher Fehlbetrag entsteht oder ein geplanter Fehlbetrag sich nur unerheblich erhöht. Überplanmäßige und außerplanmäßige Auszahlungen sind nur zulässig, wenn ein dringendes Bedürfnis besteht und die Finanzierung gewährleistet ist oder wenn sie unabweisbar sind. Sind die Aufwendungen oder Auszahlungen nach Umfang und Bedeutung erheblich, bedürfen sie der Zustimmung des Gemeinderats; dies gilt nicht für überplanmäßige oder außerplanmäßige Aufwendungen aufgrund einer erforderlichen Anpassung des Werts von Vermögensgegenständen, Sonderposten, Schulden und Rückstellungen. § 82 Abs. 2 bleibt unberührt.

(2) Für Investitionen, die im folgenden Jahr fortgesetzt werden, sind überplanmäßige Auszahlungen auch dann zulässig, wenn ihre Finanzierung im folgenden Jahr gewährleistet ist; sie bedürfen der Zustimmung des Gemeinderats.

(3) Absätze 1 und 2 gelten entsprechend für Maßnahmen, durch die überplanmäßige oder außerplanmäßige Aufwendungen oder Auszahlungen entstehen können.

---

* Anm. des Bearbeiters: Zur vorläufigen Fortgeltung der bisherigen Fassung s. S. 214 ff.

§§ 85, 86 GemO

§ 85 Finanzplanung*

(1) Die Gemeinde hat ihrer Haushaltswirtschaft eine fünfjährige Finanzplanung zu Grunde zu legen. Das erste Planungsjahr der Finanzplanung ist das laufende Haushaltsjahr.

(2) In der Finanzplanung sind Umfang und Zusammensetzung der voraussichtlichen Aufwendungen und Auszahlungen und die Finanzierungsmöglichkeiten darzustellen.

(3) Als Grundlage für die Finanzplanung ist ein Investitionsprogramm aufzustellen.

(4) Der Finanzplan ist mit dem Investitionsprogramm dem Gemeinderat spätestens mit dem Entwurf der Haushaltssatzung vorzulegen und vom Gemeinderat spätestens mit der Haushaltssatzung zu beschließen.

(5) Der Finanzplan und das Investitionsprogramm sind jährlich der Entwicklung anzupassen und fortzuführen.

§ 86 Verpflichtungsermächtigungen*

(1) Verpflichtungen zur Leistung von Auszahlungen für Investitionen und Investitionsförderungsmaßnahmen in künftigen Jahren dürfen unbeschadet des Absatzes 5 nur eingegangen werden, wenn der Haushaltsplan hierzu ermächtigt.

(2) Die Verpflichtungsermächtigungen dürfen zu Lasten der dem Haushaltsjahr folgenden drei Jahre veranschlagt werden, erforderlichenfalls bis zum Abschluss einer Maßnahme; sie sind nur zulässig, wenn ihre Finanzierung in künftigen Haushalten möglich ist.

(3) Die Verpflichtungsermächtigungen gelten weiter, bis die Haushaltssatzung für das folgende Jahr erlassen ist. In einer Haushaltssatzung für zwei Haushaltsjahre kann bestimmt werden, dass nicht in Anspruch genommene Verpflichtungsermächtigungen des ersten Haushaltsjahres weiter bis zum Erlass der nächsten Haushaltssatzung gelten.

(4) Der Gesamtbetrag der Verpflichtungsermächtigungen bedarf im Rahmen der Haushaltssatzung insoweit der Genehmigung der

---

* Anm. des Bearbeiters: Zur vorläufigen Fortgeltung der bisherigen Fassung s. S. 214 ff.

Haushaltswirtschaft   **GemO § 87**

Rechtsaufsichtsbehörde, als in den Jahren, zu deren Lasten sie veranschlagt sind, Kreditaufnahmen vorgesehen sind.

(5) Verpflichtungen im Sinne des Absatzes 1 dürfen überplanmäßig oder außerplanmäßig eingegangen werden, wenn ein dringendes Bedürfnis besteht und der in der Haushaltssatzung festgesetzte Gesamtbetrag der Verpflichtungsermächtigungen nicht überschritten wird.

§ 87   Kreditaufnahmen*

(1) Kredite dürfen unter den Voraussetzungen des § 78 Abs. 3 nur im Finanzhaushalt und nur für Investitionen, Investitionsförderungsmaßnahmen und zur Umschuldung aufgenommen werden. Kredite dürfen unter den Voraussetzungen des Satzes 1 auch aufgenommen werden zur Ablösung von inneren Darlehen aus Mitteln, die für Rückstellungen für die Stilllegung und Nachsorge von Abfalldeponien erwirtschaftet wurden, wenn die Mittel des inneren Darlehens für investive Zwecke verwendet worden sind.

(2) Der Gesamtbetrag der vorgesehenen Kreditaufnahmen für Investitionen und Investitionsförderungsmaßnahmen sowie für die Ablösung von inneren Darlehen nach Absatz 1 Satz 2 bedarf im Rahmen der Haushaltssatzung der Genehmigung der Rechtsaufsichtsbehörde (Gesamtgenehmigung). Die Genehmigung soll unter dem Gesichtspunkt einer geordneten Haushaltswirtschaft erteilt oder versagt werden; sie kann unter Bedingungen erteilt und mit Auflagen verbunden werden. Sie ist in der Regel zu versagen, wenn die Kreditverpflichtungen mit der dauernden Leistungsfähigkeit der Gemeinde nicht im Einklang stehen.

(3) Die Kreditermächtigung gilt weiter, bis die Haushaltssatzung für das übernächste Jahr erlassen ist.

(4) Die Aufnahme der einzelnen Kredite, deren Gesamtbetrag nach Absatz 2 genehmigt worden ist, bedarf der Genehmigung der Rechtsaufsichtsbehörde (Einzelgenehmigung), sobald nach § 19 des Gesetzes zur Förderung der Stabilität und des Wachstums der Wirtschaft die Kreditaufnahmen beschränkt worden sind. Die Einzelgenehmigung kann nach Maßgabe der Kreditbeschränkungen versagt werden.

---

* Anm. des Bearbeiters: Zur vorläufigen Fortgeltung der bisherigen Fassung s. S. 214 ff.

§ 88 GemO

(5) Die Begründung einer Zahlungsverpflichtung, die wirtschaftlich einer Kreditaufnahme gleichkommt, bedarf der Genehmigung der Rechtsaufsichtsbehörde. Absatz 2 Satz 2 und 3 gilt entsprechend. Eine Genehmigung ist nicht erforderlich für die Begründung von Zahlungsverpflichtungen im Rahmen der laufenden Verwaltung. Das Innenministerium kann die Genehmigung für Rechtsgeschäfte, die zur Erfüllung bestimmter Aufgaben dienen oder den Haushalt der Gemeinden nicht besonders belasten, allgemein erteilen.

(6) Die Gemeinde darf zur Sicherung des Kredits keine Sicherheiten bestellen. Die Rechtsaufsichtsbehörde kann Ausnahmen zulassen, wenn die Bestellung von Sicherheiten der Verkehrsübung entspricht.

§ 88 Sicherheiten und Gewährleistung für Dritte[*]

(1) Die Gemeinde darf keine Sicherheiten zu Gunsten Dritter bestellen. Die Rechtsaufsichtsbehörde kann Ausnahmen zulassen.

(2) Die Gemeinde darf Bürgschaften und Verpflichtungen aus Gewährverträgen nur zur Erfüllung ihrer Aufgaben übernehmen. Die Rechtsgeschäfte bedürfen der Genehmigung der Rechtsaufsichtsbehörde, wenn sie nicht im Rahmen der laufenden Verwaltung abgeschlossen werden. § 87 Abs. 2 Satz 2 und 3 gilt entsprechend.

(3) Absatz 2 gilt entsprechend für Rechtsgeschäfte, die den in Absatz 2 genannten Rechtsgeschäften wirtschaftlich gleichkommen, insbesondere für die Zustimmung zu Rechtsgeschäften Dritter, aus denen der Gemeinde in künftigen Haushaltsjahren Verpflichtungen zu finanziellen Leistungen erwachsen können.

(4) Das Innenministerium kann die Genehmigung allgemein erteilen für Rechtsgeschäfte, die
1. von der Gemeinde zur Förderung des Städte- und Wohnungsbaus eingegangen werden,
2. den Haushalt der Gemeinde nicht besonders belasten.

---

[*] Anm. des Bearbeiters: Zur vorläufigen Fortgeltung der bisherigen Fassung s. S. 214 ff.

§ 89 Liquiditätssicherung*

(1) Die Gemeinde hat durch eine Liquiditätsplanung die Verfügbarkeit liquider Mittel für eine rechtzeitige Leistung der Auszahlungen sicherzustellen.

(2) Zur rechtzeitigen Leistung der Auszahlungen kann die Gemeinde Kassenkredite bis zu dem in der Haushaltssatzung festgesetzten Höchstbetrag aufnehmen, soweit für die Kasse keine anderen Mittel zur Verfügung stehen. Die Ermächtigung gilt weiter, bis die Haushaltssatzung für das folgende Jahr erlassen ist.

(3) Der Höchstbetrag der Kassenkredite bedarf im Rahmen der Haushaltssatzung der Genehmigung der Rechtsaufsichtsbehörde, wenn er ein Fünftel der im Ergebnishaushalt veranschlagten ordentlichen Aufwendungen übersteigt.

§ 90 Rücklagen, Rückstellungen*

(1) Überschüsse der Ergebnisrechnung sind den Rücklagen zuzuführen.

(2) Für ungewisse Verbindlichkeiten und für hinsichtlich ihrer Höhe oder des Zeitpunkts ihres Eintritts unbestimmte Aufwendungen sind Rückstellungen zu bilden. Rückstellungen dürfen nur aufgelöst werden, soweit der Grund hierfür entfallen ist.

§ 91 Erwerb und Verwaltung von Vermögen, Wertansätze

(1) Die Gemeinde soll Vermögensgegenstände nur erwerben, wenn dies zur Erfüllung ihrer Aufgaben erforderlich ist.

(2) Die Vermögensgegenstände sind pfleglich und wirtschaftlich zu verwalten und ordnungsgemäß nachzuweisen. Bei Geldanlagen ist auf eine ausreichende Sicherheit zu achten; sie sollen einen angemessenen Ertrag bringen.

(3) Besondere Rechtsvorschriften für die Bewirtschaftung des Gemeindewalds bleiben unberührt.

---

* Anm. des Bearbeiters: Zur vorläufigen Fortgeltung der bisherigen Fassung s. S. 214 ff.

§§ 92, 93 GemO

(4) Vermögensgegenstände sind mit den Anschaffungs- oder Herstellungskosten, vermindert um Abschreibungen, anzusetzen. Verbindlichkeiten sind zu ihrem Rückzahlungsbetrag und Rückstellungen in Höhe des Betrags anzusetzen, der nach vernünftiger Beurteilung notwendig ist.

§ 92 Veräußerung von Vermögen

(1) Die Gemeinde darf Vermögensgegenstände, die sie zur Erfüllung ihrer Aufgaben nicht braucht, veräußern. Vermögensgegenstände dürfen in der Regel nur zu ihrem vollen Wert veräußert werden.

(2) Für die Überlassung der Nutzung eines Vermögensgegenstands gilt Absatz 1 entsprechend.

(3) Will die Gemeinde einen Vermögensgegenstand unter seinem vollen Wert veräußern, hat sie den Beschluss der Rechtsaufsichtsbehörde vorzulegen. Das Innenministerium kann von der Vorlagepflicht allgemein freistellen, wenn die Rechtsgeschäfte zur Erfüllung bestimmter Aufgaben dienen oder ihrer Natur nach regelmäßig wiederkehren oder wenn bestimmte Wertgrenzen oder Grundstücksgrößen nicht überschritten werden.

§ 93 Gemeindekasse

(1) Die Gemeindekasse erledigt alle Kassengeschäfte der Gemeinde; § 98 bleibt unberührt. Die Buchführung kann von den Kassengeschäften abgetrennt werden.

(2) Die Gemeinde hat, wenn sie ihre Kassengeschäfte nicht durch eine Stelle außerhalb der Gemeindeverwaltung besorgen lässt, einen Kassenverwalter und einen Stellvertreter zu bestellen. Der Leiter und die Prüfer des Rechnungsprüfungsamts sowie ein Rechnungsprüfer können nicht gleichzeitig Kassenverwalter oder dessen Stellvertreter sein.

(3) Der Kassenverwalter, sein Stellvertreter und andere Bedienstete der Gemeindekassen dürfen untereinander, zum Bürgermeister, zu einem Beigeordneten, einem Stellvertreter des Bürgermeisters, zum Fachbediensteten für das Finanzwesen, zum Leiter und zu den Prüfern des Rechnungsprüfungsamts sowie zu einem Rechnungsprüfer nicht in einem die Befangenheit begründenden Verhältnis nach § 18

Abs. 1 Nr. 1 bis 3 stehen. In Gemeinden mit nicht mehr als 2000 Einwohnern kann der Gemeinderat bei Vorliegen besonderer Umstände mit den Stimmen aller Mitglieder, die nicht befangen sind, Ausnahmen vom Verbot des Satzes 1 zulassen.

§ 94 Übertragung von Kassengeschäften

Die Gemeinde kann die Kassengeschäfte ganz oder zum Teil von einer Stelle außerhalb der Gemeindeverwaltung besorgen lassen, wenn die ordnungsmäßige Erledigung und die Prüfung nach den für die Gemeinde geltenden Vorschriften gewährleistet sind. Der Beschluss hierüber ist der Rechtsaufsichtsbehörde anzuzeigen. Die Vorschriften des Gesetzes über kommunale Zusammenarbeit bleiben unberührt.

§ 95 Jahresabschluss*

(1) Die Gemeinde hat zum Schluss eines jeden Haushaltsjahres einen Jahresabschluss aufzustellen. Der Jahresabschluss ist nach den Grundsätzen ordnungsmäßiger Buchführung unter Berücksichtigung der besonderen gemeindehaushaltsrechtlichen Bestimmungen aufzustellen und muss klar und übersichtlich sein. Der Jahresabschluss hat sämtliche Vermögensgegenstände, Schulden, Rückstellungen, Rechnungsabgrenzungsposten, Erträge, Aufwendungen, Einzahlungen und Auszahlungen zu enthalten, soweit nichts anderes bestimmt ist. Er hat die tatsächliche Vermögens-, Ertrags- und Finanzlage der Gemeinde darzustellen.

(2) Der Jahresabschluss besteht aus
1. der Ergebnisrechnung,
2. der Finanzrechnung und
3. der Bilanz.
Der Jahresabschluss ist um einen Anhang zu erweitern, der mit den Rechnungen nach Satz 1 eine Einheit bildet, und durch einen Rechenschaftsbericht zu erläutern.

(3) Dem Anhang sind als Anlagen beizufügen
1. die Vermögensübersicht,
2. die Schuldenübersicht und

---

* Anm. des Bearbeiters: Zur vorläufigen Fortgeltung der bisherigen Fassung s. S. 214 ff.

§ 95a GemO

3. eine Übersicht über die in das folgende Jahr zu übertragenden Haushaltsermächtigungen.

§ 95a Gesamtabschluss[*]

(1) Mit dem Jahresabschluss der Gemeinde sind die Jahresabschlüsse
1. der verselbständigten Organisationseinheiten und Vermögensmassen, die mit der Gemeinde eine Rechtseinheit bilden, ausgenommen das Sondervermögen nach § 96 Abs. 1 Nr. 5,
2. der rechtlich selbständigen Organisationseinheiten und Vermögensmassen mit Nennkapital, ausgenommen die Sparkassen, an denen die Gemeinde eine Beteiligung hält; für mittelbare Beteiligungen gilt § 290 des Handelsgesetzbuchs (HGB), und
3. der Zweckverbände und Verwaltungsgemeinschaften

zu konsolidieren. Der Gesamtabschluss hat unter Beachtung der Grundsätze ordnungsmäßiger Buchführung unter Berücksichtigung der besonderen gemeindehaushaltsrechtlichen Bestimmungen ein den tatsächlichen Verhältnissen entsprechendes Bild der Vermögens-, Ertrags- und Finanzlage der Gemeinde einschließlich ihrer ausgegliederten Aufgabenträger zu vermitteln. Ein Aufgabenträger nach Satz 1 braucht in den Gesamtabschluss nicht einbezogen zu werden, wenn er für die Verpflichtung, ein den tatsächlichen Verhältnissen entsprechendes Bild der Vermögens-, Ertrags- und Finanzlage der Gemeinde zu vermitteln, von untergeordneter Bedeutung ist.

(2) Die Gemeinde ist von der Pflicht zur Aufstellung eines Gesamtabschlusses befreit, wenn die nach Absatz 1 Satz 1 zu konsolidierenden Aufgabenträger für die Verpflichtung, ein den tatsächlichen Verhältnissen entsprechendes Bild der Vermögens-, Ertrags- und Finanzlage der Gemeinde zu vermitteln, in ihrer Gesamtheit von untergeordneter Bedeutung sind.

(3) Aufgabenträger nach Absatz 1 Satz 1 unter beherrschendem Einfluss der Gemeinde sind entsprechend §§ 300 bis 309 HGB mit der Maßgabe, dass die Vermögenskonsolidierung zu den jeweiligen Buchwerten in den Abschlüssen dieser Aufgabenträger erfolgt, zu konsolidieren (Vollkonsolidierung), solche unter maßgeblichem Ein-

---

[*] Anm. des Bearbeiters: Die Vorschrift ist anzuwenden nach Einführung der Kommunalen Doppik, s. S. 212 ff.

Haushaltswirtschaft **GemO § 95b**

fluss der Gemeinde werden entsprechend §§ 311 und 312 HGB konsolidiert (Eigenkapitalmethode).

(4) Der Gesamtabschluss ist durch eine Kapitalflussrechnung zu ergänzen und durch einen Konsolidierungsbericht zu erläutern. Dem Konsolidierungsbericht sind Angaben nach § 105 Abs. 2 Satz 3 zum nicht konsolidierten Beteiligungsbesitz anzufügen. Der nach den Sätzen 1 und 2 aufgestellte Gesamtabschluss ersetzt den Beteiligungsbericht nach § 105.

(5) Die Gemeinde hat bei den nach Absatz 1 zu konsolidierenden Aufgabenträgern darauf hinzuwirken, dass ihr das Recht eingeräumt wird, von diesen alle Unterlagen und Auskünfte zu verlangen, die für die Aufstellung des Gesamtabschlusses erforderlich sind. § 103 Abs. 1 Satz 1 Nr. 5 Buchst. f bleibt unberührt.

§ 95b Aufstellung und ortsübliche Bekanntgabe der Abschlüsse

(1) Der Jahresabschluss ist innerhalb von sechs Monaten und der Gesamtabschluss innerhalb von neun Monaten nach Ende des Haushaltsjahres aufzustellen und vom Bürgermeister unter Angabe des Datums zu unterzeichnen. Der Jahresabschluss ist vom Gemeinderat innerhalb eines Jahres, der Gesamtabschluss innerhalb von 15 Monaten nach Ende des Haushaltsjahres festzustellen.

(2) Der Beschluss über die Feststellung nach Absatz 1 ist der Rechtsaufsichtsbehörde sowie der Prüfungsbehörde (§ 113) unverzüglich mitzuteilen und ortsüblich bekannt zu geben. Gleichzeitig ist der Jahresabschluss mit dem Rechenschaftsbericht und der Gesamtabschluss mit dem Konsolidierungsbericht an sieben Tagen öffentlich auszulegen; in der Bekanntgabe ist auf die Auslegung hinzuweisen.[*]

---

[*] Anm. des Bearbeiters: Zur sofortigen Anwendbarkeit des § 95b Abs. 2 an Stelle des bisherigen § 95 Abs. 3 s. Art. 13 Abs. 2 des Gesetzes zur Reform des Gemeindehaushaltsrechts, hier abgedruckt auf S. 212.

2. Abschnitt: Sondervermögen, Treuhandvermögen

§ 96 Sondervermögen[*]

(1) Sondervermögen der Gemeinde sind
1. das Gemeindegliedervermögen,
2. das Vermögen der rechtlich unselbständigen örtlichen Stiftungen,
3. das Vermögen der Eigenbetriebe,
4. rechtlich unselbständige Versorgungs- und Versicherungseinrichtungen für Bedienstete der Gemeinde,
5. das Sondervermögen für die Kameradschaftspflege nach § 18 des Feuerwehrgesetzes.

(2) Sondervermögen nach Absatz 1 Nr. 1 und 2 unterliegen den Vorschriften über die Haushaltswirtschaft. Sie sind im Haushalt der Gemeinde gesondert nachzuweisen.

(3) Für Sondervermögen nach Absatz 1 Nr. 4 sind besondere Haushaltspläne aufzustellen und Sonderrechnungen zu führen. Die Vorschriften über die Haushaltswirtschaft gelten entsprechend mit der Maßgabe, dass an die Stelle der Haushaltssatzung der Beschluss über den Haushaltsplan tritt und von der ortsüblichen Bekanntgabe und Auslegung nach § 95b Absatz 2[**] abgesehen werden kann. An Stelle eines Haushaltsplans können ein Wirtschaftsplan aufgestellt und die für die Wirtschaftsführung und das Rechnungswesen der Eigenbetriebe geltenden Vorschriften entsprechend angewendet werden; in diesem Fall gelten § 77 Abs. 1 und 2, §§ 78, 81 Absatz 2 sowie §§ 85 bis 89, 91 und 92 entsprechend.

§ 97 Treuhandvermögen[*]

(1) Für rechtlich selbstständige örtliche Stiftungen sowie für Vermögen, die die Gemeinde nach besonderem Recht treuhänderisch zu verwalten hat, sind besondere Haushaltspläne aufzustellen und Sonderrechnungen zu führen. § 96 Abs. 3 Satz 2 und 3 gilt entsprechend.

(2) Unbedeutendes Treuhandvermögen kann im Haushalt der Gemeinde gesondert nachgewiesen werden; es unterliegt den Vorschriften über die Haushaltswirtschaft.

---

[*] Anm. des Bearbeiters: Zur vorläufigen Fortgeltung der bisherigen Fassung s. S. 214 ff.
[**] Anm. des Bearbeiters: s. Anm. zu § 95b Abs. 2.

Sondervermögen, Treuhandvermögen **GemO §§ 98–100**

(3) Mündelvermögen sind abweichend von den Absätzen 1 und 2 nur im Jahresabschluss gesondert nachzuweisen.

(4) Für rechtlich selbstständige örtliche Stiftungen bleiben Bestimmungen des Stifters, für andere Treuhandvermögen besondere gesetzliche Vorschriften unberührt.

§ 98 Sonderkassen

Für Sondervermögen und Treuhandvermögen, für die Sonderrechnungen geführt werden, sind Sonderkassen einzurichten. Sie sollen mit der Gemeindekasse verbunden werden. § 94 gilt entsprechend.

§ 99 Freistellung von der Finanzplanung

Das Innenministerium kann durch Rechtsverordnung Sondervermögen und Treuhandvermögen von den Verpflichtungen des § 85 freistellen, soweit die Finanzplanung weder für die Haushalts- oder Wirtschaftsführung noch für die Finanzstatistik benötigt wird.

§ 100 Gemeindegliedervermögen

(1) Gemeindegliedervermögen darf nicht in Privatvermögen der Nutzungsberechtigten, Gemeindevermögen nicht in Gemeindegliedervermögen umgewandelt werden. Bei aufgeteilten Nutzungsrechten, die mit dem Eigentum an bestimmten Grundstücken verbunden sind, kann der Nutzungsberechtigte gegen angemessenes Entgelt die Übereignung der mit dem Nutzungsrecht belasteten landwirtschaftlichen Grundstücke verlangen, es sei denn, dass die Grundstücke unmittelbar oder mittelbar für öffentliche Aufgaben benötigt werden oder nach der Bauleitplanung der Gemeinde nicht zur landwirtschaftlichen Nutzung bestimmt sind.

(2) Eine Aufnahme in das Nutzbürgerrecht und eine Zulassung zur Teilnahme an den Gemeindenutzungen finden nicht mehr statt. Die Rechte der Nutzungsberechtigten bleiben erhalten; auf diese Rechte ist das bisherige Recht weiter anzuwenden. Der Wert des einzelnen Nutzungsanteils darf nicht erhöht werden; ein Vorrücken in höhere Nutzungsklassen unterbleibt. Freiwerdende Lose fallen der Gemeinde zu.

§ 100 GemO

Gemeindewirtschaft

(3) Die Nutzungsberechtigten sind zur ordnungsgemäßen Nutzung verpflichtet. Verletzt ein Nutzungsberechtigter trotz schriftlicher Mahnung gröblich seine Pflicht zur ordnungsgemäßen Nutzung, so kann ihm sein Nutzungsrecht entschädigungslos entzogen werden.

(4) Gemeindegliedervermögen kann gegen angemessene Entschädigung in Geld in freies Gemeindevermögen umgewandelt werden, wenn es zum Wohl der Allgemeinheit, insbesondere zur Erfüllung von Aufgaben der Gemeinde oder zur Verbesserung der Agrarstruktur erforderlich ist. In ein Verfahren nach dem Flurbereinigungsgesetz einbezogenes Gemeindegliedervermögen ist unter den Voraussetzungen des Satzes 1 in freies Gemeindevermögen umzuwandeln.

(5) Bisher landwirtschaftlich genutztes Gemeindegliedervermögen, das freies Gemeindevermögen wird, ist gegen angemessenes Entgelt der privaten landwirtschaftlichen Nutzung zu überlassen; Gemeinschaftsweiden sind als öffentliche Einrichtungen fortzuführen, solange hierfür ein Bedürfnis besteht. Dies gilt nicht, soweit Grundstücke unmittelbar oder mittelbar für öffentliche Aufgaben benötigt werden oder ihre landwirtschaftliche Nutzung die Durchführung der Bauleitplanung der Gemeinde behindert.

DVO GemO zu § 100:

§ 13 Verfahren bei der Umwandlung von Gemeindegliedervermögen

(1) Die Gemeinde hat die beabsichtigte Umwandlung von Gemeindegliedervermögen in freies Gemeindevermögen und die Höhe der vorgesehenen Entschädigung den einzelnen Betroffenen schriftlich mitzuteilen und öffentlich bekannt zu machen. Sie können gegen die vorgesehene Umwandlung und die Höhe der Entschädigung innerhalb eines Monats nach der Zustellung oder der öffentlichen Bekanntmachung Einwendungen erheben.

(2) Die Mitteilung und die öffentliche Bekanntmachung haben zu enthalten:
1. die Bezeichnung der umzuwandelnden Rechte sowie Umfang und Art der Umwandlung,
2. die Höhe der vorgesehenen Entschädigungen und
3. einen Hinweis auf die nach Absatz 1 Satz 2 gegebene Möglichkeit, Einwendungen zu erheben.

(3) Der Gemeinderat hat gleichzeitig mit dem endgültigen Beschluss über die Umwandlung über die Einwendungen zu entscheiden. Der Beschluss über die Umwandlung ist den Betroffenen mit der Festsetzung der Entschädigung zuzustellen.

§ 101 Örtliche Stiftungen

(1) Die Gemeinde verwaltet die örtlichen Stiftungen nach den Vorschriften dieses Gesetzes, soweit durch Gesetz oder Stifter nichts anderes bestimmt ist. § 96 Abs. 1 Nr. 2 und Abs. 2 und § 97 Abs. 1, 2 und 4 bleiben unberührt.

(2) Bei nichtrechtsfähigen Stiftungen kann die Gemeinde unter den Voraussetzungen des § 87 Abs. 1 des Bürgerlichen Gesetzbuchs den Stiftungszweck ändern, die Stiftung mit einer anderen nichtrechtsfähigen örtlichen Stiftung zusammenlegen oder sie aufheben, wenn der Stifter nichts anderes bestimmt hat.

(3) Enthält das Stiftungsgeschäft keine Bestimmung über den Vermögensanfall, fällt das Vermögen nichtrechtsfähiger Stiftungen an die Gemeinde. Die Gemeinde hat bei der Verwendung des Vermögens den Stiftungszweck tunlichst zu berücksichtigen.

(4) Gemeindevermögen darf nur im Rahmen der Aufgabenerfüllung der Gemeinde und nur dann in Stiftungsvermögen eingebracht werden, wenn der mit der Stiftung verfolgte Zweck auf andere Weise nicht erreicht werden kann.

3. Abschnitt: Unternehmen und Beteiligungen

§ 102 Zulässigkeit wirtschaftlicher Unternehmen

(1) Die Gemeinde darf ungeachtet der Rechtsform wirtschaftliche Unternehmen nur errichten, übernehmen, wesentlich erweitern oder sich daran beteiligen, wenn
1. der öffentliche Zweck das Unternehmen rechtfertigt,
2. das Unternehmen nach Art und Umfang in einem angemessenen Verhältnis zur Leistungsfähigkeit der Gemeinde und zum voraussichtlichen Bedarf steht und

§ 102 GemO

3. bei einem Tätigwerden außerhalb der kommunalen Daseinsvorsorge der Zweck nicht ebenso gut und wirtschaftlich durch einen privaten Anbieter erfüllt wird oder erfüllt werden kann.

(2) Über ein Tätigwerden der Gemeinde nach Absatz 1 Nr. 3 entscheidet der Gemeinderat nach Anhörung der örtlichen Selbstverwaltungsorganisationen von Handwerk, Industrie und Handel.

(3) Wirtschaftliche Unternehmen der Gemeinde sind so zu führen, dass der öffentliche Zweck erfüllt wird; sie sollen einen Ertrag für den Haushalt der Gemeinde abwerfen.

(4) Wirtschaftliche Unternehmen im Sinne der Absätze 1 und 2 sind nicht
1. Unternehmen, zu deren Betrieb die Gemeinde gesetzlich verpflichtet ist,
2. Einrichtungen des Unterrichts-, Erziehungs- und Bildungswesens, der Kunstpflege, der körperlichen Ertüchtigung, der Gesundheits- und Wohlfahrtspflege sowie öffentliche Einrichtungen ähnlicher Art und
3. Hilfsbetriebe, die ausschließlich zur Deckung des Eigenbedarfs der Gemeinde dienen.

Auch diese Unternehmen, Einrichtungen und Hilfsbetriebe sind nach wirtschaftlichen Gesichtspunkten zu führen.

(5) Bankunternehmen darf die Gemeinde nicht betreiben, soweit gesetzlich nichts anderes bestimmt ist. Für das öffentliche Sparkassenwesen verbleibt es bei den besonderen Vorschriften.

(6) Bei Unternehmen, für die kein Wettbewerb gleichartiger Privatunternehmen besteht, dürfen der Anschluss und die Belieferung nicht davon abhängig gemacht werden, dass auch andere Leistungen oder Lieferungen abgenommen werden.

(7) Die Betätigung außerhalb des Gemeindegebiets ist zulässig, wenn bei wirtschaftlicher Betätigung die Voraussetzungen des Absatzes 1 vorliegen und die berechtigten Interessen der betroffenen Gemeinden gewahrt sind. Bei der Versorgung mit Strom und Gas gelten nur die Interessen als berechtigt, die nach den maßgeblichen Vorschriften eine Einschränkung des Wettbewerbs zulassen.

Unternehmen und Beteiligungen   **GemO § 102a**

§ 102a Selbstständige Kommunalanstalt

(1) Die Gemeinde kann durch Satzung (Anstaltssatzung) eine selbstständige Kommunalanstalt in der Rechtsform einer rechtsfähigen Anstalt des öffentlichen Rechts errichten oder bestehende Eigenbetriebe durch Ausgliederung und Kapitalgesellschaften durch Formwechsel im Wege der Gesamtrechtsnachfolge in selbstständige Kommunalanstalten umwandeln. Sofern mit der selbstständigen Kommunalanstalt eine wirtschaftliche Betätigung verbunden ist, ist dies nur unter Beachtung der Vorgaben des § 102 zulässig. Die selbstständige Kommunalanstalt kann sich nach Maßgabe der Anstaltssatzung und in entsprechender Anwendung der für die Gemeinde geltenden Vorschriften an anderen Unternehmen beteiligen, wenn das dem Anstaltszweck dient.

(2) Die Gemeinde kann der selbstständigen Kommunalanstalt einzelne oder alle mit einem bestimmten Zweck zusammenhängenden Aufgaben ganz oder teilweise übertragen. Sie kann nach Maßgabe des § 11 durch gesonderte Satzung einen Anschluss- und Benutzungszwang zu Gunsten der selbstständigen Kommunalanstalt festlegen.

(3) Die Gemeinde regelt die Rechtsverhältnisse der selbstständigen Kommunalanstalt durch die Anstaltssatzung. Diese muss Bestimmungen über den Namen, den Sitz und die Aufgaben der selbstständigen Kommunalanstalt, die Zahl der Mitglieder des Vorstands und des Verwaltungsrats, die Höhe des Stammkapitals und die Abwicklung im Falle der Auflösung der selbstständigen Kommunalanstalt enthalten.

(4) Die Anstaltssatzung, Änderungen der Aufgaben der selbstständigen Kommunalanstalt und die Auflösung der selbstständigen Kommunalanstalt bedürfen der Genehmigung der Rechtsaufsichtsbehörde. Die Genehmigung ist zu erteilen, wenn die Errichtung der selbstständigen Kommunalanstalt zulässig ist und die Anstaltssatzung den gesetzlichen Vorgaben entspricht. Die Genehmigung der Anstaltssatzung ist mit der Anstaltssatzung von der Gemeinde öffentlich bekannt zu machen. Die selbstständige Kommunalanstalt entsteht am Tag nach der Bekanntmachung, wenn nicht in der Anstaltssatzung ein späterer Zeitpunkt bestimmt ist. § 4 Absatz 4 findet Anwendung.

(5) Die Gemeinde kann der selbstständigen Kommunalanstalt in der Anstaltssatzung auch das Recht einräumen, an ihrer Stelle Satzungen

§ 102a GemO

zu erlassen. § 4 Absätze 3 und 4 gelten entsprechend. Die öffentlichen Bekanntmachungen der selbstständigen Kommunalanstalten erfolgen in der für die öffentliche Bekanntmachung der Gemeinde vorgeschriebenen Form. Die Gemeinde kann der selbstständigen Kommunalanstalt zur Finanzierung der von ihr wahrzunehmenden Aufgaben durch die Anstaltssatzung das Recht übertragen, von den Nutzern der selbstständigen Kommunalanstalt Gebühren, Beiträge, Kostensätze und sonstige Abgaben nach den kommunalabgabenrechtlichen Vorschriften festzusetzen, zu erheben und zu vollstrecken.

(6) Für die Wirtschaftsführung und das Rechnungswesen der selbstständigen Kommunalanstalten gelten die Vorschriften des Handelsgesetzbuchs sinngemäß, sofern nicht die Vorschriften des Handelsgesetzbuchs bereits unmittelbar oder weitergehende gesetzliche Vorschriften gelten oder andere gesetzliche Vorschriften entgegenstehen. In sinngemäßer Anwendung der für Eigenbetriebe geltenden Vorschriften ist für jedes Wirtschaftsjahr ein Wirtschaftsplan aufzustellen und der Wirtschaftsführung eine fünfjährige Finanzplanung zugrunde zu legen. Der Wirtschaftsplan und die Finanzplanung sind an die Gemeinde zu übersenden. § 77 Absätze 1 und 2, §§ 78, 87, 103 Absatz 1 Satz 1 Nummer 3 und Absatz 3 gelten entsprechend. Mit dem Antrag auf Genehmigung des Gesamtbetrags der vorgesehenen Kreditaufnahmen gemäß § 87 Absatz 2 sind der Rechtsaufsichtsbehörde der Wirtschaftsplan, der Finanzplan und der letzte Jahresabschluss vorzulegen.

(7) Die selbstständige Kommunalanstalt besitzt das Recht, Beamte zu haben. Hauptamtliche Beamte dürfen nur ernannt werden, wenn dies in der Anstaltssatzung vorgesehen ist. Unberührt bleibt die Möglichkeit, Beamte der Gemeinde an die selbstständige Kommunalanstalt abzuordnen.

(8) Die Gemeinde unterstützt die selbstständige Kommunalanstalt bei der Erfüllung ihrer Aufgaben. Sie ist verpflichtet, die selbstständige Kommunalanstalt mit den zur Aufgabenerfüllung notwendigen finanziellen Mitteln auszustatten und für die Dauer ihres Bestehens funktionsfähig zu erhalten. Beihilferechtliche Regelungen sind dabei zu beachten. Eine Haftung der Gemeinde für Verbindlichkeiten der selbstständigen Kommunalanstalt Dritten gegenüber besteht nicht.

§ 102b Organe der selbstständigen Kommunalanstalt

(1) Organe der selbstständigen Kommunalanstalt sind der Vorstand und der Verwaltungsrat.

(2) Die selbstständige Kommunalanstalt wird von einem Vorstand in eigener Verantwortung geleitet, soweit nicht gesetzlich oder durch die Anstaltssatzung etwas anderes bestimmt ist. Der Vorstand wird vom Verwaltungsrat auf höchstens fünf Jahre bestellt; wiederholte Bestellungen sind zulässig. Die Mitglieder des Vorstands können privatrechtlich angestellt oder in ein Beamtenverhältnis auf Zeit mit einer Amtszeit von fünf Jahren berufen werden. Die Mitglieder des Vorstands vertreten einzeln oder gemeinsam entsprechend der Anstaltssatzung die selbstständige Kommunalanstalt nach außen. Der Vorstand kann allgemein oder in einzelnen Angelegenheiten Vollmacht erteilen. Der Vorsitzende des Vorstands ist Vorgesetzter, Dienstvorgesetzter und oberste Dienstbehörde der Bediensteten der selbstständigen Kommunalanstalt mit Ausnahme der beamteten Mitglieder des Vorstands. Die Gemeinde hat darauf hinzuwirken, dass jedes Vorstandsmitglied vertraglich verpflichtet wird, die ihm im Geschäftsjahr jeweils gewährten Bezüge im Sinne von § 285 Nummer 9 Buchstabe a des Handelsgesetzbuchs der Gemeinde jährlich zur Aufnahme in den Beteiligungsbericht mitzuteilen.

(3) Der Verwaltungsrat überwacht die Geschäftsführung des Vorstands. Er entscheidet über
1. den Erlass von Satzungen gemäß § 102a Absatz 5,
2. die Feststellung des Wirtschaftsplans und des Jahresabschlusses, Kreditaufnahmen, Übernahme von Bürgschaften und Gewährleistungen,
3. die Festsetzung allgemein geltender Tarife und Entgelte für die Leistungsnehmer,
4. die Beteiligung der selbstständigen Kommunalanstalt an anderen Unternehmen und
5. die Ergebnisverwendung.

Die Anstaltssatzung kann weitere Entscheidungszuständigkeiten des Verwaltungsrats vorsehen, insbesondere bei Maßnahmen von grundsätzlicher oder besonderer Bedeutung oder bei denen sich der Verwaltungsrat die Zustimmung vorbehalten hat. Sie kann auch ein Recht des Verwaltungsrats vorsehen, Maßnahmen auf eigene Initiative zu bestimmen. Im Fall des Satzes 2 Nummer 1 ist öffentlich zu verhandeln; die Mitglieder des Verwaltungsrats unterliegen den Weisungen des Gemeinderats. Die Anstaltssatzung kann vorsehen, dass

§ 102c GemO

auch in bestimmten anderen Fällen öffentlich zu verhandeln ist und dass der Gemeinderat den Mitgliedern des Verwaltungsrats auch in bestimmten anderen Fällen Weisungen erteilen kann. Im Fall des Satzes 2 Nummer 4 bedarf es der vorherigen Zustimmung der Gemeinde entsprechend § 105a.

(4) Der Verwaltungsrat besteht aus dem Vorsitzenden und den weiteren Mitgliedern. Vorsitzender ist der Bürgermeister; mit seiner Zustimmung kann der Gemeinderat einen Beigeordneten zum Vorsitzenden bestellen. Der Vorsitzende des Verwaltungsrats ist Vorgesetzter, Dienstvorgesetzter und oberste Dienstbehörde der beamteten Mitglieder des Vorstands. Das vorsitzende Mitglied nach Satz 2 Halbsatz 2 und die weiteren Mitglieder des Verwaltungsrats werden vom Gemeinderat für fünf Jahre bestellt. Für jedes Mitglied des Verwaltungsrats wird ein Stellvertreter bestellt.

(5) Die weiteren Mitglieder des Verwaltungsrats sind ehrenamtlich tätig. Für ihre Rechtsverhältnisse finden die für die Gemeinderäte geltenden Vorschriften mit Ausnahme der §§ 15 und 29 entsprechende Anwendung. Mitglieder des Verwaltungsrats können nicht sein:
1. Beamte und Arbeitnehmer der selbstständigen Kommunalanstalt,
2. leitende Beamte und leitende Arbeitnehmer von juristischen Personen oder sonstigen Organisationen des öffentlichen oder privaten Rechts, an denen die selbstständige Kommunalanstalt mit mehr als 50 vom Hundert beteiligt ist; eine Beteiligung am Stimmrecht genügt,
3. Beamte und Arbeitnehmer der Rechtsaufsichtsbehörde, die unmittelbar mit Aufgaben der Aufsicht über die selbstständige Kommunalanstalt befasst sind.

Auf den Verwaltungsrat und seinen Vorsitzenden finden § 34 Absatz 1 mit Ausnahme des Satzes 2 Halbsatz 2, § 34 Absatz 3, §§ 36 bis 38 und § 43 Absätze 2, 4 und 5 entsprechende Anwendung.

§ 102c Umwandlung

(1) Ein Unternehmen in der Rechtsform einer Kapitalgesellschaft, an dem ausschließlich die Gemeinde beteiligt ist, kann durch Formwechsel in eine selbstständige Kommunalanstalt umgewandelt werden. Die Umwandlung ist nur zulässig, wenn keine Sonderrechte im Sinne des § 23 des Umwandlungsgesetzes (UmwG) und keine Rechte Dritter an den Anteilen der Gemeinde bestehen.

(2) Der Formwechsel setzt den Erlass der Anstaltssatzung durch die Gemeinde und einen sich darauf beziehenden Umwandlungsbeschluss der formwechselnden Gesellschaft voraus. Die §§ 193 bis 195, 197 bis 200 Absatz 1 und § 201 UmwG sind entsprechend anzuwenden. Die Anmeldung zum Handelsregister entsprechend § 198 UmwG erfolgt durch das vertretungsberechtigte Organ der Kapitalgesellschaft. Die Umwandlung einer Kapitalgesellschaft in eine selbstständige Kommunalanstalt wird mit der Eintragung oder, wenn sie nicht eingetragen wird, mit der Eintragung der Umwandlung in das Handelsregister wirksam; § 202 Absätze 1 und 3 UmwG sind entsprechend anzuwenden.

(3) Ist bei der Kapitalgesellschaft ein Betriebsrat eingerichtet, bleibt dieser nach dem Wirksamwerden der Umwandlung als Personalrat der selbstständigen Kommunalanstalt bis zur Neuwahl des Personalrats, längstens bis zu einem Jahr nach Inkrafttreten der Umwandlung, bestehen. Er nimmt die dem Personalrat nach dem Landespersonalvertretungsgesetz (LPVG) zustehenden Befugnisse und Pflichten wahr. Die in der Kapitalgesellschaft im Zeitpunkt der Umwandlung bestehenden Betriebsvereinbarungen gelten in der selbstständigen Kommunalanstalt für längstens bis zu dem in Satz 1 genannten Zeitpunkt als Dienstvereinbarungen fort, soweit § 85 LPVG nicht entgegensteht und sie nicht durch andere Regelungen ersetzt werden.

§ 102d Sonstige Vorschriften für selbstständige Kommunalanstalten

(1) Der Jahresabschluss und der Lagebericht der selbstständigen Kommunalanstalt werden in entsprechender Anwendung der Vorschriften des Dritten Buchs des Handelsgesetzbuchs für große Kapitalgesellschaften aufgestellt. Die obere Rechtsaufsichtsbehörde kann für kleine selbstständige Kommunalanstalten, die kleinen Kapitalgesellschaften nach § 267 Absatz 1 des Handelsgesetzbuchs oder Kleinstkapitalgesellschaften nach § 267a Absatz 1 des Handelsgesetzbuchs entsprechen, Ausnahmen für die Erfordernisse der Rechnungslegung zulassen.

(2) Bei Gemeinden mit einem obligatorischen Rechnungsprüfungsamt gemäß § 109 Absatz 1 hat dieses den Jahresabschluss der selbstständigen Kommunalanstalt zu prüfen. Die örtliche Prüfung erfolgt in entsprechender Anwendung der § 111 Absatz 1 und § 112 Absatz 1; der Verwaltungsrat tritt an die Stelle des Gemeinderats. Das Rechnungsprüfungsamt hat das Recht, sich zur Klärung von Fragen, die

§ 103 GemO

bei der Prüfung auftreten, unmittelbar zu unterrichten und zu diesem Zweck den Betrieb, die Bücher und Schriften der selbstständigen Kommunalanstalt einzusehen. Weitergehende gesetzliche Vorschriften für die Prüfung des Jahresabschlusses bleiben unberührt.

(3) Die überörtliche Prüfung der selbstständigen Kommunalanstalt erfolgt in entsprechender Anwendung des § 114 durch die nach § 113 für die Gemeinde zuständige Prüfungsbehörde. Absatz 2 Satz 3 gilt entsprechend.

(4) Der Jahresabschluss und der Lagebericht sowie der Prüfungsbericht sind an die Gemeinde zu übersenden. Für die Offenlegung des Jahresabschlusses und den Beteiligungsbericht gilt § 105 Absatz 1 Nummer 2 und Absatz 2 entsprechend.

(5) Die §§ 118 bis 129 sind entsprechend anwendbar. Rechtsaufsichtsbehörde ist die für die Gemeinde zuständige Rechtsaufsichtsbehörde.

(6) Die Gemeinde kann die selbstständige Kommunalanstalt auflösen. Das Vermögen einer aufgelösten selbstständigen Kommunalanstalt geht im Wege der Gesamtrechtsnachfolge auf die Gemeinde über. Für die Beamten und Versorgungsempfänger der selbstständigen Kommunalanstalt gelten die §§ 26 bis 30 des Landesbeamtengesetzes.

§ 103 Unternehmen in Privatrechtsform[*]

(1) Die Gemeinde darf ein Unternehmen in einer Rechtsform des privaten Rechts nur errichten, übernehmen, wesentlich erweitern oder sich daran beteiligen, wenn
1. das Unternehmen seine Aufwendungen nachhaltig zu mindestens 25 vom Hundert mit Umsatzerlösen zu decken vermag,
2. im Gesellschaftsvertrag oder in der Satzung sichergestellt ist, dass der öffentliche Zweck des Unternehmens erfüllt wird,
3. die Gemeinde einen angemessenen Einfluss, insbesondere im Aufsichtsrat oder in einem entsprechenden Überwachungsorgan des Unternehmens erhält,

---

[*] Anm. des Bearbeiters:
Für die Anpassung der Gesellschaftsverträge und Satzungen, die zum Zeitpunkt des Inkrafttretens des Gesetzes zur Änderung gemeindewirtschaftsrechtlicher Vorschriften und anderer Gesetze vom 19.7.1999 (GBl. S. 292) rechtsverbindlich waren, gilt Artikel 8 § 1 dieses Gesetzes:

4. die Haftung der Gemeinde auf einen ihrer Leistungsfähigkeit angemessenen Betrag begrenzt wird,
5. bei einer Beteiligung mit Anteilen in dem in § 53 des Haushaltsgrundsätzegesetzes bezeichneten Umfang im Gesellschaftsvertrag oder in der Satzung sichergestellt ist, dass
   a) in sinngemäßer Anwendung der für Eigenbetriebe geltenden Vorschriften für jedes Wirtschaftsjahr ein Wirtschaftsplan aufgestellt und der Wirtschaftsführung eine fünfjährige Finanzplanung zu Grunde gelegt wird,
   b) der Jahresabschluss und der Lagebericht in entsprechender Anwendung der Vorschriften des Dritten Buchs des Handelsgesetzbuchs für große Kapitalgesellschaften aufgestellt und in entsprechender Anwendung dieser Vorschriften geprüft werden, sofern nicht die Vorschriften des Handelsgesetzbuchs bereits unmittelbar gelten oder weitergehende gesetzliche Vorschriften gelten oder andere gesetzliche Vorschriften entgegenstehen,
   c) der Gemeinde der Wirtschaftsplan und die Finanzplanung des Unternehmens, der Jahresabschluss und der Lagebericht sowie der Prüfungsbericht des Abschlussprüfers übersandt werden, soweit dies nicht bereits gesetzlich vorgesehen ist,

---

Artikel 8 Übergangsbestimmungen

§ 1 Anpassung von Gesellschaftsverträgen und Satzungen nach §§ 103, 103a, 105a und 106a der Gemeindeordnung

(1) Die Gemeinde hat darauf hinzuwirken, dass
1. bei einem bestehenden Unternehmen in einer Rechtsform des privaten Rechts, an dem sie beteiligt ist, die Voraussetzungen des § 103 Abs. 1 Satz 1 Nr. 2 bis 5 der Gemeindeordnung erfüllt werden,
2. unbeschadet der Nummer 1 bei einem bestehenden Unternehmen in der Rechtsform einer Gesellschaft mit beschränkter Haftung, an dem sie beteiligt ist, die Voraussetzungen des § 103a der Gemeindeordnung erfüllt werden,
3. bei einem bestehenden Unternehmen in einer Rechtsform des privaten Rechts, an dem sie nach Maßgabe des § 105a Abs. 1 der Gemeindeordnung mittelbar beteiligt ist, die Voraussetzungen des § 105a Abs. 1 Satz 1 Nr. 2 Buchst. a und b der Gemeindeordnung erfüllt werden.

(2) Absatz 1 gilt für eine bestehende Einrichtung in einer Rechtsform des privaten Rechts, an der die Gemeinde unmittelbar oder mittelbar nach Maßgabe des § 105a Abs. 1 der Gemeindeordnung beteiligt ist, entsprechend.

§ 103 GemO

d) für die Prüfung der Betätigung der Gemeinde bei dem Unternehmen dem Rechnungsprüfungsamt und der für die überörtliche Prüfung zuständigen Prüfungsbehörde die in § 54 des Haushaltsgrundsätzegesetzes vorgesehenen Befugnisse eingeräumt sind,
e) das Recht zur überörtlichen Prüfung der Haushalts- und Wirtschaftsführung des Unternehmens nach Maßgabe des § 114 Abs. 1 eingeräumt ist,
f) der Gemeinde die für die Aufstellung des Gesamtabschlusses (§ 95a) erforderlichen Unterlagen und Auskünfte zu dem von ihr bestimmten Zeitpunkt eingereicht werden.[*]

Die obere Rechtsaufsichtsbehörde kann in besonderen Fällen von dem Mindestgrad der Aufwandsdeckung nach Satz 1 Nr. 1 und dem Prüfungserfordernis nach Satz 1 Nr. 5 Buchst. b, wenn andere geeignete Prüfungsmaßnahmen gewährleistet sind, Ausnahmen zulassen. Für kleine Kapitalgesellschaften nach § 267 Absatz 1 des Handelsgesetzbuchs und für Kleinstkapitalgesellschaften nach § 267a Absatz 1 des Handelsgesetzbuchs kann sie auch Ausnahmen für die Erfordernisse der Rechnungslegung nach Satz 1 Nummer 5 Buchstabe b zulassen.

(2) Die Gemeinde darf unbeschadet des Absatzes 1 ein Unternehmen in der Rechtsform einer Aktiengesellschaft nur errichten, übernehmen oder sich daran beteiligen, wenn der öffentliche Zweck des Unternehmens nicht ebenso gut in einer anderen Rechtsform erfüllt wird oder erfüllt werden kann.

(3) Die Gemeinde hat ein Unternehmen in einer Rechtsform des privaten Rechts, an dem sie mit mehr als 50 vom Hundert beteiligt ist, so zu steuern und zu überwachen, dass der öffentliche Zweck nachhaltig erfüllt und das Unternehmen wirtschaftlich geführt wird; bei einer geringeren Beteiligung hat die Gemeinde darauf hinzuwirken. Zuschüsse der Gemeinde zum Ausgleich von Verlusten sind so gering wie möglich zu halten.

---

[*] Anm. des Bearbeiters: Die Vorschrift ist anzuwenden nach Einführung der Kommunalen Doppik, s. S. 220.

§ 103a Unternehmen in der Rechtsform einer Gesellschaft mit beschränkter Haftung*

Die Gemeinde darf unbeschadet des § 103 Abs. 1 ein Unternehmen in der Rechtsform einer Gesellschaft mit beschränkter Haftung nur errichten, übernehmen, wesentlich erweitern oder sich daran beteiligen, wenn im Gesellschaftsvertrag sichergestellt ist, dass die Gesellschafterversammlung auch beschließt über
1. den Abschluss und die Änderung von Unternehmensverträgen im Sinne der §§ 291 und 292 Abs. 1 des Aktiengesetzes,
2. die Übernahme neuer Aufgaben von besonderer Bedeutung im Rahmen des Unternehmensgegenstands,
3. die Errichtung, den Erwerb und die Veräußerung von Unternehmen und Beteiligungen, sofern dies im Verhältnis zum Geschäftsumfang der Gesellschaft wesentlich ist,
4. die Feststellung des Jahresabschlusses und die Verwendung des Ergebnisses.

§ 104 Vertretung der Gemeinde in Unternehmen in Privatrechtsform

(1) Der Bürgermeister vertritt die Gemeinde in der Gesellschafterversammlung oder in dem entsprechenden Organ der Unternehmen in einer Rechtsform des privaten Rechts, an denen die Gemeinde beteiligt ist; er kann einen Gemeindebediensteten mit seiner Vertretung beauftragen. Die Gemeinde kann weitere Vertreter entsenden und deren Entsendung zurücknehmen; ist mehr als ein weiterer Vertreter zu entsenden und kommt eine Einigung über deren Entsendung nicht zu Stande, finden die Vorschriften über die Wahl der Mitglieder beschließender Ausschüsse des Gemeinderats Anwendung. Die Gemeinde kann ihren Vertretern Weisungen erteilen.

(2) Ist der Gemeinde das Recht eingeräumt, mehr als ein Mitglied des Aufsichtsrats oder eines entsprechenden Organs eines Unternehmens zu entsenden, finden die Vorschriften über die Wahl der Mitglieder beschließender Ausschüsse des Gemeinderats Anwendung, soweit eine Einigung über die Entsendung nicht zu Stande kommt.

---

* Anm. des Bearbeiters: Zur Anpassungspflicht von Gesellschaftsverträgen und Satzungen s. Anm. zu § 103.

§ 105 GemO

(3) Die von der Gemeinde entsandten oder auf ihren Vorschlag gewählten Mitglieder des Aufsichtsrats oder eines entsprechenden Überwachungsorgans eines Unternehmens haben bei ihrer Tätigkeit auch die besonderen Interessen der Gemeinde zu berücksichtigen.

(4) Werden Vertreter der Gemeinde aus ihrer Tätigkeit in einem Organ eines Unternehmens haftbar gemacht, hat ihnen die Gemeinde den Schaden zu ersetzen, es sei denn, dass sie ihn vorsätzlich oder grob fahrlässig herbeigeführt haben. Auch in diesem Fall ist die Gemeinde schadensersatzpflichtig, wenn ihre Vertreter nach Weisung gehandelt haben.

§ 105 Prüfung, Offenlegung und Beteiligungsbericht

(1) Ist die Gemeinde an einem Unternehmen in einer Rechtsform des privaten Rechts in dem in § 53 des Haushaltsgrundsätzegesetzes bezeichneten Umfang beteiligt, hat sie
1. die Rechte nach § 53 Abs. 1 Nr. 1 und 2 des Haushaltgrundsätzegesetzes auszuüben,
2. dafür zu sorgen, dass
    a) der Beschluss über die Feststellung des Jahresabschlusses zusammen mit dessen Ergebnis, das Ergebnis der Prüfung des Jahresabschlusses und des Lageberichts sowie die beschlossene Verwendung des Jahresüberschusses oder die Behandlung des Jahresfehlbetrags ortsüblich bekannt gegeben werden,
    b) gleichzeitig mit der Bekanntgabe der Jahresabschluss und der Lagebericht an sieben Tagen öffentlich ausgelegt werden und in der Bekanntgabe auf die Auslegung hingewiesen wird.

(2) Die Gemeinde hat zur Information des Gemeinderats und ihrer Einwohner jährlich einen Bericht über die Unternehmen in einer Rechtsform des privaten Rechts, an denen sie unmittelbar oder mit mehr als 50 vom Hundert mittelbar beteiligt ist, zu erstellen. In dem Beteiligungsbericht sind für jedes Unternehmen mindestens darzustellen:
1. der Gegenstand des Unternehmens, die Beteiligungsverhältnisse, die Besetzung der Organe und die Beteiligungen des Unternehmens,
2. der Stand der Erfüllung des öffentlichen Zwecks des Unternehmens,
3. für das jeweilige letzte Geschäftsjahr die Grundzüge des Geschäftsverlaufs, die Lage des Unternehmens, die Kapitalzuführun-

gen und -entnahmen durch die Gemeinde und im Vergleich mit den Werten des vorangegangenen Geschäftsjahres die durchschnittliche Zahl der beschäftigten Arbeitnehmer getrennt nach Gruppen, die wichtigsten Kennzahlen der Vermögens-, Finanz- und Ertragslage des Unternehmens sowie die gewährten Gesamtbezüge der Mitglieder der Geschäftsführung und des Aufsichtsrats oder der entsprechenden Organe des Unternehmens für jede Personengruppe; § 286 Abs. 4 des Handelsgesetzbuchs gilt entsprechend.
Ist die Gemeinde unmittelbar mit weniger als 25 vom Hundert beteiligt, kann sich die Darstellung auf den Gegenstand des Unternehmens, die Beteiligungsverhältnisse und den Stand der Erfüllung des öffentlichen Zwecks des Unternehmens beschränken.

(3) Die Erstellung des Beteiligungsberichts ist ortsüblich bekannt zu geben; Absatz 1 Nr. 2 Buchst. b gilt entsprechend.

(4) Die Rechtsaufsichtsbehörde kann verlangen, dass die Gemeinde ihr den Beteiligungsbericht und den Prüfungsbericht mitteilt.

§ 105a Mittelbare Beteiligungen an Unternehmen in Privatrechtsform*

(1) Die Gemeinde darf der Beteiligung eines Unternehmens, an dem sie mit mehr als 50 vom Hundert beteiligt ist, an einem anderen Unternehmen nur zustimmen, wenn
1. die Voraussetzungen des § 102 Abs. 1 Nr. 1 und 3 vorliegen,
2. bei einer Beteiligung des Unternehmens von mehr als 50 vom Hundert an dem anderen Unternehmen
   a) die Voraussetzungen des § 103 Abs. 1 Satz 1 Nr. 2 bis 4 vorliegen,
   b) die Voraussetzungen des § 103a vorliegen, sofern das Unternehmen, an dem die Gemeinde unmittelbar beteiligt ist, und das andere Unternehmen Gesellschaften mit beschränkter Haftung sind,
   c) die Voraussetzung des § 103 Abs. 2 vorliegt, sofern das andere Unternehmen eine Aktiengesellschaft ist.

Beteiligungen sind auch mittelbare Beteiligungen. Anteile mehrerer Gemeinden sind zusammenzurechnen.

---

* Anm. des Bearbeiters: Zur Anpassungspflicht von Gesellschaftsverträgen und Satzungen s. Anm. zu § 103.

§§ 106–106b GemO

(2) § 103 Abs. 3 und, soweit der Gemeinde für das andere Unternehmen Entsendungsrechte eingeräumt sind, § 104 Abs. 2 bis 4 gelten entsprechend.

(3) Andere Bestimmungen zur mittelbaren Beteiligung der Gemeinde an Unternehmen in einer Rechtsform des privaten Rechts bleiben unberührt.

§ 106 Veräußerung von Unternehmen und Beteiligungen

Die Veräußerung eines Unternehmens, von Teilen eines solchen oder einer Beteiligung an einem Unternehmen sowie andere Rechtsgeschäfte, durch welche die Gemeinde ihren Einfluss auf das Unternehmen verliert oder vermindert, sind nur zulässig, wenn die Erfüllung der Aufgaben der Gemeinde nicht beeinträchtigt wird.

§ 106a Einrichtungen in Privatrechtsform*

Die §§ 103 bis 106 gelten für Einrichtungen im Sinne des § 102 Abs. 4 Satz 1 Nr. 2 in einer Rechtsform des privaten Rechts entsprechend.

§ 106b Vergabe von Aufträgen

(1) Die Gemeinde ist verpflichtet, ihre Gesellschafterrechte in Unternehmen des privaten Rechts, auf die sie durch mehrheitliche Beteiligung oder in sonstiger Weise direkt oder indirekt bestimmenden Einfluss nehmen kann, so auszuüben, dass
1. diese die Verdingungsordnung für Bauleistungen (VOB) sowie § 22 Abs. 1 bis 4 des Mittelstandsförderungsgesetzes anwenden und
2. ihnen die Anwendung der Verdingungsordnung für Leistungen (VOL) empfohlen wird,

wenn diese Unternehmen öffentliche Auftraggeber im Sinne von § 98 Nr. 2 des Gesetzes gegen Wettbewerbsbeschränkungen sind. Satz 1 gilt für Einrichtungen im Sinne des § 102 Abs. 4 Satz 1 Nr. 2 in einer Rechtsform des privaten Rechts entsprechend.

---

* Anm. des Bearbeiters: Zur Anpassungspflicht von Gesellschaftsverträgen und Satzungen s. Anm. zu § 103.

(2) Die Verpflichtung nach Absatz 1 entfällt in der Regel
1. bei wirtschaftlichen Unternehmen, soweit sie
   a) mit ihrer gesamten Tätigkeit an einem entwickelten Wettbewerb teilnehmen und ihre Aufwendungen ohne Zuschüsse aus öffentlichen Haushalten zu decken vermögen oder
   b) mit der gesamten Tätigkeit einzelner Geschäftsbereiche an einem entwickelten Wettbewerb teilnehmen und dabei ihre Aufwendungen ohne Zuschüsse aus öffentlichen Haushalten zu decken vermögen,
2. bei Aufträgen der in § 100 Abs. 2 des Gesetzes gegen Wettbewerbsbeschränkungen genannten Art,
3. bei Aufträgen, deren Wert voraussichtlich weniger als 30 000 Euro (ohne Umsatzsteuer) beträgt.

Auch bei Vorliegen der Ausnahmevoraussetzungen nach Satz 1 besteht die Verpflichtung nach Absatz 1, soweit die Unternehmen Aufträge für ein Vorhaben vergeben, für das sie öffentliche Mittel in Höhe von mindestens 30 000 Euro in Anspruch nehmen.

§ 107 Energie- und Wasserverträge

(1) Die Gemeinde darf Verträge über die Lieferung von Energie oder Wasser in das Gemeindegebiet sowie Konzessionsverträge, durch die sie einem Energieversorgungsunternehmen oder einem Wasserversorgungsunternehmen die Benutzung von Gemeindeeigentum einschließlich der öffentlichen Straßen, Wege und Plätze für Leitungen zur Versorgung der Einwohner überlässt, nur abschließen, wenn die Erfüllung der Aufgaben der Gemeinde nicht gefährdet wird und die berechtigten wirtschaftlichen Interessen der Gemeinde und ihrer Einwohner gewahrt sind. Hierüber soll dem Gemeinderat vor der Beschlussfassung das Gutachten eines unabhängigen Sachverständigen vorgelegt werden.

(2) Dasselbe gilt für eine Verlängerung oder ihre Ablehnung sowie eine wichtige Änderung derartiger Verträge.

§ 108 Vorlagepflicht

Beschlüsse der Gemeinde über Maßnahmen und Rechtsgeschäfte nach § 103 Abs. 1 und 2, §§ 103a, 105a Abs. 1, §§ 106, 106a und 107

§ 109 GemO

sind der Rechtsaufsichtsbehörde unter Nachweis der gesetzlichen Voraussetzungen vorzulegen.

4. Abschnitt: **Prüfungswesen**

1. Örtliche Prüfung

§ 109 Prüfungseinrichtungen

(1) Stadtkreise und Große Kreisstädte müssen ein Rechnungsprüfungsamt als besonderes Amt einrichten, sofern sie sich nicht eines anderen kommunalen Rechnungsprüfungsamts bedienen. Andere Gemeinden können ein Rechnungsprüfungsamt einrichten oder sich eines anderen kommunalen Rechnungsprüfungsamts bedienen. Gemeinden ohne Rechnungsprüfungsamt können einen geeigneten Bediensteten als Rechnungsprüfer bestellen oder sich eines anderen kommunalen Rechnungsprüfers bedienen; §§ 110 bis 112 gelten entsprechend.

(2) Das Rechnungsprüfungsamt ist bei der Erfüllung der ihm zugewiesenen Prüfungsaufgaben unabhängig und an Weisungen nicht gebunden. Es untersteht im Übrigen dem Bürgermeister unmittelbar.

(3) Der Leiter des Rechnungsprüfungsamts muss hauptamtlicher Bediensteter sein. Er muss die Befähigung zum Gemeindefachbediensteten haben oder eine abgeschlossene wirtschaftswissenschaftliche Vorbildung nachweisen und die für sein Amt erforderliche Erfahrung und Eignung besitzen.

(4) Die Leitung des Rechnungsprüfungsamts kann einem Bediensteten nur durch Beschluss des Gemeinderats und nur dann entzogen werden, wenn die ordnungsgemäße Erfüllung seiner Aufgaben nicht mehr gewährleistet ist. Der Beschluss muss mit einer Mehrheit von zwei Dritteln der Stimmen aller Mitglieder des Gemeinderats gefasst werden und ist der Rechtsaufsichtsbehörde vorzulegen.

(5) Der Leiter und die Prüfer des Rechnungsprüfungsamts dürfen zum Bürgermeister, zu einem Beigeordneten, einem Stellvertreter des Bürgermeisters, zum Fachbediensteten für das Finanzwesen sowie zum Kassenverwalter, zu dessen Stellvertreter und zu anderen Bediensteten der Gemeindekasse nicht in einem die Befangenheit begründenden Verhältnis nach § 18 Abs. 1 Nr. 1 bis 3 stehen. Sie dürfen eine

andere Stellung in der Gemeinde nur innehaben, wenn dies mit der Unabhängigkeit und den Aufgaben des Rechnungsprüfungsamts vereinbar ist. Sie dürfen Zahlungen für die Gemeinde weder anordnen noch ausführen.

(6) Für den Rechnungsprüfer gelten die Absätze 2, 4 und 5 entsprechend.

§ 110 Örtliche Prüfung des Jahresabschlusses und des Gesamtabschlusses[*]

(1) Das Rechnungsprüfungsamt hat den Jahresabschluss und den Gesamtabschluss vor der Feststellung durch den Gemeinderat daraufhin zu prüfen, ob
1. bei den Erträgen, Aufwendungen, Einzahlungen und Auszahlungen sowie bei der Vermögens- und Schuldenverwaltung nach dem Gesetz und den bestehenden Vorschriften verfahren worden ist,
2. die einzelnen Rechnungsbeträge sachlich und rechnerisch in vorschriftsmäßiger Weise begründet und belegt sind,
3. der Haushaltsplan eingehalten worden ist und
4. das Vermögen sowie die Schulden und Rückstellungen richtig nachgewiesen worden sind.

Der Gesamtabschluss ist unter Berücksichtigung der Ergebnisse der Prüfung nach § 111 und vorhandener Jahresabschlussprüfungen zu prüfen.

(2) Das Rechnungsprüfungsamt hat die Prüfung innerhalb von vier Monaten nach Aufstellung des Jahresabschlusses und des Gesamtabschlusses durchzuführen. Es legt dem Bürgermeister einen Bericht über das Prüfungsergebnis vor. Dieser veranlasst die Aufklärung von Beanstandungen. Das Rechnungsprüfungsamt fasst seine Bemerkungen in einem Schlussbericht zusammen, der dem Gemeinderat vorzulegen ist.

---

[*] Anm. des Bearbeiters: Zur vorläufigen Fortgeltung der bisherigen Fassung s. S. 214 ff.

§§ 111, 112 GemO

§ 111 Örtliche Prüfung der Jahresabschlüsse der Eigenbetriebe, Sonder- und Treuhandvermögen

(1) Das Rechnungsprüfungsamt hat die Jahresabschlüsse der Eigenbetriebe vor der Feststellung durch den Gemeinderat auf Grund der Unterlagen der Gemeinde und der Eigenbetriebe in entsprechender Anwendung des § 110 Abs. 1 zu prüfen. Die Prüfung ist innerhalb von vier Monaten nach Aufstellung der Jahresabschlüsse durchzuführen. Bei der Prüfung ist ein vorhandenes Ergebnis einer Jahresabschlussprüfung zu berücksichtigen.

(2) Absatz 1 gilt entsprechend für Sondervermögen nach § 96 Abs. 1 Nr. 4 sowie Treuhandvermögen nach § 97 Abs. 1 Satz 1, sofern für diese Vermögen die für die Wirtschaftsführung und das Rechnungswesen der Eigenbetriebe geltenden Vorschriften entsprechend angewendet werden.

§ 112 Weitere Aufgaben des Rechnungsprüfungsamts*

(1) Außer der Prüfung des Jahresabschlusses und des Gesamtabschlusses (§ 110) und der Jahresabschlüsse der Eigenbetriebe, Sonder- und Treuhandvermögen (§ 111) obliegt dem Rechnungsprüfungsamt
1. die laufende Prüfung der Kassenvorgänge bei der Gemeinde und bei den Eigenbetrieben zur Vorbereitung der Prüfung der Jahresabschlüsse,
2. die Kassenüberwachung, insbesondere die Vornahme der Kassenprüfungen bei den Kassen der Gemeinde und Eigenbetriebe.

(2) Der Gemeinderat kann dem Rechnungsprüfungsamt weitere Aufgaben übertragen, insbesondere
1. die Prüfung der Organisation und Wirtschaftlichkeit der Verwaltung,
2. die Prüfung der Ausschreibungsunterlagen und des Vergabeverfahrens auch vor dem Abschluss von Lieferungs- und Leistungsverträgen,
3. die Prüfung der Betätigung der Gemeinde bei Unternehmen und Einrichtungen in einer Rechtsform des privaten Rechts, an denen die Gemeinde beteiligt ist, und

---

* Anm. des Bearbeiters: Zur vorläufigen Fortgeltung der bisherigen Fassung s. S. 214 ff.

Prüfungswesen   GemO §§ 113, 114

4. die Buch-, Betriebs- und Kassenprüfungen, die sich die Gemeinde bei einer Beteiligung, bei der Hergabe eines Darlehens oder sonst vorbehalten hat.

2. Überörtliche Prüfung

§ 113 Prüfungsbehörden

(1) Prüfungsbehörde ist die Rechtsaufsichtsbehörde, bei Gemeinden mit mehr als 4000 Einwohnern die Gemeindeprüfungsanstalt. Die Gemeindeprüfungsanstalt handelt im Auftrag der Rechtsaufsichtsbehörde unter eigener Verantwortung.

(2) Die Zuständigkeiten der Prüfungsbehörden nach Absatz 1 Satz 1 wechseln nur, wenn die Einwohnergrenze in drei aufeinander folgenden Jahren jeweils überschritten oder jeweils unterschritten wird. Die Änderung tritt mit dem Beginn des dritten Jahres ein. Ist mit der Prüfung bereits begonnen worden, bleibt die Zuständigkeit bis zu deren Abschluss nach § 114 Abs. 5 unverändert.

§ 114 Aufgaben und Gang der überörtlichen Prüfung[*]

(1) Die überörtliche Prüfung erstreckt sich darauf, ob bei der Haushalts-, Kassen- und Rechnungsführung, der Wirtschaftsführung und dem Rechnungswesen sowie der Vermögensverwaltung der Gemeinde sowie ihrer Sonder- und Treuhandvermögen die gesetzlichen Vorschriften eingehalten worden sind. Bei der Prüfung sind vorhandene Ergebnisse der örtlichen Prüfung des Jahresabschlusses und des Gesamtabschlusses (§ 110), der Jahresabschlüsse der Eigenbetriebe, Sonder- und Treuhandvermögen (§ 111) und einer Jahresabschlussprüfung zu berücksichtigen.

(2) Auf Antrag der Gemeinde soll die Prüfungsbehörde diese in Fragen der Organisation und Wirtschaftlichkeit der Verwaltung beraten.

(3) Die überörtliche Prüfung soll innerhalb von vier Jahren nach Ende des Haushaltsjahres unter Einbeziehung sämtlicher vorliegender Jahresabschlüsse, Gesamtabschlüsse und Jahresabschlüsse der Eigenbetriebe, Sonder- und Treuhandvermögen vorgenommen werden.

---

[*] Anm. des Bearbeiters: Zur vorläufigen Fortgeltung der bisherigen Fassung s. S. 214 ff.

§ 114a GemO

Gemeindewirtschaft

Hierfür kann eine maschinelle Bereitstellung bestimmter Planungs-, Buchführungs- und Rechnungsergebnisdaten verlangt werden, wenn für das Haushalts- und Rechnungswesen der Gemeinde Verfahren der automatisierten Datenverarbeitung eingesetzt werden.

(4) Die Prüfungsbehörde teilt das Ergebnis der überörtlichen Prüfung in Form eines Prüfungsberichts der Gemeinde und, wenn die Gemeindeprüfungsanstalt Prüfungsbehörde ist, der Rechtsaufsichtsbehörde mit. Über den wesentlichen Inhalt des Prüfungsberichts ist der Gemeinderat zu unterrichten (§ 43 Abs. 5); jedem Gemeinderat ist auf Verlangen Einsicht in den Prüfungsbericht zu gewähren.

(5) Die Gemeinde hat zu den Feststellungen des Prüfungsberichts über wesentliche Anstände gegenüber der Rechtsaufsichtsbehörde und, wenn die Gemeindeprüfungsanstalt Prüfungsbehörde ist, gegenüber dieser innerhalb einer dafür bestimmten Frist Stellung zu nehmen; dabei ist mitzuteilen, ob den Feststellungen Rechnung getragen ist. Hat die überörtliche Prüfung keine wesentlichen Anstände ergeben oder sind diese erledigt, bestätigt die Rechtsaufsichtsbehörde dies der Gemeinde zum Abschluss der Prüfung. Soweit wesentliche Anstände nicht erledigt sind, schränkt die Rechtsaufsichtsbehörde die Bestätigung entsprechend ein; ist eine Erledigung noch möglich, veranlasst sie gleichzeitig die Gemeinde, die erforderlichen Maßnahmen durchzuführen.

3. Programmprüfung

§ 114a

(1) Die im Rechnungswesen sowie die zur Feststellung und Abwicklung von Zahlungsverpflichtungen und Ansprüchen eingesetzten Programme von erheblicher finanzwirtschaftlicher Bedeutung sind darauf zu prüfen, ob sie bei Beachtung der Einsatzbedingungen eine ordnungsgemäße und ausreichend sichere Abwicklung der zentralen Finanzvorgänge gewährleisten. Die Prüfung ist von der Datenzentrale und den Zusammenschlüssen der kommunalen Datenverarbeitung und deren Unternehmen (DV-Verbund) für die von ihnen angebotenen Programme, sonst von der Gemeinde, die das Programm einsetzt, zu veranlassen. Das Gleiche gilt für wesentliche Programmänderungen. Es ist Gelegenheit zu geben, Prüfungshandlungen bereits bei der Vorbereitung des Programmeinsatzes vorzunehmen (begleitende Prüfung) und die Ordnungsmäßigkeit an Ort und Stelle zu prüfen.

(2) Die Programmprüfung erfolgt durch die Gemeindeprüfungsanstalt. Sie kann auch sonstige Programme von erheblicher kommunalwirtschaftlicher, betriebswirtschaftlicher oder statistischer Bedeutung und Verbreitung prüfen.

4. *(aufgehoben)*

§ 115 *(aufgehoben)*

5. Abschnitt: **Besorgung des Finanzwesens**

§ 116*

(1) Die Aufstellung des Haushaltsplans, des Finanzplans, des Jahresabschlusses und des Gesamtabschlusses, die Haushaltsüberwachung sowie die Verwaltung des Geldvermögens und der Schulden sollen bei einem Bediensteten zusammengefasst werden (Fachbediensteter für das Finanzwesen).

(2) Der Fachbedienstete für das Finanzwesen muss die Befähigung zum Gemeindefachbediensteten haben oder eine abgeschlossene wirtschaftswissenschaftliche Vorbildung nachweisen.

(3) Der Kassenverwalter untersteht dem für die Besorgung des Finanzwesens bestellten Bediensteten.

6. Abschnitt: **Unwirksame und nichtige Rechtsgeschäfte**

§ 117

(1) Geschäfte des bürgerlichen Rechtsverkehrs sind bis zur Erteilung der nach den Vorschriften des Dritten Teils erforderlichen Genehmigung der Rechtsaufsichtsbehörde unwirksam; wird die Genehmigung versagt, sind sie nichtig.

---

* Anm. des Bearbeiters: Zur vorläufigen Fortgeltung der bisherigen Fassung s. S. 214 ff.

§ 118 GemO

(2) Rechtsgeschäfte, die gegen das Verbot des § 87 Abs. 6, § 88 Abs. 1 und § 102 Abs. 5 verstoßen, sind nichtig.

Vierter Teil: **Aufsicht**

§ 118 Wesen und Inhalt der Aufsicht

(1) Die Aufsicht in weisungsfreien Angelegenheiten beschränkt sich darauf, die Gesetzmäßigkeit der Verwaltung sicherzustellen, soweit gesetzlich nichts anderes bestimmt ist (Rechtsaufsicht).

(2) Die Aufsicht über die Erfüllung von Weisungsaufgaben bestimmt sich nach den hierüber erlassenen Gesetzen (Fachaufsicht).

(3) Die Aufsicht ist so auszuüben, dass die Entschlusskraft und die Verantwortungsfreudigkeit der Gemeinde nicht beeinträchtigt werden.

VwV GemO zu § 118:

1. Die Rechts- und Fachaufsichtsbehörden haben darauf zu achten, dass die Entschlusskraft und Verantwortungsfreudigkeit der Gemeinden nicht beeinträchtigt werden. Verstöße gegen gesetzliche Bestimmungen und gegen gesetzlich zulässige Weisungen dürfen nur dann zum Anlass für förmliche Aufsichtsmaßnahmen genommen werden, wenn dies im öffentlichen Interesse geboten ist. Wenn eine beratende Einwirkung auf die Gemeinde oder ein Hinweis zum Erfolg führen können, ist von förmlichen Aufsichtsmaßnahmen abzusehen. Die gleichen Grundsätze gelten auch für die Erteilung von Weisungen im Bereich der Fachaufsicht. Diese Art der Aufsichtsführung setzt Vertrauen der Aufsichtsbehörden in das Verantwortungsbewusstsein der Gemeindeorgane voraus, erfordert aber andererseits auch von den Gemeinden Verständnis für die Notwendigkeit der Aufrechterhaltung der Rechtsordnung und Bereitschaft zu vertrauensvoller Zusammenarbeit mit den Aufsichtsbehörden. Die Landesbehörden haben die Grundsätze der Landesregierung über die Zusammenarbeit zwischen den Landesbehörden und den kommunalen Selbstverwaltungskörperschaften vom 2. März 1982 (GABl. S. 297) zu beachten.

Aufsicht **GemO § 118**

2. Die Gemeindeordnung erwähnt die Verpflichtung der Rechtsaufsichtsbehörde zur Beratung und Betreuung der Gemeinde nicht. Aus dem Verhältnis von Staat und Gemeinden (§ 1 Abs. 1) und der Notwendigkeit ihres Zusammenwirkens, das im Interesse einer gedeihlichen Verwaltung aller öffentlichen Aufgaben liegt, ergibt sich für die Aufsichtsbehörden, insbesondere aber für die Rechtsaufsichtsbehörde, die Verpflichtung, ihre überörtlichen Erfahrungen für die Verwaltung der Gemeinde durch deren Organe nutzbar zu machen. Die Beratung muss jedoch nach dem Grundsatz des § 118 Abs. 3 mit Zurückhaltung ausgeübt werden. Die Aufsichtsbehörden haben sich bei ihrer Beratung auf die wichtigen Angelegenheiten der Gemeinde zu beschränken, bei denen es im Interesse der Gemeinde und der staatlichen Gesamtordnung erwünscht und zweckmäßig ist, überörtliche Erfahrungen und ein von etwaigen örtlichen Bindungen und Belastungen freies Urteil zur Geltung zu bringen. Soweit die Aufsichtsbehörden in weisungsfreien Angelegenheiten in Fragen der Zweckmäßigkeit eine Ansicht vertreten, die vom Standpunkt der Gemeindeorgane abweicht, ist bei der Beratung ganz besondere Zurückhaltung geboten, weil es gerade der Sinn der Selbstverwaltung ist, dass die Gemeinden ihre Angelegenheiten nach pflichtmäßigem Ermessen eigenverantwortlich gestalten. Soweit die Aufsichtsbehörden jedoch rechtliche Gesichtspunkte geltend zu machen haben, müssen der Gemeinde ihre sich aus den gesetzlichen Bestimmungen ergebenden Pflichten klar vor Augen geführt werden.

3. Die Beschränkung der Aufsicht in weisungsfreien Angelegenheiten auf die Kontrolle der Gesetzmäßigkeit bedeutet, dass die Rechtsaufsichtsbehörde nur darüber zu wachen hat, dass die Gemeinde die für ihre Verwaltung geltenden gesetzlichen Bestimmungen beachtet. Hierher gehört insbesondere die Prüfung, ob die Gemeinde
   a) die ihr gesetzlich obliegenden Verpflichtungen erfüllt,
   b) die ihr gesetzlich zustehenden Befugnisse nicht überschreitet und
   c) die gesetzlichen Verfahrensvorschriften beachtet.
   Im Bereich der weisungsfreien Aufgaben kann sich die Kontrolle durch die Rechtsaufsichtsbehörde nicht auf Fragen der Zweckmäßigkeit erstrecken. Die Rechtsaufsichtsbehörde kann auf diesem Gebiet nicht in die Ermessensentscheidungen der Gemeinde eingreifen; hiervon ausgenommen sind lediglich die Entscheidungen der Gemeinden, die auf Grund der nach Artikel 75 Abs. 1 Satz 2 der Landesverfassung zulässigen Genehmigungsvorbehalte oder Erlaubnisvorbehalte einer Genehmigung der Rechtsaufsichtsbehörde bedürfen (z. B. §§ 83 Abs. 2, 86 Abs. 4, 87 Abs. 2 und 4 bis 6, 88 Abs. 2 und 3, 89 Abs. 2, 92 Abs. 4).

Da jedoch die Ermessensfreiheit der Gemeinde nicht bedeutet, dass die Entscheidungen willkürlich getroffen werden dürfen, sondern dass sie sich in den jedem Ermessen gezogenen Grenzen halten müssen, stellt jede Ermessensüberschreitung und jeder Ermessensmissbrauch eine Rechtsverletzung dar, gegen die die Rechtsaufsichtsbehörde nach den aufgezeigten Grundsätzen für die Aufsicht einzuschreiten hat.

4. Der Umfang der Aufsicht über die Erfüllung von Weisungsaufgaben ergibt sich aus dem Weisungsrecht, das in dem die Aufgabe auferlegenden Gesetz den Fachaufsichtsbehörden eingeräumt ist. Für die Fachaufsicht über die Stadtkreise und Großen Kreisstädte als untere Verwaltungsbehörden gilt § 25 des Landesverwaltungsgesetzes.

§ 119 Rechtsaufsichtsbehörden

Rechtsaufsichtsbehörde ist das Landratsamt als untere Verwaltungsbehörde, für Stadtkreise und Große Kreisstädte das Regierungspräsidium. Obere Rechtsaufsichtsbehörde ist für alle Gemeinden das Regierungspräsidium. Oberste Rechtsaufsichtsbehörde ist das Innenministerium.

VwV GemO zu § 119:

Rechtsaufsichtsbehörden im Sinne der §§ 120 bis 124 sind nur die Rechtsaufsichtsbehörden nach § 119 Satz 1. Die obere und die oberste Rechtsaufsichtsbehörde können die Mittel der Rechtsaufsicht nicht unmittelbar anwenden; ihre Einwirkungsmöglichkeit ist darauf beschränkt, der ihnen unterstellten Rechtsaufsichtsbehörde Weisungen zu erteilen.

§ 120 Informationsrecht

Soweit es zur Erfüllung ihrer Aufgaben erforderlich ist, kann sich die Rechtsaufsichtsbehörde über einzelne Angelegenheiten der Gemeinde in geeigneter Weise unterrichten.

VwV GemO zu § 120:

1. Das Informationsrecht der Rechtsaufsichtsbehörde erstreckt sich auf alle weisungsfreien Angelegenheiten der Gemeinde. Aus der Formulie-

rung „über einzelne Angelegenheiten" kann nicht geschlossen werden, dass ein Teil ausgenommen sein soll; diese Fassung bedeutet, dass die Rechtsaufsichtsbehörde nicht eine laufende und regelmäßige Unterrichtung über alle Beschlüsse und Entscheidungen der Gemeindeorgane, auch nicht beschränkt auf bestimmte Aufgabengebiete, verlangen darf. Informationen über Weisungsaufgaben darf die Rechtsaufsichtsbehörde, wenn sie nicht zugleich Fachaufsichtsbehörde ist, nur insoweit verlangen, wie dies zur Durchführung der ihr nach § 129 Abs. 2 zukommenden Aufgaben notwendig ist. Der Zustimmung der Fachaufsichtsbehörde bedarf sie hierbei nicht.
2. In § 120 sind die gebräuchlichen Informationsmittel nicht aufgezählt. Es ist in das pflichtgemäße Ermessen der Rechtsaufsichtsbehörde gestellt, auf welche Weise sie sich im Interesse einer ordnungsgemäßen Wahrnehmung ihrer Aufsichtsfunktion zuverlässig und zweckdienlich unterrichten will. Alle Auskunftsersuchen sind an das Bürgermeisteramt der Gemeinde zu richten, nicht aber an einzelne Beamte oder an den Gemeinderat. Dem Informationsrecht der Rechtsaufsichtsbehörde steht die Informationspflicht der Gemeinde gegenüber. Auch in nichtöffentlichen Sitzungen des Gemeinderats oder seiner Ausschüsse behandelte Angelegenheiten unterliegen der Auskunftspflicht gegenüber der Rechtsaufsichtsbehörde.
3. Voraussetzung für ein Informationsbegehren der Rechtsaufsichtsbehörde ist nicht ein begründeter Verdacht einer Gesetzesverletzung durch die Gemeinde, denn die Rechtsaufsichtsbehörde kann ihrer in § 118 begründeten Rechtspflicht, über die Gesetzmäßigkeit der Verwaltung der Gemeinde zu wachen, nur nachkommen, wenn sie sich stets den nötigen allgemeinen Einblick in die Verhältnisse der Gemeinde verschaffen kann. Die Rechtsaufsichtsbehörde wird im Allgemeinen von dem Informationsrecht nur aus einem konkreten Anlass Gebrauch machen. Sie kann aber auch periodische Berichterstattung verlangen, wobei jedoch darauf zu achten ist, dass diese Art der Information nur auf Gebieten verlangt wird, auf denen die Rechtsaufsichtsbehörde unter allen Umständen unterrichtet sein muss. Eines der hier in Betracht kommenden Mittel ist eine Gemeindebesichtigung. Dabei ist zu beachten, dass § 120 ein Informationsrecht der Rechtsaufsichtsbehörde begründet, das als Mittel der Rechtsaufsicht grundsätzlich nur der Kontrolle der Gesetzmäßigkeit dient. Eine weitere Beschränkung ergibt sich daraus, dass sich die Rechtsaufsichtsbehörde nur über einzelne Angelegenheiten unterrichten darf. Eine generelle Überprüfung aller Gemeindeeinrichtungen und der Erfüllung aller Aufgaben durch die Gemeinde ist daher nicht möglich. Die einzelnen Gegenstände,

§ 121 GemO — Aufsicht

über die sich die Rechtsaufsichtsbehörde unterrichten will, sind der Gemeinde vorher mitzuteilen.

§ 121 Beanstandungsrecht

(1) Die Rechtsaufsichtsbehörde kann Beschlüsse und Anordnungen der Gemeinde, die das Gesetz verletzen, beanstanden und verlangen, dass sie von der Gemeinde binnen einer angemessenen Frist aufgehoben werden. Sie kann ferner verlangen, dass Maßnahmen, die auf Grund derartiger Beschlüsse oder Anordnungen getroffen wurden, rückgängig gemacht werden. Die Beanstandung hat aufschiebende Wirkung.

(2) Ein Beschluss der Gemeinde, der nach gesetzlicher Vorschrift der Rechtsaufsichtsbehörde vorzulegen ist, darf erst vollzogen werden, wenn die Rechtsaufsichtsbehörde die Gesetzmäßigkeit bestätigt oder den Beschluss nicht innerhalb eines Monats beanstandet hat.

VwV GemO zu § 121:

1. Eine Beanstandung nach § 121 Abs. 1 kommt nur in Betracht, wenn die Gemeinde durch ein Handeln ihrer Organe das Gesetz verletzt hat, nicht dagegen bei einer rechtswidrigen Untätigkeit (Nichterfüllung gesetzlich obliegender Pflichten, § 122). Im Interesse einer vertrauensvollen Zusammenarbeit mit den Gemeinden soll die Rechtsaufsichtsbehörde vor einer förmlichen Beanstandung versuchen, durch Beratung und Hinweis auf die Rechtslage die Gemeinde zur Beachtung der gesetzlichen Bestimmungen zu veranlassen. Vor Erlass einer förmlichen Beanstandungsverfügung ist zu prüfen, ob eine derartige Maßnahme im öffentlichen Interesse geboten ist (vgl. Nr. 1 zu § 118). Muss diese Frage bejaht werden, hat die Rechtsaufsichtsbehörde die Beseitigung des gesetzwidrigen Beschlusses oder der gesetzwidrigen Anordnung zu veranlassen. Eine Beanstandung, die das Verlangen zu enthalten hat, den gesetzwidrigen Beschluss oder die Anordnung aufzuheben, hat in der Regel eine Ersatzvornahme zur Folge, wenn die Gemeinde nicht selbst den gesetzmäßigen Zustand herstellt.
   Gesetz im Sinne des § 121 sind alle Rechtsnormen (Gesetze, Rechtsverordnungen, Satzungen sowie Gewohnheitsrecht).
2. Die Beanstandungsverfügung ist von der Rechtsaufsichtsbehörde schriftlich mit Begründung und Rechtsbehelfsbelehrung zu erlassen

Aufsicht **GemO § 121**

und der Gemeinde gegen Empfangskenntnis zuzustellen (§ 5 Abs. 2 LVwZG); sie muss ausdrücklich auf § 121 gestützt werden. In der Verfügung muss der Beschluss oder die Anordnung der Gemeinde, gegen die sich die Beanstandung richtet, genau bezeichnet und dabei angegeben werden, was die Gemeinde im Einzelnen zur Herstellung des gesetzmäßigen Zustandes zu veranlassen hat. Soweit Vollzugsmaßnahmen rückgängig zu machen sind, genügt eine allgemein formulierte Aufforderung hierzu.

3. Durch die Beanstandung werden die beanstandeten Beschlüsse oder Anordnungen der Gemeinde nicht unmittelbar außer Kraft gesetzt. Die Beanstandung hat vielmehr zum Inhalt die Feststellung der Gesetzwidrigkeit des Beschlusses oder der Anordnung und das Verlangen, diesen gesetzwidrigen Zustand zu beseitigen. Damit der Beschluss oder die Anordnung außer Kraft tritt, muss ein Tätigwerden der Gemeinde, das förmliche Aufheben der beanstandeten Entschließung durch die zuständigen Organe der Gemeinde, hinzukommen. Die aufschiebende Wirkung der Beanstandungsverfügung bedeutet, dass die Gemeinde nach deren Bekanntgabe Maßnahmen zur Durchführung der beanstandeten Beschlüsse oder Anordnungen nicht mehr treffen oder fortsetzen darf. Will die Rechtsaufsichtsbehörde verlangen, dass die Gemeinde bereits getroffene Vollzugsmaßnahmen rückgängig macht, ist zu prüfen, ob nicht Dritte bereits eine Rechtsstellung erlangt haben, die eine Rückgängigmachung ausschließt. Disziplinarrechtliche Maßnahmen und die Geltendmachung von Schadensersatzansprüchen bleiben unberührt.

4. Nach den Vorschriften der Gemeindeordnung sind folgende Beschlüsse der Gemeinde der Rechtsaufsichtsbehörde vorzulegen:
   a) § 81 Abs. 3   Haushaltssatzung,
   b) § 82 Abs. 1   Nachtragssatzung,
   c) § 92 Abs. 3   Veräußerung von Grundstücken und grundstücksgleichen Rechten sowie von Vermögensgegenständen, die unter ihrem Wert veräußert werden sollen,
   d) § 96 Abs. 3   Wirtschaftsplan der wirtschaftlichen Unternehmen ohne eigene Rechtspersönlichkeit und öffentlicher Einrichtungen, für die auf Grundgesetzlicher Vorschriften Sonderrechnungen geführt werden,
   e) § 102 Abs. 1, § 108   Errichtung, Übernahme oder wesentliche Erweiterung von wirtschaftlichen Unternehmen,
   f) §§ 104, 108   Beteiligung an wirtschaftlichen Unternehmen,

§ 122 GemO

g) §§ 106, 108   Veräußerung von wirtschaftlichen Unternehmen, von Teilen solcher und von Beteiligungen oder Abschluss von Rechtsgeschäften, durch welche die Gemeinde ihren Einfluss auf das wirtschaftliche Unternehmen verliert oder vermindert,

h) §§ 107, 108   Abschluss, Verlängerung oder Nichtverlängerung sowie wichtige Änderung von Energie- und Konzessionsverträgen,

i) § 109 Abs. 4   Entziehung der Leitung des Rechnungsprüfungsamtes und

k) § 126 Abs. 2   Verträge der Gemeinde mit einem Gemeinderat und dem Bürgermeister sowie nach § 72 erster Halbsatz Verträge der Gemeinde mit einem Ortschaftsrat und dem Ortsvorsteher.

Die Monatsfrist nach § 121 Abs. 2 beginnt mit dem Eingang des Beschlusses bei der Rechtsaufsichtsbehörde, die der Gemeinde den Eingang unverzüglich zu bestätigen hat. Die Rechtsaufsichtsbehörde muss innerhalb dieser Frist unverzüglich den vorgelegten Beschluss rechtlich prüfen und der Gemeinde die Gesetzmäßigkeit bestätigen oder den Beschluss wegen rechtlicher Mängel beanstanden.

§ 122 Anordnungsrecht

Erfüllt die Gemeinde die ihr gesetzlich obliegenden Pflichten nicht, kann die Rechtsaufsichtsbehörde anordnen, dass die Gemeinde innerhalb einer angemessenen Frist die notwendigen Maßnahmen durchführt.

VwV GemO zu § 122:

1. Für die Anwendung des Anordnungsrechts nach § 122 gelten die Ausführungen in Nummer 1 zu § 118 und in Nummer 1 zu § 121 entsprechend. Die Anordnung kommt im Unterschied zur Beanstandung nach § 121 Abs. 1 in Betracht, wenn die Gemeinde untätig bleibt, obwohl sie durch Gesetz zu einem bestimmten Handeln verpflichtet ist. Sie ist jedoch nicht geboten zur Durchsetzung der mit einer Beanstandung verbundenen Aufforderung, gesetzwidrige Beschlüsse aufzuheben und Maßnahmen rückgängig zu machen. Das Anordnungsrecht setzt grundsätzlich voraus, dass eine öffentlich-rechtliche Verpflichtung der Gemeinde besteht.

2. Verfügungen der Rechtsaufsichtsbehörde nach § 122 müssen schriftlich mit Begründung und Rechtsbehelfsbelehrung erlassen und der Gemeinde gegen Empfangsbekenntnis zugestellt werden (§ 5 Abs. 2 LVwZG); sie müssen ausdrücklich auf § 122 gestützt werden und den Inhalt der geforderten notwendigen Maßnahmen im Einzelnen genau bezeichnen. Bei der Festsetzung der Frist, innerhalb deren die Maßnahmen getroffen werden sollen, ist von der Dringlichkeit des einzelnen Falles auszugehen; die Frist muss jedoch stets so bemessen sein, dass die gesetzlichen Verfahrensvorschriften in der Gemeinde beachtet werden können.
3. Die vorherige Androhung einer Anordnung nach § 122 ist im Gesetz nicht vorgeschrieben. Die Rechtsaufsichtsbehörden werden jedoch angewiesen, Anordnungen vorher anzukündigen, sofern dies nicht aus zwingenden Gründen unterbleiben muss. Diese Androhung kann formlos im Rahmen der Beratung der Gemeinde oder im Zusammenhang mit der Information nach § 120 ausgesprochen werden; sie ist kein anfechtbarer Verwaltungsakt.

§ 123 Ersatzvornahme

Kommt die Gemeinde einer Anordnung der Rechtsaufsichtsbehörde nach §§ 120 bis 122 nicht innerhalb der bestimmten Frist nach, kann die Rechtsaufsichtsbehörde die Anordnung an Stelle und auf Kosten der Gemeinde selbst durchführen oder die Durchführung einem Dritten übertragen.

VwV GemO zu § 123:

1. Die Rechtsaufsichtsbehörde kann im Wege der Ersatzvornahme an Stelle der Gemeinde nur handeln, wenn sie zuvor eine Anordnung nach §§ 120 bis 122 erlassen hat, die nicht oder nicht vollständig zum Erfolg geführt hat; Anordnung im Sinne von § 123 ist auch das mit der Beanstandung nach § 121 Abs. 1 verbundene Verlangen, Entscheidungen aufzuheben und Maßnahmen rückgängig zu machen. Die Anordnung nach §§ 120 bis 122 muss bestandskräftig geworden oder nach § 80 Abs. 2 der Verwaltungsgerichtsordnung (VwGO) sofort vollziehbar sein. Wenn die besondere Lage des einzelnen Falles nicht ein sofortiges Handeln der Rechtsaufsichtsbehörde an Stelle der Gemeinde verlangt, hat diese der Gemeinde das beabsichtigte Vorgehen unter Mitteilung der im Einzelnen zu treffenden Maßnahme schriftlich

§ 124 GemO

anzudrohen, wenn auch § 20 LVwVG keine Anwendung findet. Dabei ist der Gemeinde eine nochmalige angemessene Frist zu setzen, innerhalb der sie die erforderlichen Maßnahmen selbst durchführen kann. Zugleich sind die beabsichtigten Maßnahmen und die Notwendigkeit ihrer Durchführung zu begründen. Die Androhung ist der Gemeinde gegen Empfangsbekenntnis zuzustellen (§ 5 Abs. 2 LVwZG); die selbständige Androhung der Ersatzvornahme kann auch mit der Anordnung nach §§ 120 bis 122 verbunden werden; in diesem Fall kann davon abgesehen werden, eine Nachfrist zu setzen.

2. Die Verfügung über die Ersatzvornahme, die die Entscheidung an Stelle der Gemeinde im Sinne der bestandskräftigen Anordnung zum Inhalt hat, ist schriftlich unter Berufung auf § 123 mit Begründung und Rechtsbehelfsbelehrung zu erlassen und der Gemeinde gegen Empfangsbekenntnis zuzustellen (§ 5 Abs. 2 LVwZG). Vollzieht die Gemeinde den im Wege der Ersatzvornahme zu Stande gekommenen Beschluss nicht, trifft die Rechtsaufsichtsbehörde an Stelle der Gemeinde die weiteren notwendigen Maßnahmen. Mit der Ersatzvornahme übernimmt die Rechtsaufsichtsbehörde im Umfang der zu treffenden Maßnahmen die Stellung eines gesetzlichen Vertreters der Gemeinde. Sie kann im Namen der Gemeinde alle rechtsverbindlichen Erklärungen auf dem Gebiet des öffentlichen und des privaten Rechts abgeben und Rechte der Gemeinde auf diesen Gebieten mit voller Rechtswirksamkeit für und gegen die Gemeinde ausüben, soweit dies zur Durchführung der Anordnung notwendig ist. Die Rechtsaufsichtsbehörde unterliegt den gleichen Bindungen und Beschränkungen, die für die Gemeindeorgane bei der betreffenden Entschließung oder Maßnahme bestehen würden.
3. Zu den Kosten der Ersatzvornahme, die der Gemeinde zur Last fallen, rechnen nur die Kosten, die durch das Handeln der Rechtsaufsichtsbehörde an Stelle der Gemeinde entstehen.

§ 124 Bestellung eines Beauftragten

Wenn die Verwaltung der Gemeinde in erheblichem Umfang nicht den Erfordernissen einer gesetzmäßigen Verwaltung entspricht und die Befugnisse der Rechtsaufsichtsbehörde nach §§ 120 bis 123 nicht ausreichen, die Gesetzmäßigkeit der Verwaltung der Gemeinde zu sichern, kann die Rechtsaufsichtsbehörde einen Beauftragten bestellen, der alle oder einzelne Aufgaben der Gemeinde auf deren Kosten wahrnimmt.

GemO § 124

VwV GemO zu § 124:

1. Die Einsetzung eines Beauftragten ist das äußerste und stärkste Mittel der Rechtsaufsicht zur Aufrechterhaltung einer gesetzmäßigen Verwaltung in der Gemeinde. Sie ist daher grundsätzlich nur zulässig, wenn alle anderen Möglichkeiten der Kommunalaufsicht erschöpft sind oder die Rechtsaufsichtsbehörde nach pflichtgemäßem Ermessen feststellt, dass die Mittel der §§ 120 bis 123 keinen ausreichenden Erfolg versprechen. In diesem Fall kann ein Beauftragter auch eingesetzt werden, ohne dass bereits einzelne oder alle übrigen Aufsichtsmittel erfolglos angewandt worden sind. Voraussetzung für die Einsetzung eines Beauftragten ist weiter, dass die Verwaltung der Gemeinde in erheblichem Umfange nicht den Erfordernissen einer gesetzmäßigen Verwaltung entspricht. Ob dies zutrifft, kann nur nach allen Umständen des Einzelfalles entschieden werden. Hierbei ist ein strenger Maßstab anzulegen; ein Beauftragter kann nicht schon bei geringfügigem, wenn auch wiederholtem Versagen des Bürgermeisters oder des Gemeinderats bestellt werden, vielmehr muss eine schwere, fortdauernde Erschütterung der Verwaltung gegeben sein.
2. Das Verfahren für die Bestellung eines Beauftragten ist von der Rechtsaufsichtsbehörde von Amts wegen einzuleiten. Der Gemeinde ist eine Maßnahme nach § 124 rechtzeitig vorher anzudrohen (vgl. hierzu Nr. 1 zu § 123). Die Verfügung über die Bestellung eines Beauftragten ist schriftlich mit Begründung und Rechtsbehelfsbelehrung zu erlassen und der Gemeinde gegen Empfangsbekenntnis zuzustellen (§ 5 Abs. 2 LVwZG); sie muss ausdrücklich auf § 124 gestützt werden, die Aufgaben des Beauftragten genau bestimmen und, soweit möglich, die Dauer des Auftrags festlegen.
3. Dem Beauftragten dürfen nur die Aufgaben übertragen werden, die von der Gemeinde so mangelhaft erfüllt worden sind, dass ein gesetzwidriger Zustand entstanden ist. Werden vom Beauftragten nicht alle Zuständigkeiten eines Organs der Gemeinde wahrgenommen, müssen die einzelnen Aufgaben des Beauftragten in der Bestellungsverfügung genau bezeichnet werden.
4. Als schwerstwiegender Eingriff in die Selbstverwaltung der Gemeinde darf die Bestellung eines Beauftragten nur so lange dauern, wie dies zur Erreichung ihres Zwecks erforderlich ist. Bei Wegfall der Voraussetzungen für diese Aufsichtsmaßnahme ist die Bestellung zurückzunehmen.
5. Durch die Beauftragung nach § 124 wird ein öffentlich-rechtliches Verhältnis besonderer Art begründet; der Beauftragte ist bei der Durchfüh-

§ 125 GemO — Aufsicht

rung seines Auftrags an die Weisungen der Rechtsaufsichtsbehörde gebunden. In Anbetracht dieser besonderen Stellung sollten nur Landesbeamte mit der Befähigung zum Gemeindefachbeamten zu Beauftragten bestellt werden.

Der persönliche Aufwand für den Beauftragten, auch der des entsendenden Dienstherrn, geht zu Lasten der Gemeinde.

6. Das durch den Beauftragten ersetzte Gemeindeorgan verliert innerhalb des Auftragsbereichs das Recht zur Erledigung seiner bisherigen Aufgaben.

§ 125 Rechtsschutz in Angelegenheiten der Rechtsaufsicht

Gegen Verfügungen auf dem Gebiet der Rechtsaufsicht kann die Gemeinde nach Maßgabe des 8. Abschnitts der Verwaltungsgerichtsordnung Anfechtungs- oder Verpflichtungsklage erheben.

VwV GemO zu § 125:

1. Verfügungen auf dem Gebiet der Rechtsaufsicht, gegen die der Gemeinde die Rechtsbehelfe des Widerspruchs und der anschließenden Anfechtungsklage zustehen, sind alle Verfügungen der Rechtsaufsichtsbehörde, die auf die §§ 120 bis 124, 126 (vgl. hierzu Nr. 4 zu § 126) und 127 gestützt sind.
Ebenso sind die von der Rechtsaufsichtsbehörde auf Grund von § 129 Abs. 2 Satz 2 zur Sicherstellung der ordnungsgemäßen Durchführung der Weisungsaufgaben erlassenen Aufsichtsverfügungen nach §§ 121 bis 124 anfechtbar. Dasselbe gilt für die Versagung von Genehmigungen und Erlaubnissen der Rechtsaufsichtsbehörde sowie für Widerspruchsbescheide der Rechtsaufsichtsbehörde, durch die Verwaltungsakte der Gemeinde in weisungsfreien Angelegenheiten aufgehoben werden; im letzteren Fall entfällt jedoch nach § 68 Abs. 1 Satz 2 Nr. 2 VwGO das Vorverfahren.
2. Dagegen sind Maßnahmen der Fachaufsicht keine Verwaltungsakte und deswegen durch die Gemeinde nicht anfechtbar, sofern es nicht um das Bestehen und den Umfang des Weisungsrechts geht.

Aufsicht **GemO § 126**

§ 126 Geltendmachung von Ansprüchen, Verträge mit der Gemeinde

(1) Ansprüche der Gemeinde gegen Gemeinderäte und gegen den Bürgermeister werden von der Rechtsaufsichtsbehörde geltend gemacht. Die Kosten der Rechtsverfolgung trägt die Gemeinde.

(2) Beschlüsse über Verträge der Gemeinde mit einem Gemeinderat oder dem Bürgermeister sind der Rechtsaufsichtsbehörde vorzulegen. Dies gilt nicht für Beschlüsse über Verträge, die nach feststehendem Tarif abgeschlossen werden oder die für die Gemeinde nicht von erheblicher wirtschaftlicher Bedeutung sind.

VwV GemO zu § 126:

1. Ansprüche im Sinne des § 126 Abs. 1 sind die auf öffentlichem oder privatem Recht beruhenden Ansprüche der Gemeinde gegen im Amt befindliche Gemeinderäte und Bürgermeister. Die Rechtsaufsichtsbehörde hat bei der Geltendmachung der Ansprüche die Stellung eines gesetzlichen Vertreters der Gemeinde. Sie entscheidet auch darüber, ob, in welchem Umfang und auf welche Weise die Ansprüche gerichtlich geltend gemacht werden.
2. Die Pflicht zur Vorlage der Beschlüsse über die in § 126 Abs. 2 genannten Verträge stellt eine Kontrolle ihrer Gesetzmäßigkeit durch die Rechtsaufsichtsbehörde sicher. Bis zur Bestätigung der Gesetzmäßigkeit oder bis zum Ablauf der Monatsfrist des § 121 Abs. 2 dürfen die Verträge nicht abgeschlossen werden. Enthalten die in § 126 Abs. 2 Satz 2 genannten feststehenden Tarife Bestimmungen, nach denen im Einzelfall Erleichterungen oder stärkere Belastungen möglich sind, sind die Beschlüsse über die Verträge vorlagepflichtig, wenn die Gemeinde dem Vertragspartner gegenüber davon Gebrauch machen will. Über das Vorliegen dieser Voraussetzungen sowie über die Frage, ob es sich im Einzelfall um einen Vertrag nach feststehendem Tarif handelt oder ob der Vertrag für die Gemeinde von erheblicher wirtschaftlicher Bedeutung ist, entscheidet im Zweifelsfall die Rechtsaufsichtsbehörde.
3. Nach § 72 erster Halbsatz gelten die Vorschriften des § 126 entsprechend für die Ortschaftsräte und den Ortsvorsteher.
4. Die Gemeinde kann gegen die Entscheidungen der Rechtsaufsichtsbehörde in den Fällen des § 126 Abs. 1 die Rechtsbehelfe nach § 125 einlegen, wenn es um die gesetzlichen Voraussetzungen für die Vertretung durch die Aufsichtsbehörde geht. Die Entscheidung, die Vertre-

§ 127 GemO

tung zu übernehmen, soll schriftlich unter Berufung auf § 126 Abs. 1 mit Begründung und Rechtsbehelfsbelehrung erlassen und der Gemeinde gegen Empfangsbekenntnis zugestellt werden (§ 5 Abs. 2 LVwZG). Zur Einlegung eines Rechtsbehelfs ist nur die Gemeinde berechtigt.

§ 127 Zwangsvollstreckung

Zur Einleitung der Zwangsvollstreckung gegen die Gemeinde wegen einer Geldforderung bedarf der Gläubiger einer Zulassungsverfügung der Rechtsaufsichtsbehörde, es sei denn, dass es sich um die Verfolgung dinglicher Rechte handelt. In der Verfügung hat die Rechtsaufsichtsbehörde die Vermögensgegenstände zu bestimmen, in welche die Zwangsvollstreckung zugelassen wird, und über den Zeitpunkt zu befinden, in dem sie stattfinden soll. Die Zwangsvollstreckung regelt sich nach den Vorschriften der Zivilprozessordnung.

VwV GemO zu § 127:

1. § 127 gilt nur in Fällen der Zwangsvollstreckung wegen einer Geldforderung, nicht auch in Fällen der Zwangsvollstreckung zur Herausgabe von Sachen und zur Erwirkung von Handlungen oder Unterlassungen. Auch bei Zwangsvollstreckungen wegen Geldforderungen bestehen zwei Einschränkungen:
   a) Soweit es sich um die Verfolgung dinglicher Rechte handelt, finden ausschließlich die Vorschriften der Zivilprozessordnung Anwendung.
   b) Soweit es sich um Geldforderungen handelt, die nach dem Landesverwaltungsvollstreckungsgesetz beizutreiben sind, gilt § 127 ebenfalls nicht, wie aus seinem letzten Satz folgt; hierfür sieht § 17 LVwVG ebenfalls eine Zulassung durch die Rechtsaufsichtsbehörde vor.
2. Voraussetzung einer Zwangsvollstreckung ist ihre Zulassung durch die Rechtsaufsichtsbehörde. Die Zulassungsverfügung ist keine Maßnahme der Zwangsvollstreckung. Sie eröffnet nur hinsichtlich der Gegenstände, in die vollstreckt werden darf, und hinsichtlich des Zeitpunkts, zu dem die Vollstreckung zulässig ist, den Weg der Zwangsvollstreckung. Die Zwangsvollstreckung selbst vollzieht sich innerhalb des durch die Zulassungsverfügung bestimmten Rahmens nach den Vorschriften der ZPO. Es ist Sache des Gläubigers, die Zu-

lassungsverfügung bei der Rechtsaufsichtsbehörde zu beantragen; dabei hat er gleichzeitig die Vermögensgegenstände zu bezeichnen, in die er vollstrecken will. Die Zulassungsverfügung bestimmt die Vermögensgegenstände, in die die Zwangsvollstreckung zugelassen wird, und legt den Zeitpunkt fest, in dem sie stattfindet. Die Rechtsaufsichtsbehörden werden angewiesen, eine Zwangsvollstreckung in solche Vermögensgegenstände nicht zuzulassen, die für eine ordnungsgemäße Verwaltung oder für die Versorgung der Einwohner unentbehrlich sind. Hinsichtlich des Zeitpunktes hat die Rechtsaufsichtsbehörde sowohl die Interessen des Gläubigers als auch die besonderen Bedürfnisse der Gemeinde zu beachten. Sie kann dabei, wenn mehrere Anträge vorliegen, auch eine anteilige Vollstreckung zulassen.
3. Wenn das für die Zwangsvollstreckung greifbare Vermögen einer Gemeinde nicht ausreicht, um die Anträge mehrerer Gläubiger zu befriedigen, hat die Rechtsaufsichtsbehörde durch entsprechende Gestaltung der Zulassungsverfügung für eine möglichst gleichmäßige anteilige Befriedigung aller Gläubiger zu sorgen.
4. Die Rechtsaufsichtsbehörde hat die Gemeinde vor der Entscheidung über die Zulassungsverfügung zu hören. Die Entscheidung ist schriftlich unter Berufung auf § 127 mit Begründung und Rechtsbehelfsbelehrung zu erlassen und der Gemeinde gegen Empfangsbekenntnis nach § 5 Abs. 2 LVwZG sowie den Gläubigern, die den Antrag auf Zulassung der Zwangsvollstreckung gestellt haben, nach § 3 LVwZG zuzustellen. Der Gemeinde stehen gegen die Zulassungsverfügung die Rechtsbehelfe nach § 125 zu.

§ 128 Vorzeitige Beendigung der Amtszeit des Bürgermeisters

(1) Wird der Bürgermeister den Anforderungen seines Amts nicht gerecht und treten dadurch so erhebliche Missstände in der Verwaltung ein, dass eine Weiterführung des Amts im öffentlichen Interesse nicht vertretbar ist, kann, wenn andere Maßnahmen nicht ausreichen, die Amtszeit des Bürgermeisters für beendet erklärt werden.

(2) Über die Erklärung der vorzeitigen Beendigung der Amtszeit entscheidet das Verwaltungsgericht auf Antrag der oberen Rechtsaufsichtsbehörde. Die obere Rechtsaufsichtsbehörde verfährt entsprechend den Verfahrensvorschriften im Zweiten Abschnitt des Dritten Teils des Landesdisziplinargesetzes. Die dem Bürgermeister erwachsenen notwendigen Auslagen trägt die Gemeinde.

§ 128 GemO

Aufsicht

(3) Bei vorzeitiger Beendigung seiner Amtszeit wird der Bürgermeister besoldungs- und versorgungsrechtlich so gestellt, wie wenn er im Amt verblieben wäre, jedoch erhält er keine Aufwandsentschädigung. Auf die Dienstbezüge werden zwei Drittel dessen angerechnet, was er durch anderweitige Verwertung seiner Arbeitskraft erwirbt oder zu erwerben schuldhaft unterlässt.

VwV GemO zu § 128:

1. Das Vorgehen nach § 128 richtet sich nicht gegen die Gemeinde, sondern ausschließlich gegen den Bürgermeister. Die vorzeitige Beendigung der Amtszeit des Bürgermeisters kann bei Vorliegen folgender Voraussetzungen ausgesprochen werden:
    a) Es muss erwiesen sein, dass der Bürgermeister den Anforderungen seines Amts nicht gerecht wird. Dabei muss es sich um ein dauerndes, nicht nur einmaliges oder vorübergehendes Versagen des Bürgermeisters in fachlicher oder persönlicher Beziehung handeln.
    b) Als Folge dieses Versagens des Bürgermeisters müssen so erhebliche Missstände in der Verwaltung der Gemeinde eingetreten oder zu befürchten sein, dass eine Weiterführung seines Amts im öffentlichen Interesse nicht vertretbar ist. Das Versagen des Bürgermeisters darf sich nicht nur auf einem begrenzten Teilgebiet, sondern muss sich ganz allgemein so störend bemerkbar machen, dass die gesamte Verwaltung in eine nachhaltige Unordnung gerät und als Ganzes nicht mehr den Anforderungen entspricht, die an eine ordnungsgemäße Verwaltung gestellt werden müssen. Die Missstände dürfen sich nicht nur auf die innerdienstlichen Verhältnisse der Gemeindeverwaltung auswirken, vielmehr muss die Erfüllung der gemeindlichen Aufgaben erheblich in Mitleidenschaft gezogen sein.
    c) Dazu muss noch kommen, dass andere Maßnahmen zur Beseitigung der Missstände nicht ausreichen. Es müssen somit alle nach den §§ 120 bis 124 zulässigen Aufsichtsmittel zur Herbeiführung einer ordnungsmäßigen Verwaltung bereits erfolglos angewandt worden sein, oder es muss nach dem pflichtgemäßen Ermessen der oberen Rechtsaufsichtsbehörde offenkundig sein, dass die Anwendung dieser Mittel keinen Erfolg haben kann. Dasselbe gilt für die Durchführung eines Disziplinarverfahrens.
2. Die Einleitungsverfügung ist schriftlich unter Berufung auf § 128 Abs. 1 mit Begründung und Rechtsbehelfsbelehrung zu erlassen und dem

Aufsicht **GemO § 129**

Bürgermeister nach § 3 oder § 16 Abs. 1 LVwZG und der Gemeinde gegen Empfangsbekenntnis nach § 5 Abs. 2 LVwZG zuzustellen.
Die vorläufige Dienstenthebung wird im Verfahren nach § 128 Abs. 2 von der oberen Rechtsaufsichtsbehörde ausgesprochen. Auf das Verfahren finden die Vorschriften der Landesdisziplinarordnung (LDzO) Anwendung, soweit sich aus § 128 nichts anderes ergibt. Mit der vorläufigen Dienstenthebung kann keine Gehaltskürzung verfügt werden, weil der Bürgermeister bei vorzeitiger Beendigung seiner Amtszeit nach § 128 Abs. 3 besoldungsrechtlich so gestellt ist, wie wenn er im Amt geblieben wäre. Dagegen ist die Zahlung der Dienstaufwandsentschädigung nach § 83 Abs. 4 LDzO mit der vorläufigen Dienstenthebung einzustellen.
3. Mit der vorzeitigen Beendigung der Amtszeit verliert der Bürgermeister nicht seinen beamtenrechtlichen Status. In Bezug auf seine Besoldung gilt § 9a BBesG.
Entsprechend den Regelungen über die vorläufige Dienstenthebung enden durch die vorzeitige Beendigung der Amtszeit auch die bekleideten Nebenämter.
Nach Ablauf der Amtszeit richtet sich die Rechtsstellung des Bürgermeisters ausschließlich nach Beamten- und Versorgungsrecht.

§ 129 Fachaufsichtsbehörden, Befugnisse der Fachaufsicht

(1) Die Zuständigkeit zur Ausübung der Fachaufsicht bestimmt sich nach den hierfür geltenden besonderen Gesetzen.

(2) Den Fachaufsichtsbehörden steht im Rahmen ihrer Zuständigkeit ein Informationsrecht nach den Vorschriften des § 120 zu. Für Aufsichtsmaßnahmen nach den Vorschriften der §§ 121 bis 124, die erforderlich sind, um die ordnungsgemäße Durchführung der Weisungsaufgaben sicherzustellen, ist nur die Rechtsaufsichtsbehörde zuständig, soweit gesetzlich nichts anderes bestimmt ist.

(3) Wird ein Bundesgesetz vom Land im Auftrag des Bundes ausgeführt (Artikel 85 des Grundgesetzes), können die Fachaufsichtsbehörden auch im Einzelfall Weisungen erteilen. In den Fällen des Artikels 84 Abs. 5 des Grundgesetzes können die Fachaufsichtsbehörden insoweit Weisungen erteilen, als dies zum Vollzug von Einzelweisungen der Bundesregierung erforderlich ist; ein durch Landesgesetz begründetes weitergehendes Weisungsrecht bleibt unberührt.

(4) Werden den Gemeinden auf Grund eines Bundesgesetzes durch Rechtsverordnung staatliche Aufgaben als Pflichtaufgaben auferlegt,

§ 129 GemO

Aufsicht

können durch diese Rechtsverordnung ein Weisungsrecht vorbehalten, die Zuständigkeit zur Ausübung der Fachaufsicht und der Umfang des Weisungsrechts geregelt sowie bestimmt werden, dass für die Erhebung von Gebühren und Auslagen das Kommunalabgabengesetz gilt.

(5) Kosten, die den Gemeinden bei der Wahrnehmung von Weisungsaufgaben infolge fehlerhafter Weisungen des Landes entstehen, werden vom Land erstattet.

VwV GemO zu § 129:

1. Wegen der Handhabung und des Umfangs der Fachaufsicht vgl. die Nummern 1, 2 und 4 zu § 118.
2. Beantragt die Fachaufsichtsbehörde bei der Rechtsaufsichtsbehörde den Erlass einer Verfügung nach §§ 121 bis 124 zur Durchsetzung einer Weisung, muss die Rechtsaufsichtsbehörde prüfen, ob die gesetzlichen Voraussetzungen für die beantragte Aufsichtsmaßnahme gegeben sind; ist dies der Fall, entscheidet die Rechtsaufsichtsbehörde nach pflichtgemäßem Ermessen, ob die beantragte Aufsichtsmaßnahme im öffentlichen Interesse geboten ist (vgl. Nr. 1 zu § 118). Die Verfügung muss auf § 129 Abs. 2 i. V. mit §§ 121, 122, 123 oder 124 gestützt werden. Für diese Verfügungen gelten dieselben Verfahrensgrundsätze wie für die unmittelbar auf die §§ 121 bis 124 gestützten Verfügungen der Rechtsaufsichtsbehörde; insbesondere sind sie ebenfalls mit einer Rechtsbehelfsbelehrung zu versehen, weil auch sie anfechtbar sind.
3. Der Begriff „fehlerhaft" in § 129 Abs. 5 ist eng auszulegen. Er bezieht sich nur auf rechtswidrige Weisungen. Auf das Verschulden des für die anweisende Stelle Handelnden kommt es nicht an. Bei der Beurteilung der Fehlerhaftigkeit der Weisung ist auf den Zeitpunkt der Erteilung der Weisung abzustellen und nicht auf den späteren Verlauf der Angelegenheit. Die Aufhebung der Maßnahme, zu der angewiesen wurde, durch die Aufsichtsbehörde oder ein Gericht lässt für sich allein noch nicht den Schluss zu, dass die Weisung fehlerhaft war. Die fehlerhafte Weisung muss für die der Gemeinde entstandenen Kosten ursächlich gewesen sein; hat die Gemeinde die Kosten, auch zusätzliche Kosten, durch ihr eigenes, nicht auf die Weisung zurückzuführendes Handeln verursacht, ist insoweit kein Kostenerstattungsanspruch gegeben.

Fünfter Teil: Übergangs- und Schlussbestimmungen

1. Abschnitt: Allgemeine Übergangsbestimmungen

§ 130 Weisungsaufgaben

Bis zum Erlass neuer Vorschriften sind die den Gemeinden nach bisherigem Recht als Auftragsangelegenheiten übertragenen Aufgaben Weisungsaufgaben im Sinne von § 2 Abs. 3, bei denen ein Weisungsrecht der Fachaufsichtsbehörden in bisherigem Umfang besteht.

§ 131 Rechtsstellung der bisherigen Stadtkreise und unmittelbaren Kreisstädte

(1) Gemeinden, die nach bisherigem Recht nicht kreisangehörig waren (Baden-Baden, Freiburg im Breisgau, Heidelberg, Heilbronn, Karlsruhe, Mannheim, Pforzheim, Stuttgart und Ulm), sind Stadtkreise.

(2) Gemeinden, die nach bisherigem Recht unmittelbare Kreisstädte waren (Aalen, Esslingen am Neckar, Friedrichshafen, Geislingen an der Steige, Göppingen, Heidenheim, Ludwigsburg, Ravensburg, Reutlingen, Schwäbisch Gmünd, Schwenningen am Neckar, Tübingen und Tuttlingen) sowie die Städte Backnang, Bruchsal, Fellbach, Kirchheim unter Teck, Konstanz, Kornwestheim, Lahr, Lörrach, Offenburg, Rastatt, Singen (Hohentwiel), Villingen und Weinheim sind Große Kreisstädte.

§ 132 *(aufgehoben)*

§ 133 Frühere badische Stadtgemeinden

Gemeinden im Bereich des früheren Landes Baden und des Landesbezirks Baden des früheren Landes Württemberg-Baden, die nach der Badischen Gemeindeordnung vom 5. Oktober 1921 (GVBl. 1922 S. 247) die Bezeichnung Stadtgemeinde geführt haben, dürfen wieder die Bezeichnung Stadt führen. Soweit diese Gemeinden die Bezeichnung Stadt nicht wieder verliehen bekommen haben, muss der Beschluss über die Wiederaufnahme der Bezeichnung innerhalb eines

§§ 134–142 GemO — Übergangs- und Schlussbestimmungen

Jahres vom Inkrafttreten dieses Gesetzes an gefasst und der obersten Rechtsaufsichtsbehörde vorgelegt werden.

§§ 134 bis 137 *(aufgehoben)*

§ 138 Gemeinsame Fachbeamte in den württembergischen und hohenzollerischen Landesteilen

– nicht abgedruckt –

§ 139 *(aufgehoben)*

§ 140 Fortgeltung von Bestimmungen über die Aufsicht

Die Bestimmungen über die Aufsicht auf dem Gebiet des Schulwesens und des Forstwesens werden durch § 119 nicht berührt.

2. Abschnitt: Vorläufige Angleichung des Rechts der Gemeindebeamten

§ 141 Versorgung

Die am 1. April 1956 begründeten Ansprüche und vertraglichen Rechte der Gemeindebeamten bleiben gewahrt.

3. Abschnitt: Schlussbestimmungen

§ 142 Ordnungswidrigkeiten

(1) Ordnungswidrig handelt, wer vorsätzlich oder fahrlässig
1. einer auf Grund von § 4 Abs. 1 erlassenen Satzung über die Benutzung einer öffentlichen Einrichtung,
2. einer auf Grund von § 10 Abs. 5 erlassenen Satzung über die Leistung von Hand- und Spanndiensten,

3. einer auf Grund von § 11 Abs. 1 erlassenen Satzung über den Anschluss- und Benutzungszwang zuwiderhandelt, soweit die Satzung für einen bestimmten Tatbestand auf diese Bußgeldvorschrift verweist.

(2) Die Ordnungswidrigkeit kann mit einer Geldbuße geahndet werden.

(3) Die Gemeinden und die Verwaltungsgemeinschaften sind Verwaltungsbehörden im Sinne von § 36 Abs. 1 Nr. 1 des Gesetzes über Ordnungswidrigkeiten bei Zuwiderhandlungen gegen ihre Satzungen.

§ 143 Maßgebende Einwohnerzahl*

Kommt nach einer gesetzlichen Vorschrift der Einwohnerzahl einer Gemeinde rechtliche Bedeutung zu, ist das auf den 30. Juni des vorangegangenen Jahres fortgeschriebene Ergebnis der jeweils letzten allgemeinen Zählung der Bevölkerung maßgebend, wenn nichts anderes bestimmt ist. Die Eingliederung einer Gemeinde in eine andere Gemeinde und die Neubildung einer Gemeinde sind jederzeit zu berücksichtigen, sonstige Änderungen des Gemeindegebiets nur, wenn sie spätestens zu Beginn des Jahres rechtswirksam geworden sind.

§ 144 Durchführungsbestimmungen

Das Innenministerium erlässt die Verwaltungsvorschriften zur Durchführung dieses Gesetzes, ferner die Rechtsverordnungen zur Regelung
1. der öffentlichen Bekanntmachung,
2. der Voraussetzungen und des Verfahrens für die Verleihung von Bezeichnungen an Gemeinden für diese selbst oder für Ortsteile

---

* Anm. des Bearbeiters: Für die Wahlen der Gemeinderäte, der Ortschaftsräte und – sofern eine Wahl nach § 65 Abs. 4 erfolgt – der Bezirksbeiräte gilt § 57 des Kommunalwahlgesetzes:

§ 57 Maßgebende Einwohnerzahl

Für die Wahlen der Gemeinderäte und Kreisräte ist das auf den 30. September des zweiten der Wahl vorhergehenden Jahres fortgeschriebene Ergebnis der jeweils letzten allgemeinen Zählung der Bevölkerung maßgebend. § 143 Satz 2 der Gemeindeordnung ist entsprechend anzuwenden.

§ 144 GemO — Übergangs- und Schlussbestimmungen

sowie für die Benennung von Ortsteilen und die Verleihung von Wappen und Flaggen und die Ausgestaltung und Führung des Dienstsiegels,
3. der zuständigen Aufsichtsbehörden bei Grenzstreitigkeiten und Gebietsänderungen,
4. der Verwaltung der gemeindefreien Grundstücke,
5. des Inhalts der Satzung über Hand- und Spanndienste und über Anschluss- und Benutzungszwang,
6. (gestrichen)
7. des Verfahrens bei der Auferlegung eines Ordnungsgeldes und der Höhe des Ordnungsgeldes bei Ablehnung ehrenamtlicher Tätigkeit und der Verletzung der Pflichten ehrenamtlich tätiger Bürger,
8. der Höchstgrenzen der Entschädigung für ehrenamtliche Tätigkeit,
9. des Verfahrens bei der Bildung von Ausschüssen,
10. der Anzeige des Amtsantritts des Bürgermeisters,
11. (gestrichen)
12. des finanziellen Ausgleichs für den persönlichen Aufwand der Gemeinden bei der Ausbildung von Beamten,
13. der Verteilung des persönlichen Aufwands für Bürgermeister in mehreren Gemeinden bei einheitlichen Ansprüchen,
14. des Inhalts und der Gestaltung des Haushaltsplans, des Finanzplans und des Investitionsprogramms sowie der Haushaltsführung, des Haushaltsausgleichs und der Haushaltsüberwachung; dabei kann bestimmt werden, dass Einzahlungen und Auszahlungen, für die ein Dritter Kostenträger ist oder die von einer zentralen Stelle angenommen oder ausgezahlt werden, nicht in den Haushalt der Gemeinde aufzunehmen und dass für Sanierungs-, Entwicklungs- und Umlegungsmaßnahmen Sonderrechnungen zu führen sind,*
15. (gestrichen)*
16. der Bildung von Rücklagen und Rückstellungen sowie der vorübergehenden Inanspruchnahme von Rückstellungen,*
17. des Verfahrens der Umwandlung von Gemeindegliedervermögen in freies Gemeindevermögen,
18. der Erfassung, des Nachweises, der Bewertung und der Abschreibung der Vermögensgegenstände,

---

* Anm. des Bearbeiters: Zur vorläufigen Fortgeltung dieser Vorschriften in der bisherigen Fassung und der Nr. 15 s. S. 214 ff.

19. der Geldanlagen und ihrer Sicherung,
20. der Ausschreibung von Lieferungen und Leistungen sowie der Vergabe von Aufträgen einschließlich des Abschlusses von Verträgen,
21. des Prüfungswesens,
22. der Stundung, Niederschlagung und des Erlasses von Ansprüchen sowie der Behandlung von Kleinbeträgen,
23. der Aufgaben, Organisation und Beaufsichtigung der Gemeindekasse und der Sonderkassen, der Abwicklung des Zahlungsverkehrs sowie der Buchführung; dabei kann auch die Einrichtung von Gebühren- und Portokassen bei einzelnen Dienststellen sowie die Gewährung von Handvorschüssen geregelt werden,
24. des Inhalts und der Gestaltung des Jahresabschlusses und des Gesamtabschlusses sowie der Abdeckung von Fehlbeträgen,*
25. der Anwendung der Vorschriften zur Durchführung des Gemeindewirtschaftsrechts auf das Sondervermögen und das Treuhandvermögen* und
26. des Verfahrens der Einwerbung und Annahme oder Vermittlung von Spenden, Schenkungen und ähnlicher Zuwendungen.

Die Vorschriften nach Nummer 14 ergehen im Benehmen mit dem Finanz- und Wirtschaftsministerium.

§ 145 Verbindliche Muster*

Soweit es für die Vergleichbarkeit der Haushalte oder zur Vereinfachung der überörtlichen Prüfung erforderlich ist, gibt das Innenministerium durch Verwaltungsvorschrift verbindliche Muster bekannt insbesondere für
1. die Haushaltssatzung und ihre Bekanntmachung,
2. die Beschreibung und Gliederung der Produktbereiche, Produktgruppen und Produkte sowie die Gestaltung des Haushaltsplans und des Finanzplans,
3. die Form des Haushaltsplans und seiner Anlagen, des Finanzplans und des Investitionsprogramms,
4. die Form der Vermögensübersicht und der Schuldenübersicht,

---

* Anm. des Bearbeiters: Zur vorläufigen Fortgeltung dieser Vorschriften in der bisherigen Fassung und der Nr. 15 s. S. 214 ff.

§§ 146, 147 GemO   Übergangs- und Schlussbestimmungen

5. die Zahlungsanordnungen, die Buchführung, den Kontenrahmen, den Jahresabschluss samt Anhang, den Gesamtabschluss und seine Anlagen und
6. die Kosten- und Leistungsrechnung,
7. die Ermittlung und Darstellung von Kennzahlen zur Beurteilung der finanziellen Leistungsfähigkeit einschließlich Vorgaben für die bei Einsatz von Verfahren der automatisierten Datenverarbeitung maschinell bereitzustellenden Planungs-, Buchführungs- und Rechnungsergebnisdaten,
8. die Ermittlung der Höhe der inneren Darlehen.

Die Bekanntgabe zu Satz 1 Nr. 2 und 3 ergeht im Benehmen mit dem Finanz- und Wirtschaftsministerium.

§ 146 *(aufgehoben)*

§ 147 Inkrafttreten[*]

(1) Dieses Gesetz tritt am 1. April 1956 in Kraft, mit Ausnahme des § 148, der mit der Verkündung dieses Gesetzes in Kraft tritt.

(2) Gleichzeitig treten alle Vorschriften, die diesem Gesetz entsprechen oder widersprechen, außer Kraft, sofern sie nicht durch dieses Gesetz ausdrücklich aufrechterhalten werden. Insbesondere treten folgende Vorschriften außer Kraft:
1. Im Bereich des gesamten Landes Baden-Württemberg Kap. I und Art. 30 und 33 des Kap. V des Gesetzes zur vorläufigen Angleichung des Kommunalrechts (GAK) vom 13. Juli 1953 (GBl. S. 97);
2. im Bereich des früheren Landes Württemberg-Baden
   a) die deutsche Gemeindeordnung vom 30. Januar 1935 (RGBl. I S. 49) in der in den beiden früheren Landesbezirken geltenden Fassung und die hierzu ergangenen Durchführungs- und Überleitungsbestimmungen,
   b) das Gesetz Nr. 328 über die Neuwahl der Gemeinderäte und Bürgermeister, Kreistage und Landräte vom 23. Oktober 1947 (RegBl. S. 102) und die Verordnung Nr. 333 des Innenministeriums zur Durchführung des Gesetzes Nr. 328 vom 4. Dezember

---

[*] Anm. des Bearbeiters: Diese Vorschrift betrifft das Inkrafttreten des Gesetzes in der ursprünglichen Fassung vom 25. Juli 1955 (GBl. S. 129).

1947 (RegBl. S. 185), soweit sich diese Vorschriften auf Gemeinderäte und Bürgermeister beziehen;
3. im Bereich des früheren Landes Baden
die Badische Gemeindeordnung vom 23. September 1948 (GVBl. S. 177) mit ihren Änderungen und
4. im Bereich des früheren Landes Württemberg-Hohenzollern die Gemeindeordnung für Württemberg-Hohenzollern vom 14. März 1947 (RegBl. 1948 S. 1) mit ihren Änderungen und mit den durch sie aufrechterhaltenen früheren Bestimmungen.

Übergangsvorschriften bis zur Einführung der Kommunalen Doppik

Gesetz zur Reform des Gemeindehaushaltsrechts

vom 4. Mai 2009 (GBl. S. 185), zuletzt geändert durch Artikel 2 des Gesetzes vom 17. Dezember 2015 (GBl. 2016 S. 1, 2)

Artikel 13   Schluss- und Übergangsvorschriften

(1) Artikel 1 Nr. 1, Nr. 6 Buchst. b, Nr. 11 bis 20, Nr. 21 Buchst. a, Nr. 22 bis 25, Nr. 26 Buchst. b, Nr. 27, Nr. 28 und Nr. 32 bis 38[*], Artikel 2 Nr. 5 Buchst. b, Nr. 10 und Nr. 11, Artikel 3 Nr. 5 Buchst. a, Artikel 4 Nr. 1 und Nr. 3, Artikel 5 und 6, Artikel 7 mit Ausnahme von § 19 Abs. 1 Satz 4, Artikel 8 Nr. 4 und 5 sowie Artikel 9 Nr. 2 treten mit Wirkung vom 1. Januar 2009 in Kraft. Im Übrigen tritt dieses Gesetz am Tag nach seiner Verkündung in Kraft.

(2) Die in Absatz 1 Satz 1 genannten Bestimmungen sind mit Ausnahme von § 95a der Gemeindeordnung (GemO) spätestens für die Haushaltswirtschaft ab dem Haushaltsjahr 2020 anzuwenden. Bis zur Anwendung der in Satz 1 genannten Bestimmungen gelten die bisherigen Regelungen für die Haushaltswirtschaft weiter; dabei ist an Stelle des bisherigen § 95 Abs. 3 GemO der neue § 95b Abs. 2 GemO sinngemäß anzuwenden. Die Bestimmungen des neuen § 95a GemO sind spätestens ab dem Haushaltsjahr 2022 anzuwenden.

(3) Nach § 146 GemO für die Umstellung des Haushalts- und Rechnungswesens auf die Kommunale Doppik erteilte Ausnahmegenehmigungen bleiben bis zum Ende des Haushaltsjahres, in dem dieses Gesetz verkündet wird, in Kraft. Die obere Rechtsaufsichtsbehörde kann bereits erteilte Ausnahmegenehmigungen auf Antrag unter Auflagen und Bedingungen um höchstens ein weiteres Haushaltsjahr verlängern.

(4) Die Gemeinde kann beschließen, bereits vor dem Haushaltsjahr 2020 die in Absatz 1 Satz 1 genannten Bestimmungen für die Haushaltswirtschaft anzuwenden. Maßgebendes Haushaltsjahr ist in diesem Fall das von der Gemeinde bestimmte Haushaltsjahr.

---

*   Anm. des Bearbeiters: Artikel 1 betrifft die Gemeindeordnung; die weiter anwendbaren Vorschriften sind nachfolgend im Einzelnen aufgeführt.

Übergangsvorschriften

(5) Die Gemeinde hat zum Beginn des ersten Haushaltsjahres, in dem nach Absatz 2 oder 4 die in Absatz 1 Satz 1 genannten Bestimmungen anzuwenden sind, eine Eröffnungsbilanz aufzustellen, sofern eine solche nicht bereits auf der Grundlage des bisherigen § 146 GemO aufgestellt worden ist. Auf die Eröffnungsbilanz sind die für den Jahresabschluss geltenden Vorschriften entsprechend anzuwenden, soweit sie sich auf die Bilanz beziehen. Die Eröffnungsbilanz ist nach Feststellung der letzten Jahresrechnung, spätestens zum Ende des Haushaltsjahres der Rechtsaufsichtsbehörde, der Prüfungsbehörde (§ 113 GemO) und dem Rechnungsprüfungsamt vorzulegen. Sie soll vom Rechnungsprüfungsamt innerhalb von sechs Monaten nach Vorlage und von der überörtlichen Prüfungsbehörde innerhalb eines Jahres nach Ende des Haushaltsjahres geprüft werden.

(6) Werden nach Absatz 4 die in Absatz 1 Satz 1 genannten Bestimmungen für die Haushaltswirtschaft vor dem Haushaltsjahr 2020 angewandt, können bis einschließlich dem Haushaltsjahr 2019 Abschreibungen und Rückstellungen bereits im Jahresabschluss des laufenden Haushaltsjahres auf das Basiskapital verrechnet werden, soweit sie trotz Ausnutzung aller Sparmöglichkeiten und Ausschöpfung aller Ertragsmöglichkeiten nicht erwirtschaftet werden können. In diesen Fällen finden für den Haushaltsausgleich die bisherigen Regelungen sinngemäß Anwendung. Satz 1 gilt nicht für Rückstellungen für Abfallbeseitigungsanlagen und Rückstellungen für ausgleichspflichtige Gebührenüberschüsse.

(7) Die Auswirkungen der Reform des kommunalen Haushalts- und Rechnungswesens werden spätestens nach Ablauf des Haushaltsjahres 2017 durch das Innenministerium unter Mitwirkung der kommunalen Landesverbände überprüft. Die Überprüfung kann auf bestimmte Regelungen beschränkt werden.

Übergangsvorschriften

Nach Artikel 13 Abs. 1 des Gesetzes zur Reform des Gemeindehaushaltsrechts vom 4. Mai 2009 (GBl. S. 185) gelten bis zur Einführung der Kommunalen Doppik spätestens im Haushaltsjahr 2020 folgende haushaltsrechtlichen Vorschriften der Gemeindeordnung in der Fassung vom 24. Juli 2000 (GBl. S. 581) mit späteren Änderungen in der nachfolgenden Fassung weiter:

Nr. 1 § 21 Abs. 2 Nr. 5:

„5. die Feststellung der Jahresrechnung der Gemeinde und der Jahresabschlüsse der Eigenbetriebe,"

Nr. 6b § 39 Abs. 2 Nr. 14:

„14. den Erlass der Haushaltssatzung und der Nachtragssatzungen, die Feststellung der Jahresrechnung, die Wirtschaftspläne und die Feststellung des Jahresabschlusses von Sondervermögen,"

Nr. 11 § 77 Allgemeine Haushaltsgrundsätze

(1) Die Gemeinde hat ihre Haushaltswirtschaft so zu planen und zu führen, dass die stetige Erfüllung ihrer Aufgaben gesichert ist. Dabei ist den Erfordernissen des gesamtwirtschaftlichen Gleichgewichts grundsätzlich Rechnung zu tragen.

(2) Die Haushaltswirtschaft ist sparsam und wirtschaftlich zu führen.

Nr. 12 § 78 Grundsätze der Einnahmebeschaffung

(1) (wie geltender Text)

(2) Die Gemeinde hat die zur Erfüllung ihrer Aufgaben erforderlichen Einnahmen
1. soweit vertretbar und geboten aus Entgelten für ihre Leistungen,
2. im Übrigen aus Steuern
zu beschaffen, soweit die sonstigen Einnahmen nicht ausreichen. Sie hat dabei auf die wirtschaftlichen Kräfte ihrer Abgabenpflichtigen Rücksicht zu nehmen.

(3) und (4) (wie geltender Text)

Übergangsvorschriften

Nr. 13 § 79 Haushaltssatzung

(1) (wie geltender Text)

(2) Die Haushaltssatzung enthält die Festsetzung
1. des Haushaltsplans unter Angabe des Gesamtbetrags
   a) der Einnahmen und der Ausgaben des Haushaltsjahres,
   b) der vorgesehenen Kreditaufnahmen für Investitionen und Investitionsförderungsmaßnahmen (Kreditermächtigung),
   c) der vorgesehenen Ermächtigungen zum Eingehen von Verpflichtungen, die künftige Haushaltsjahre mit Ausgaben für Investitionen und Investitionsförderungsmaßnahmen belasten (Verpflichtungsermächtigungen),
2. des Höchstbetrags der Kassenkredite,
3. der Steuersätze, die für jedes Haushaltsjahr neu festzusetzen sind.
   Sie kann weitere Vorschriften enthalten, die sich auf die Einnahmen und Ausgaben und den Stellenplan für das Haushaltsjahr beziehen.

(3) (wie geltender Text)

(4) Haushaltsjahr ist das Kalenderjahr, soweit durch Gesetz oder Rechtsverordnung nichts anderes bestimmt ist.

Nr. 14 § 80 Haushaltsplan

(1) Der Haushaltsplan ist Teil der Haushaltssatzung. Er enthält alle im Haushaltsjahr für die Erfüllung der Aufgaben der Gemeinde voraussichtlich
1. eingehenden Einnahmen,
2. zu leistenden Ausgaben,
3. notwendigen Verpflichtungsermächtigungen.
   Der Haushaltsplan enthält ferner den Stellenplan nach § 57 Satz 1. Die Vorschriften über die Einnahmen, Ausgaben und Verpflichtungsermächtigungen der Sondervermögen der Gemeinde bleiben unberührt.

(2) Der Haushaltsplan ist in einen Verwaltungshaushalt und einen Vermögenshaushalt zu gliedern. Er ist unter Berücksichtigung von Fehlbeträgen aus Vorjahren in Einnahme und Ausgabe auszugleichen.

(3) Der Haushaltsplan ist nach Maßgabe dieses Gesetzes und der auf Grund dieses Gesetzes erlassenen Vorschriften für die Führung der Haushaltswirtschaft verbindlich. Ansprüche und Verbindlichkeiten werden durch ihn weder begründet noch aufgehoben.

Übergangsvorschriften

Nr. 15 § 82 Nachtragssatzung

(1) Die Haushaltssatzung kann nur bis zum Ablauf des Haushaltsjahres durch Nachtragssatzung geändert werden. Für die Nachtragssatzung gelten die Vorschriften für die Haushaltssatzung entsprechend.

(2) Die Gemeinde hat unverzüglich eine Nachtragssatzung zu erlassen, wenn
1. sich zeigt, dass ein erheblicher Fehlbetrag entstehen würde und dieser sich nicht durch andere Maßnahmen vermeiden lässt,
2. bisher nicht veranschlagte oder zusätzliche Ausgaben bei einzelnen Haushaltsstellen in einem im Verhältnis zu den Gesamtausgaben des Haushaltsplans erheblichen Umfang geleistet werden müssen,
3. Ausgaben des Vermögenshaushalts für bisher nicht veranschlagte Investitionen oder Investitionsförderungsmaßnahmen geleistet werden sollen,
4. Beamte oder Beschäftigte eingestellt, angestellt, befördert oder höher eingestuft werden sollen und der Stellenplan die entsprechenden Stellen nicht enthält.

(3) Absatz 2 Nr. 2 bis 4 findet keine Anwendung auf
1. unbedeutende Investitionen und Investitionsförderungsmaßnahmen sowie unabweisbare Ausgaben,
2. die Umschuldung von Krediten,
3. Abweichungen vom Stellenplan und die Leistung höherer Personalausgaben, die sich unmittelbar aus einer Änderung des Besoldungs- oder Tarifrechts ergeben,
4. eine Vermehrung oder Hebung von Stellen für Beamte im Rahmen der Besoldungsgruppen A1 bis A10 und für Beschäftigte, wenn sie im Verhältnis zur Gesamtzahl der Stellen für diese Bediensteten unerheblich ist.

Nr. 16 § 83 Vorläufige Haushaltsführung

(1) Ist die Haushaltssatzung bei Beginn des Haushaltsjahres noch nicht erlassen, darf die Gemeinde
1. Ausgaben leisten, zu deren Leistung sie rechtlich verpflichtet ist oder die für die Weiterführung notwendiger Aufgaben unaufschiebbar sind; sie darf insbesondere Bauten, Beschaffungen und sonstige Leistungen des Vermögenshaushalts, für die im Haushaltsplan eines Vorjahres Beträge vorgesehen waren, fortsetzen,
2. Abgaben vorläufig nach den Sätzen des Vorjahres erheben,

Übergangsvorschriften

3. Kredite umschulden.

(2) Reichen die Deckungsmittel für die Fortsetzung von Bauten, Beschaffungen und sonstigen Leistungen des Vermögenshaushalts nach Absatz 1 Nr. 1 nicht aus, darf die Gemeinde mit Genehmigung der Rechtsaufsichtsbehörde Kredite für Investitionen und Investitionsförderungsmaßnahmen bis zu einem Viertel des durchschnittlichen Betrags der Kreditermächtigungen für die beiden Vorjahre aufnehmen. § 87 Abs. 2 Satz 2 gilt entsprechend.

(3) (wie geltender Text)

Nr. 17 § 84 Überplanmäßige und außerplanmäßige Ausgaben

(1) Überplanmäßige und außerplanmäßige Ausgaben sind nur zulässig, wenn ein dringendes Bedürfnis besteht und die Deckung gewährleistet ist oder wenn die Ausgabe unabweisbar ist und kein erheblicher Fehlbetrag entsteht. Sind die Ausgaben nach Umfang oder Bedeutung erheblich, bedürfen sie der Zustimmung des Gemeinderats. § 82 Abs. 2 bleibt unberührt.

(2) Für Investitionen, die im folgenden Jahr fortgesetzt werden, sind überplanmäßige Ausgaben auch dann zulässig, wenn ihre Deckung im folgenden Jahr gewährleistet ist; sie bedürfen der Zustimmung des Gemeinderats.

(3) Absätze 1 und 2 gelten entsprechend für Maßnahmen, durch die überplanmäßige oder außerplanmäßige Ausgaben entstehen können.

Nr. 18 § 85 Finanzplanung

(1) (wie geltender Text)

(2) In der Finanzplanung sind Umfang und Zusammensetzung der voraussichtlichen Ausgaben und die Deckungsmöglichkeiten darzustellen.

(3) (wie geltender Text)

(4) Der Finanzplan ist mit dem Investitionsprogramm dem Gemeinderat spätestens mit dem Entwurf der Haushaltssatzung vorzulegen.

(5) (wie geltender Text)

Übergangsvorschriften

Nr. 19 § 86 Verpflichtungsermächtigungen

(1) Verpflichtungen zur Leistung von Ausgaben für Investitionen und Investitionsförderungsmaßnahmen in künftigen Jahren dürfen unbeschadet des Absatzes 5 nur eingegangen werden, wenn der Haushaltsplan hierzu ermächtigt.

(2) Die Verpflichtungsermächtigungen dürfen zu Lasten der dem Haushaltsjahr folgenden drei Jahre veranschlagt werden, erforderlichenfalls bis zum Abschluss einer Maßnahme; sie sind nur zulässig, wenn durch sie der Ausgleich künftiger Haushalte nicht gefährdet wird.

(3) (wie geltender Text)

(4) Der Gesamtbetrag der Verpflichtungsermächtigungen bedarf im Rahmen der Haushaltssatzung insoweit der Genehmigung der Rechtsaufsichtsbehörde, als in den Jahren, in denen voraussichtlich Ausgaben aus den Verpflichtungen zu leisten sind, Kreditaufnahmen vorgesehen sind.

(5) (wie geltender Text)

Nr. 20 § 87 Kreditaufnahmen

(1) Kredite dürfen unter den Voraussetzungen des § 78 Abs. 3 nur im Vermögenshaushalt und nur für Investitionen, Investitionsförderungsmaßnahmen und zur Umschuldung aufgenommen werden.

(2) bis (6) (wie geltender Text)

Nr. 21a § 88 Sicherheiten und Gewährleistung für Dritte

(1) und (2) (wie geltender Text)

(3) Absatz 2 gilt entsprechend für Rechtsgeschäfte, die den in Absatz 2 genannten Rechtsgeschäften wirtschaftlich gleichkommen, insbesondere für die Zustimmung zu Rechtsgeschäften Dritter, aus denen der Gemeinde in künftigen Haushaltsjahren Verpflichtungen zur Leistung von Ausgaben erwachsen können.

(4) und (5) (wie geltender Text)

Nr. 22 § 89 Kassenkredite

(1) Zur rechtzeitigen Leistung ihrer Ausgaben kann die Gemeinde Kassenkredite bis zu dem in der Haushaltssatzung festgesetzten Höchstbetrag

Übergangsvorschriften

aufnehmen, soweit für die Kasse keine anderen Mittel zur Verfügung stehen. Die Ermächtigung gilt weiter, bis die Haushaltssatzung für das folgende Jahr erlassen ist.

(2) Der Höchstbetrag der Kassenkredite bedarf im Rahmen der Haushaltssatzung der Genehmigung der Rechtsaufsichtsbehörde, wenn er ein Fünftel der im Verwaltungshaushalt veranschlagten Einnahmen übersteigt.

§ 90 Rücklagen

Die Gemeinde hat zur Sicherung der Haushaltswirtschaft und für Zwecke des Vermögenshaushalts Rücklagen in angemessener Höhe zu bilden. Rücklagen für andere Zwecke sind zulässig.

Nr. 23 § 91 Erwerb und Verwaltung von Vermögen

(1) bis (3) (wie geltender Text)

Nr. 24 § 95 Jahresrechnung

(1) In der Jahresrechnung ist das Ergebnis der Haushaltswirtschaft einschließlich des Standes des Vermögens und der Schulden zu Beginn und am Ende des Haushaltsjahres nachzuweisen. Die Jahresrechnung ist durch einen Rechenschaftsbericht zu erläutern.

(2) Die Jahresrechnung ist innerhalb von sechs Monaten nach Ende des Haushaltsjahres aufzustellen und vom Gemeinderat innerhalb eines Jahres nach Ende des Haushaltsjahres festzustellen.

(3) *An Stelle des bisherigen Absatz 3 ist der neue § 95b Abs. 2 sinngemäß anzuwenden.*

Nr. 26 § 96 Sondervermögen

(1) und (2) (wie geltender Text)

(3) Für Sondervermögen nach Absatz 1 Nr. 4 sind besondere Haushaltspläne aufzustellen und Sonderrechnungen zu führen. Die Vorschriften über die Haushaltswirtschaft gelten entsprechend mit der Maßgabe, dass an die Stelle der Haushaltssatzung der Beschluss über den Haushaltsplan tritt und von der ortsüblichen Bekanntgabe und Auslegung nach § 81 Abs. 1

Übergangsvorschriften

und § 95 Abs. 3 abgesehen werden kann. An Stelle eines Haushaltsplans können ein Wirtschaftsplan aufgestellt und die für die Wirtschaftsführung und das Rechnungswesen der Eigenbetriebe geltenden Vorschriften entsprechend angewendet werden; in diesem Fall gelten §§ 77, 78, 81 Abs. 3 sowie §§ 85 bis 89, 91 und 92 entsprechend.

Nr. 27 § 97 Treuhandvermögen

(1) und (2) (wie geltender Text)

(3) Mündelvermögen sind abweichend von den Absätzen 1 und 2 nur in der Jahresrechnung gesondert nachzuweisen.

(4) (wie geltender Text)

Nr. 28 § 103 Unternehmen in Privatrechtsform

§ 103 Abs. 1 Satz 1 Nr. 5 gilt bis zum Übergang auf die Kommunale Doppik ohne Buchstabe f.

Nr. 32 § 110 Örtliche Prüfung der Jahresrechnung

(1) Das Rechnungsprüfungsamt hat die Jahresrechnung vor der Feststellung durch den Gemeinderat daraufhin zu prüfen, ob
1. bei den Einnahmen und Ausgaben und bei der Vermögensverwaltung nach dem Gesetz und den bestehenden Vorschriften verfahren worden ist,
2. die einzelnen Rechnungsbeträge sachlich und rechnerisch in vorschriftsmäßiger Weise begründet und belegt sind,
3. der Haushaltsplan eingehalten worden ist und
4. das Vermögen und die Schulden richtig nachgewiesen worden sind.

(2) Das Rechnungsprüfungsamt hat die Prüfung innerhalb von vier Monaten nach Aufstellung der Jahresrechnung durchzuführen. Es legt dem Bürgermeister einen Bericht über das Prüfungsergebnis vor. Dieser veranlasst die Aufklärung von Beanstandungen. Das Rechnungsprüfungsamt fasst seine Bemerkungen in einem Schlussbericht zusammen, der dem Gemeinderat vorzulegen ist.

Übergangsvorschriften

Nr. 33 § 111 Örtliche Prüfung der Jahresabschlüsse

(1) und (2) (wie geltender Text)

Nr. 34 § 112 Weitere Aufgaben des Rechnungsprüfungsamts

(1) Außer der Prüfung der Jahresrechnung (§ 110) und der Jahresabschlüsse (§ 111) obliegt dem Rechnungsprüfungsamt
1. die laufende Prüfung der Kassenvorgänge bei der Gemeinde und bei den Eigenbetrieben zur Vorbereitung der Prüfung der Jahresrechnung und der Jahresabschlüsse,
2. die Kassenüberwachung, insbesondere die Vornahme der Kassenprüfungen bei den Kassen der Gemeinde und Eigenbetriebe,
3. die Prüfung des Nachweises der Vorräte und Vermögensbestände der Gemeinde und ihrer Eigenbetriebe.

(2) (wie geltender Text)

Nr. 35 § 114 Aufgaben und Gang der überörtlichen Prüfung

(1) Die überörtliche Prüfung erstreckt sich darauf, ob bei der Haushalts-, Kassen- und Rechnungsführung, der Wirtschaftsführung und dem Rechnungswesen sowie der Vermögensverwaltung der Gemeinde sowie ihrer Sonder- und Treuhandvermögen die gesetzlichen Vorschriften eingehalten worden sind. Bei der Prüfung sind vorhandene Ergebnisse der örtlichen Prüfung der Jahresrechnung (§ 110), der Jahresabschlüsse (§ 111) und einer Jahresabschlussprüfung zu berücksichtigen.

(2) (wie geltender Text)

(3) Die überörtliche Prüfung soll innerhalb von vier Jahren nach Ende des Haushaltsjahres unter Einbeziehung sämtlicher vorliegender Jahresrechnungen und Jahresabschlüsse vorgenommen werden.

(4) und (5) (wie geltender Text)

Nr. 36 § 116

(1) Die Aufstellung des Haushaltsplans, des Finanzplans und der Jahresrechnung, die Haushaltsüberwachung sowie die Verwaltung des Geldvermögens und der Schulden sollen bei einem Bediensteten zusammengefasst werden (Fachbediensteter für das Finanzwesen).

Übergangsvorschriften

(2) und (3) (wie geltender Text)

Nr. 38 § 144 Durchführungsbestimmungen

...
14. des Inhalts und der Gestaltung des Haushaltsplans, des Finanzplans und des Investitionsprogramms sowie der Haushaltsführung und der Haushaltsüberwachung; dabei kann bestimmt werden, dass Einnahmen und Ausgaben, für die ein Dritter Kostenträger ist oder die von einer zentralen Stelle angenommen oder ausgezahlt werden, nicht in den Haushalt der Gemeinde aufzunehmen und dass für Sanierungs-, Entwicklungs- und Umlegungsmaßnahmen Sonderrechnungen zu führen sind,
15. der Veranschlagung von Einnahmen, Ausgaben und Verpflichtungsermächtigungen für einen vom Haushaltsjahr abweichenden Wirtschaftszeitraum,
16. der Bildung, vorübergehenden Inanspruchnahme und Verwendung von Rücklagen sowie deren Mindesthöhe,

...
24. des Inhalts und der Gestaltung der Jahresrechnung sowie der Abdeckung von Fehlbeträgen; dabei kann bestimmt werden, dass vom Nachweis des Sachvermögens in der Jahresrechnung abgesehen werden kann,
25. der Anwendung der Vorschriften zur Durchführung des Gemeindewirtschaftsrechts auf das Sondervermögen und das Treuhandvermögen,

...
Die Verordnungen nach Nummer 14 ergehen im Benehmen mit dem Finanzministerium.

Nr. 38 § 145 Verbindlichkeit von Mustern

(Vom Abdruck der bisher geltenden Fassung wird abgesehen.)

Stichwortverzeichnis

Die arabischen Zahlen bedeuten die Paragraphen, die römischen die Absätze der Paragraphen; fettgedruckte Zahlen verweisen auf die Gemeindeordnung und magere auf die Durchführungsverordnung.

Aberkennung
- der Fähigkeit zur Bekleidung öffentlicher Ämter **28**, II; **46**, II
- des Ehrenbürgerrechts **22**, II; **39**, II
- des Wahlrechts **14**, II

Abgaben
- Befreiung bei Gebietsänderungen **9**, VI
- Erhebungsrecht **78**, I
- kein Bürgerentscheid über – **21**, II
- keine Festsetzung durch beschließende Ausschüsse **39**, II

Abgabepflichtige
- Rücksicht auf ihre wirtschaftlichen Kräfte **78**, II

Abgrenzung
- der Geschäftskreise der Beigeordneten **39**, II; **44**, I

Ablehnung
- bei Stimmengleichheit **37**, VI
- bei Verlängerung eines Energievertrags 107, II
- ehrenamtlicher Tätigkeit **16**, I, III

Ablösung
- von Hand- und Spanndiensten **10**, V; 7

Abschluss
- der örtlichen Prüfung **110**, II
- der überörtlichen Prüfung **114**, V
- von Energieverträgen 107, I
- von Vergleichen **39**, II

Absolute Mehrheit
- bei der Wahl des Bürgermeisters **45**, I
- bei Wahlen im Gemeinderat **37**, VII

Abstimmung
- als Form der Beschlussfassung **37**, V f.
- Aufnahme der – des einzelnen Gemeinderats in die Niederschrift **38**, I
- beim Bürgerentscheid **21**, VII

Abstimmungsergebnis
- Aufnahme in die Niederschrift **38**, I
- Berücksichtigung bei der Bildung der Bezirksbeiräte **65**, I

Abstimmungsfreiheit
- der Gemeinderäte **32**, III

Abwasserbeseitigung
- Anschlusszwang **11**, I

Abwesenheit
- als wichtiger Grund für die Ablehnung ehrenamtlicher Tätigkeit **16**, I
- des Betroffenen bei Entscheidung über einen Ablehnungsgrund **18**, IV
- von Gemeinderäten (Niederschrift) **38**, I

Akteneinsicht
- durch den Gemeinderat **24**, III

Stichwortverzeichnis

Aktiengesellschaft
- Errichtung, Übernahme, Beteiligung 103, II

Alter
- als wichtiger Grund für die Ablehnung ehrenamtlicher Tätigkeit 16, I
- das Bürgerrecht 12, I
- die Wählbarkeit zum Bürgermeister 46, I

Ältestenrat 33a

Amt
- geistliches 16, I
- öffentliches 16, I

Amtsantritt
- des Bürgermeisters (Beginn der Amtszeit) 42, III; 11
- Erwerb des Bürgerrechts durch – 12, I

Amtsbezeichnung
- Beifügung der – bei Vertretung 54, III
- der Beigeordneten 49, I
- der weiteren Beigeordneten in Stadtkreisen 49, III
- des Amtsverwesers 48, III
- des Ersten Beigeordneten in Stadtkreisen 49, III
- des Oberbürgermeisters 42, IV

Amtsblatt
- öffentliche Bekanntmachungen 1, I
- Unterrichtung der Einwohner 20, III

Amtsdauer 30, I f.

Amtspflichten
- der Gemeinderäte 32, I
- des Bürgermeisters 42, VI

Amtsverweser 48, II f.

Amtszeit
- Ausscheiden im Laufe der – 31, I f.
- der Beigeordneten 50, I
- der beschließenden Ausschüsse 40, I
- der Bezirksbeiräte 65, I
- der Gemeinderäte 30, I f.
- der Ortschaftsräte 69, I
- der Stellvertreter des Bürgermeisters 48, I
- des Bürgermeisters 42, III
- des Bürgermeisters in mehreren Gemeinden 63
- Stellenausschreibung bei Ablauf der – des Bürgermeisters 47, I
- vorzeitige Beendigung der – des Bürgermeisters 128
- Wahl für den Rest der – 31, III

Anberaumung
- der ersten Sitzung des Gemeinderats 30, II
- einer Einwohnerversammlung 20a, I f.

Änderung
- der Haushaltssatzung 82, I
- der maßgebenden Einwohnerzahl 25, III
- der Zahl der Gemeinderäte 25, II f.
- des Gemeindegebiets 8 f.; 39, II
- des Gemeindenamens 5, I; 2
- eines Bürgerentscheids 21, VIII
- von Beschlüssen der beschließenden Ausschüsse 39, III
- von Energieverträgen 107, II

Anfechtung
- von Verfügungen der Rechtsaufsichtsbehörde 125

Anfragen
- der Gemeinderäte an den Bürgermeister 24, III f.
- Fragestunde 33, IV

Angabe
- der Widerspruchsgründe 43, II

Stichwortverzeichnis

- des Grundes der Abwesenheit 38, I
- des Verhandlungsgegenstands bei Antrag auf Einberufung einer Sitzung 34, I

Angelegenheiten
- Aufsicht in weisungsfreien – 118, I
- die nicht auf beschließenden Ausschuss übertragen werden können 39, II; 44, II
- Eilentscheidungsrecht des Bürgermeisters in dringenden – 43, IV
- Erörterung wichtiger – mit den Bürgern 20a, I
- in denen der Bezirksbeirat zu hören ist, zu beraten oder zu entscheiden hat 65, II, IV
- in denen der Ortschaftsrat zu hören ist 70, I
- Satzungsrecht in weisungsfreien – 4, I
- Selbstverwaltung der eigenen – 2, I
- über die der Gemeinderat entscheidet 24, I
- über die ein Bürgerentscheid oder ein Bürgerbegehren stattfinden kann 21, I f.
- Übertragung einzelner – auf beschließenden Ausschuss 39, I
- Unterrichtung der Einwohner über wichtige – 20
- Unterrichtung der Rechtsaufsichtsbehörde in einzelnen – 120
- Unterrichtung des Gemeinderats 43, V
- Vertretung des Bürgermeisters in einzelnen – 53, I
- Vollmacht in einzelnen – 53, II

Anhörung
- der Bezirksbeiräte 65, II
- der Bürger bei freiwilligen Grenzänderungen 8, II f.
- der Gemeinden und Bürger bei zwangsweisen Grenzänderungen 8, III f.
- der Landkreise bei Gebietsänderungen 8, II
- der nichtbefangenen Gemeinderäte bei Beschlussunfähigkeit 37, IV
- des Ortschaftsrats 70, I
- von Handwerk, Industrie und Handel 102, IV
- von Jugendlichen 41a, II f.
- von Vertrauenspersonen 20b, III; 21, IV

Anlage
- des Geldvermögens 91, II

Annahme
- an Kindes Statt 18, I
- Verpflichtung zur – eines Ehrenamts 15, I

Anordnung
- Beanstandung von – der Gemeinde 121, I
- der Ersatzvornahme 123
- der Rechtsaufsichtsbehörde 122
- der Schweigepflicht 17, II
- von Zahlungen durch Bedienstete des Rechnungsprüfungsamts 109, V

Anrechnung
- von Einkünften des Bürgermeisters bei vorzeitiger Beendigung der Amtszeit 128, III

Anregungen
- der Einwohner 33, IV
- der Einwohnerversammlung 20a, IV

Anschlusszwang
- an Wasserleitung, Abwasserbeseitigung, Straßenreinigung, Versor-

Stichwortverzeichnis

gung mit Nah- und Fernwärme u. andere der Volksgesundheit oder dem Schutz der natürlichen Grundlagen des Lebens dienende Einrichtungen sowie Fernwärmeversorgung **11 f.**

Anspruch – Ansprüche
- auf Ersatz von Auslagen und entgangenem Arbeitsverdienst **19, I ff.**
- Fortbestehen begründeter – der Gemeindebeamten **141**
- Geltendmachung von – der Gemeinde gegen Gemeinderäte usw. **126**
- Verlust des – auf Entschädigung **36, III**
- Vertretung von – Dritter gegen die Gemeinde **17, III**

Anstalt
- die für die Gemeindeprüfung zuständige – **113, I**

Anstellung
- Beschlussfassung durch Wahl **37, VII**
- von Gemeindebediensteten durch den Gemeinderat **24, II**
- von Gemeindefachbediensteten **58, I**

Antrag – Anträge
- Ablehnung eines – bei Stimmengleichheit **37, VI**
- auf Einberufung einer Sitzung **34, I**
- auf Erklärung zum Stadtkreis **3, I**
- auf Erklärung zur Großen Kreisstadt **3, II**
- auf Herbeiführung eines Bürgerentscheids **21, III**
- auf Verleihung der Bezeichnung Stadt **5, II**
- auf Verleihung sonstiger Bezeichnungen **5, III**
- auf Verleihung von Wappen und Flaggen **6, I; 3, I**
- Aufnahme der – in die Niederschrift **38, I**
- aus der Mitte des Gemeinderats **35, I**
- der Gemeinde auf Prüfung der Organisation und Wirtschaftlichkeit der Verwaltung **114, II**
- des Ortschaftsrats an den Gemeinderat **70, I**
- im Gemeinderat, die nicht vorberaten wurden **39, IV**

Anzeige
- über die Benennung von Ortsteilen **2, IV**
- von Satzungen **4, III**

Arbeitnehmer *siehe Gemeindebedienstete*
- als Hinderungsgrund **29, I**
- Einstellung **37, VII**
- im Stellenplan **57**
- Verpflichtung der Gemeinde zur Einstellung **56, I**

Arbeitsverdienst
- Anrechnung bei vorzeitiger Beendigung der Amtszeit des Bürgermeisters **128, III**
- Ersatz des entgangenen – ehrenamtlich tätiger Bürger **19, I**

Außerkrafttreten
- von Vorschriften **147, II**

Außerordentliche Erträge und Aufwendungen **79, II**

Außerplanmäßige Aufwendungen, Auszahlungen **84, I**

Aufgaben
- der Bezirksbeiräte **65, II, IV**
- der Rechtsaufsichtsbehörde und Informationsrecht **120**

Stichwortverzeichnis

- des Bürgermeisters **42**, I; **44**, I f.
- des Gemeinderats **24**
- des Ortschaftsrats **70**
- des Rechnungsprüfungsamts **110** ff.
- Erfüllung der – und Gemeindegebiet **7**, II
- Gemeinde als Träger der öffentlichen – **2**, I
- Pflichtaufgaben **2**, II
- Übernahme freiwilliger – **39**, II
- Übertragung von – auf das Rechnungsprüfungsamt durch beschließende Ausschüsse **39**, II
- Übertragung von – auf den Bürgermeister durch beschließende Ausschüsse **39**, II
- Wahrnehmung von – durch einen Beauftragten der Rechtsaufsichtsbehörde **124**
- Weisungs – **2**, III

Aufhebung
- der Schweigepflicht **17**, II
- einer Stiftung **101**, II
- von dinglichen Rechten bei Gebietsänderungen **9**, V
- von öffentlichen Einrichtungen **39**, II

Aufnahme
- in das Nutzbürgerrecht **100**, II
- von Darlehen **39**, II; **79**, II; **83**, II; **87**
- von Kassenkrediten **89**, I f.

Aufschiebende Wirkung
- der Beanstandung der Rechtsaufsichtsbehörde **121**, I
- des Widerspruchs **43**, II

Aufsicht
- auf dem Gebiet des Schulwesens und des Forstwesens **140**
- Wesen und Inhalt der – **118**

Aufsichtsbehörden
- Fach – **129** f.
- Rechts – **119**

Aufsichtsmaßnahmen
- der Fachaufsichtsbehörden **129**, II

Aufsichtsprüfung *siehe überörtliche Prüfung*

Aufsichtsratsmitglied **18**, II

Aufstellung
- der Jahresrechnung **95**, III
- des Haushaltsplans **79** f.

Auftrag – Aufträge
- der Rechtsaufsichtsbehörde an die Prüfungsanstalt **113**, I
- keine Bindung der Gemeinderäte an – **32**, III
- Vergabe von – **106b**

Auftragsangelegenheiten **130**

Aufwand
- für die Ausbildung von Beamten **56**, II

Aufwandsentschädigung
- des Bürgermeisters bei vorzeitiger Beendigung der Amtszeit **128**, III
- für Gemeinderäte und Ehrenbeamte **19**, III

Ausbildung
- der Gemeindebeamten **56**, II

Auseinandersetzung
- bei Änderung der Gemeindegrenzen durch Gesetz **9**, IV
- bei freiwilligen Grenzänderungen **9**, I

Ausführung
- der Beschlüsse, Überwachung **24**, I

Ausgleich
- der Mehrbelastung bei neuen Aufgaben **2**, II
- des Aufwands für die Ausbildung **56**, II
- des Haushaltsplans **80**, II f.

Stichwortverzeichnis

Auskunft
- von Gemeindebediensteten vor dem Gemeinderat 33, II

Auslagen
- bei der Änderung des Gemeindegebiets 9, VI
- der ehrenamtlichen tätigen Bürger 19, I
- des Bürgermeisters im Verfahren der vorzeitigen Beendigung der Amtszeit 128, II

Auslegung
- des Jahresabschlusses und des Lageberichts bei Beteiligung 105, I
- des Jahresabschlusses und Gesamtabschlusses 95b, II
- von Sitzungsunterlagen 41b, III

Ausnahme
- bei der Worterteilung in der Einwohnerversammlung 20a, III
- vom Anschluss- und Benutzungszwang 11, II; 8, II
- vom Verbot der Sicherheitsleistungen 88, I
- von den Befangenheitsvorschriften für Kassenverwalter 93, III
- von den Zulässigkeitsvoraussetzungen bei wirtschaftlicher Tätigkeit 103, I

Ausscheiden
- aus dem Gemeinderat 16, I; 30, III; 31, I f.
- von Beigeordneten 51, II

Ausschließungsgrund
- Entscheidung über das Vorliegen eines – bei Befangenheit 18, IV

Ausschluss
- von der Wählbarkeit 28, II
- von der Wahlberechtigung 14, II
- von Sitzungen des Gemeinderats 36, III
- wegen Befangenheit 18

Ausschreibung
- der Beigeordnetenstellen 50, III
- der Bürgermeisterstellen 45, II; 47, II

Ausschuss
- Befangenheit von Mitgliedern 18, IV; 39, V; 41, III
- beratender – 41
- beschließender – 39 ff.
- Eilentscheidungsrecht 43, IV
- für die Akteneinsicht 24, III
- Vollzug der Beschlüsse 43, I
- Vorberatung 39, IV
- Vorbereitung der Sitzungen 43, I
- Vorsitz 40, III
- Widerspruchsrecht 43, III

Ausstellung
- von Unschädlichkeitszeugnissen 9, V
- von Vollmachten 53, II; 54, IV

Austritt
- aus Zweckverbänden 39, II

Ausübung
- der Fachaufsicht 129, I
- ehrenamtlicher Tätigkeit 15, I; 16, I; 17, IV
- Verhinderung des Bürgermeisters an der – seines Amtes 48, II

Bankunternehmen 102, V
Bauleitpläne
- Bürgerentscheid 21, II
Bauvorschriften, örtliche
- Bürgerentscheid 21, II
Beamte *siehe Gemeindebedienstete*
- als Hinderungsgründe 29, I
- Bestellung des Amtsverwesers zum – 48, II f.
- der selbstständigen Kommunalanstalt 102a, VII

Stichwortverzeichnis

Beamtenverhältnis
- als Hinderungsgrund **29**, I; **46**, II; **51**, I

Beanstandungsrecht **121**

Beauftragter
- der Rechtsaufsichtsbehörde **124**

Beendigung
- vorzeitige – der Amtszeit des Bürgermeisters **128**

Befähigung
- der Beigeordneten **49**
- des Fachbediensteten für das Finanzwesen **116**
- des Gemeindefachbediensteten **58**, I

Befangenheit **18**
- als Hinderungsgrund **29**, II
- bei Bestellung zu ehrenamtlicher Tätigkeit **18**, III
- bei Kassenverwaltern **93**, III
- bei Leiter und Prüfern des Rechnungsprüfungsamts **109**, V
- Beschlussunfähigkeit wegen – **37**, II ff.; **39**, V; **41**, III
- des Beigeordneten **52**
- des Bürgermeisters **52**

Beigeordnete **49**, I
- Abgrenzung der Geschäftskreise **39**, II; **44**, I
- Beauftragung, Vollmacht **53**, I
- besondere Dienstpflichten **52**
- Erster – **49**, III
- Erwerb des Bürgerrechts mit dem Amtsantritt **12**, I
- Hinderungsgründe **51**
- Rechtsstellung und Bestellung **50**
- ständige Stellvertreter im Geschäftsbereich **49**, II
- Stimmrecht **37**, VI f.; **41**, II
- Teilnahme an Sitzungen des Gemeinderats **33**, I

- Unterzeichnung von Verpflichtungserklärungen **54**, II

Beirat für geheimzuhaltende Angelegenheiten **55**

Bekanntgabe (ortsübliche)
- der Aberkennung des Bürgerrechts **16**, III
- der Einwohnerversammlung **20a**, I
- der Feststellung des Jahresabschlusses bei Beteiligung der Gemeinde an einem Unternehmen in einer Rechtsform des privaten Rechts **105**, I
- der Feststellung des Jahresabschlusses, Gesamtabschlusses **95b**, II
- der öffentlichen Sitzungen des Gemeinderats **34**, I
- des Beteiligungsberichts **105**, III

Bekanntmachung (öffentliche)
- der Bewerbung um die Stelle des Bürgermeisters **47**, II
- der Haushaltssatzung **81**, III
- der Nachtragshaushaltssatzung **82**, I
- von Satzungen **4**, III; 1

Benennung
- von Ortsteilen, Straßen, Plätzen und Brücken **5**, IV; **2**, II ff.

Benutzungszwang **11** f.

Beratende Ausschüsse **41**

Beratungsunterlagen
- Auslegung, Vervielfältigung **41b**, III f.
- Bekanntgabe des Inhalts **41b**
- Übersendung **34**, I
- Veröffentlichung im Internet **41b**, II

Berichtigung
- der öffentlichen Bücher bei Grenzänderung **9**, V

229

Stichwortverzeichnis

Beschäftigung
- gegen Entgelt als Befangenheitsgrund 18, II

Beschließender Ausschuss 39 ff.

Beschlüsse
- Bekanntgabe nichtöffentlich gefasster – 35, I
- Veröffentlichung im Internet 41b, V
- Wortlaut 35, I; 38, I

Beschlussfähigkeit
- der beratenden Ausschüsse 41, III
- der beschließenden Ausschüsse 39, V
- des Gemeinderats 37, II ff.

Beschlussfassung
- im Gemeinderat 37, V ff.

Beschränkung
- der Einwohnerversammlung 20a, I
- des Anschluss- und Benutzungszwangs 11, II; 8
- dinglicher Rechte bei Grenzänderung 9, V

Bestätigung
- nach Abschluss der überörtlichen Prüfung 114, V
- vorlagepflicht. Beschlüsse 121, II

Bestattungseinrichtungen
- Benutzungszwang 11, I

Bestellung
- der Bezirksbeiräte 65, I
- der Stellvertreter des Bürgermeisters 48, I
- des Amtsverwesers 48, II f.
- des Ortsvorstehers 71, I f.
- eines Beauftragten der Rechtsaufsichtsbehörde 124
- eines besonderen Fachbediensteten für das Finanzwesen 116, I
- von Beigeordneten 49, I; 50, II f.
- von Sicherheiten 88, I

- zu ehrenamtlicher Tätigkeit 15, II

Betätigungsprüfung 112, II

Beteiligung
- an Unternehmen 102 f.; 103 f.
- mittelbare 105a
- von Kindern und Jugendlichen 41a

Beteiligungsbericht 105, II f.

Beteiligungsunternehmen 105 f.

Betreuung
- und Wahlrecht 14, II
- von Kindern und pflegebedürftigen Angehörigen 19, IV

Bewerber
- Eintritt von – bei Vorliegen eines Hinderungsgrundes 29, II
- um die Wahl des Bürgermeisters 47, II
- Zahl der – bei der Gemeinderatswahl 26, II

Bewerbungen
- um die Stelle des Bürgermeisters 47, II

Bewirtschaftung
- der Gemeindewaldungen 91, III

Bezeichnung
- Führung der – Stadt 5, II; 2, I; 133
- Stadtgemeinde 133

Bezirksbeirat 64, II; 65
- Einwohnerantrag 20b, IV

Bezirksverfassung 64 ff.
- Aufhebung 66
- Bezirksbeirat 64, II; 65
- Einrichtung 64, I
- Einwohnerversammlung 20a, I

Bilanz 95, II

Brücken
- Benennung von – 5, IV

Bund
- Bundesangelegenheiten 129, III f.
- Zuweisung von Aufgaben 1, II

230

Stichwortverzeichnis

Bürger 12, I
- Anhörung der – bei freiwilliger Grenzänderung 8, II, V
- Anhörung der – bei zwangsweiser Grenzänderung 8, III, V
- Ausscheiden aus dem Gemeinderat 16, I
- Befangenheit 18
- ehrenamtliche Tätigkeit 15, I; 16
- Entschädigung für ehrenamtliche Tätigkeit 19
- Stimmrecht 14, I
- Teilnahme an der bürgerschaftlichen Verwaltung 1, III
- Unionsbürger 12, I; 13; 28, II; 46, I
- unmittelbare Wahl der Bezirksbeiräte 65, IV
- unmittelbare Wahl des Bürgermeisters 45, I
- unmittelbare Wahl des Gemeinderats 26, I
- unmittelbare Wahl des Ortschaftsrats 69, I
- Wählbarkeit 28
- Wahlrecht 14, I

Bürgerbegehren 21, III
Bürgerentscheid 21
Bürgermeister
- Amtsantritt 42, III; 11
- Amtsbezeichnung 42, IV
- Amtsverweser 48, II f.
- Amtszeit 42, II
- Ansprüche der Gemeinde gegen – 126, I
- Aufgaben des Ratschreibers 58, II
- Beauftragung und Vollmacht 53
- Beseitigung von Missständen 24, I
- besondere Dienstpflichten 52
- Bewerbungen 47, II
- ehrenamtliche 42, II
- Eilentscheidungsrecht 43, IV
- Einberufung der Einwohnerversammlung 20a, I
- Einberufung des Gemeinderats 34, I
- Entscheidung an Stelle des Gemeinderats wegen Befangenheit 37, IV
- Entscheidung über Ausschließungsgrund 18, IV
- Entscheidung über Vertretungsverbot 17, III
- Ernennung, Einstellung und Entlassung von Gemeindebediensteten 24, I
- Erwerb des Bürgerrechts mit dem Amtsantritt 12, I
- Geschäftsführung des bisherigen – 42, V
- Hinderungsgründe 46, III f.
- in mehreren Gemeinden 63 f.
- Leitung der Gemeindeverwaltung 44, I
- Rechtsstellung 42
- ständiger allgemeiner Stellvertreter 49, III
- Stellenausschreibung 45, II; 47, II
- Stellung im Gemeinderat 43
- Stellvertreter 48, I; 49, I
- Stimmrecht im Gemeinderat 37, VI f.
- unmittelbare Unterstellung des Rechnungsprüfungsamts 109, II
- Unterrichtung des Gemeinderats 43, V
- Unterzeichnung von Jahresabschluss, Gesamtabschluss 95b, I
- Unterzeichnung von Verpflichtungserklärungen 54, I
- Vereidigung und Verpflichtung 42, VI
- Verträge der Gemeinde mit – 126, II

Stichwortverzeichnis

- Vertretung der Gemeinde 42, I
- Vertretung der Gemeinde in Unternehmen 104
- Vertretung durch Beigeordnete 49
- Verwaltungsorgan 23
- Vorgesetzter der Gemeindebediensteten 44, IV
- Vorsitzender der beschließenden Ausschüsse 40, III
- Vorsitzender der Einwohnerversammlung 20a, I
- Vorsitzender des Bezirksbeirats 65, III
- Vorsitzender des Gemeinderats 25, I; 42, I
- Vorstellung der Bewerber 47, II
- vorzeitige Beendigung der Amtszeit 128
- Wahl des – 45
- Wählbarkeit zum – 46, I f.
- Wahlbeamter 42, II
- Widerspruchspflicht und -recht im Gemeinderat 43, II
- Widerspruchspflicht und -recht in den beschließenden Ausschüssen 43, III
- Zeitpunkt der Wahl 47, I
- Zuständigkeit für laufende Verwaltung 44, II
- Zuständigkeit für Weisungsaufgaben 44, III

Bürgernutzen 100
Bürgerrecht 12
- Verlust 13; 15, II

Darlehen (Kredite)
- Einzelgenehmigung 87, IV
- Festsetzung in der Haushaltssatzung 79, II
- Gesamtgenehmigung 87, II
- Kreditaufnahme 87

- vorläufige Haushaltsführung 83, II

Datenverarbeitungsprogramme
- Prüfung 114a

Datenzentrale 114a

Dauer
- der ehrenamtlichen Tätigkeit 15, I
- der Gemeindedienste 10, V

Deckung
- der Kosten bei Pflichtaufgaben 2, II

Deutsche
- i. S. des Grundgesetzes 12, I; 13; 46, I

Dienstbehörde (oberste)
- der Gemeindebediensteten 44, IV

Dienstenthebung 128, II

Dienstpflichten
- besondere des Bürgermeisters und der Beigeordneten 52

Dienstsiegel 6, II; 4

Dienstunfall
- eines Gemeinderats 32, IV

Dienstvorgesetzter
- der Gemeindebediensteten 44, IV

Disziplinarverfahren
- bei der vorzeitigen Beendigung der Amtszeit des Bürgermeisters 128, II
- und Wählbarkeit des Bürgermeisters 46, II

Doppik 77, III

Durchschnittssätze
- für die Entschädigung für ehrenamtliche Tätigkeit 19, II, IV

Ehegatten
- Befangenheit 18, I f.

Ehrenamtliche Tätigkeit
- Ablehnung der – 16
- Befangenheit bei – 18
- Befangenheit bei Wahl zu – 18, III

Stichwortverzeichnis

- Bestellung zu – 15, I f.
- der Gemeinderäte 32, I
- Entschädigung für – 19
- Pflichten bei – 17, I ff.

Ehrenbeamte
- Aufwandsentschädigung 19, III
- Bürgermeister als – 42, II

Ehrenbürgerrecht 22

Eigenbetriebe
- als Sondervermögen 96, I
- als Unternehmen 102
- Jahresabschluss 111, I

Eigenprüfung *siehe örtliche Prüfung*

Eilentscheidung
 des Bürgermeisters 43, IV

Einberufung
- der Einwohnerversammlung 20a, I
- des Gemeinderats 34, I; 37, I
- des Gemeinderats bei Widerspruch des Bürgermeisters 43, II
- Feststellung über Vorliegen von Hinderungsgründen vor der – der ersten Sitzung 29, V

Eingriff
- in die Rechte der Gemeinde 2, IV

Einigung
- über die Entsendung von Vertretern der Gemeinde in Unternehmen 104, I
- über die Zusammensetzung der beschließenden Ausschüsse 40, II

Einrichtungen
- in Privatrechtsform 106a

Einsicht
- in die Niederschriften des Gemeinderats 38, II

Eintritt
- in den Gemeinderat bei Vorliegen eines Hinderungsgrundes 29, II

Einvernehmen zwischen Gemeinderat und Bürgermeister
- bei der Abgrenzung der Geschäftskreise der Beigeordneten 39, II; 44, I
- bei der Ernennung, Einstellung und Entlassung von Gemeindebediensteten 24, II

Einwendungen
- gegen den Haushaltsplan 81
- gegen die Niederschrift des Gemeinderats 38, II

Einwohner 10, I
- Einsicht in die Niederschrift des Gemeinderats 38, II
- Förderung des Wohls der – 1, II
- örtliche Verbundenheit der – 7, II
- Rechte und Pflichten 10, II, V
- sachkundige – 33, III; 40, I; 41, I; 65, I
- Teilnahme an der Einwohnerversammlung 20a, I
- Unterrichtung der – 20

Einwohnerantrag 20b

Einwohnergrenzen
- für die Bestellung von Beigeordneten 49, I
- für die Durchführung der Aufsichtsprüfung 113, I
- für die Einrichtung von Stadtbezirken 64, I
- für ehrenamtliche Bürgermeister 42, II
- für Große Kreisstadt 3, II

Einwohnerversammlung 20a

Einwohnerzahl
- Änderung der – und Zahl der Gemeinderäte 25, III
- bei der Verleihung der Bezeichnung Stadt 5, II
- bei Kommunalwahlen – 143
- fortgeschriebene – 143

233

Stichwortverzeichnis

– maßgebende – **143**
Einzahlungen
– Erzielung von – **78**
Elektronische Kommunikation **20a**, II; **20b**, II; **21**, III; **24**, IV; **34**, I; **37**, I; **38**, I; **42**, V; **54**, I
Ende
– der Amtszeit der Gemeinderäte **30**, II
– der ehrenamtlichen Tätigkeit **15**, II
Energieverträge **107**
Entlassung von Gemeindebediensteten **24**, II
Entschädigung
– für die Umwandlung von Gemeindegliedervermögen **100**, IV f.
– für ehrenamtliche Tätigkeit **19**
– für Sachschäden **19**, VI
– Verlust des Anspruchs auf – **36**, III
Entscheidung
– über Einwendungen gegen die Niederschrift **38**, II
– von Grenzstreitigkeiten **7**, I; **5**
Entscheidungsfreiheit
– der Gemeinderäte **32**, III
Entzug
– der Leitung des Rechnungsprüfungsamts **109**, IV
– der Nutzung des Gemeindegliedervermögens **100**, III
– des Ehrenbürgerrechts **22**, II
Ergänzungswahl
– zum Gemeinderat **31**, III
Ergebnishaushalt **79**; **80**, II
Ergebnisrechnung **95**, II
Erklärung
– zum Stadtkreis **3**, I
– zur Großen Kreisstadt **3**, II; **131**, II

Ernennung
– der Gemeindebediensteten **24**, II; **37**, VII
Ersatz
– Ersatzbekanntmachung **1**, IV
– für Aufwendungen für entgeltliche Betreuung **19**, IV
– für Sachschäden **19**, VI
– von Auslagen bei Gebietsänderung **9**, VI
– von Auslagen und des entgangenen Arbeitsverdienstes bei ehrenamtlicher Tätigkeit **19**, I
Ersatzperson
– Nachrücken im Gemeinderat **31**, II
Ersatzvornahme
– bei Hand- und Spanndiensten **10**, V
– durch die Rechtsaufsichtsbehörde **123**
Erträge
– Erzielung von – **78**
Europäische Union **28**, II; **46**, II

Fachaufsicht **118**, II; **129**, I
Fachaufsichtsbehörden **129**
Fachbedienstete für das Finanzwesen **93**, III; **109**, V; **116**
Fehlbeträge **80**, II f.
Fernwärmeversorgung **11**, I
Feststellung
– des Jahresabschlusses, Gesamtabschlusses **95b**, II
– des Namens einer Gemeinde **5**, I
Feuerwehr
– Kameradschaftspflege **96**, I
Finanzhaushalt **79**; **80**, II
Finanzplanung **85**
Finanzrechnung **95**, II
Finanzwesen **116**, I
Flaggen **6**, I; **3**, II

Stichwortverzeichnis

Förderung
- der Fortbildung der Gemeindebediensteten 56, III
- des allgemeinen Interesses an der Gemeindeverwaltung 20, I
- des gemeinsamen Wohls 1, II

Formen
- der öffentlichen Bekanntmachung 1

Formvorschriften
- für Verpflichtungserklärungen 54

Forstwesen 140

Fortbildung
- der Gemeindebediensteten 56, III

Fragestunde 33, IV

Fraktionen 32a
- Antragsrecht 24, III; 34, I; 39, IV
- Auffassungen der – im Amtsblatt 20, III
- des Ortschaftsrats 72

Freiheit
- der Entscheidung der Gemeinderäte 32, III

Freistellung von der Finanzplanung 99

Gebiet
- Änderung des – 8 f.; 6
- Bemessung des – 7, II
- der Gemeinde und Wirkungskreis 2, I
- Umfang des – 7, I

Gebietskörperschaft 1, IV

Gebietsteil 8, II, VI
- Einwohnerversammlung für – 20a, I
- Umgemeindung kleinerer – 8, VI

Gegenzeichnung
- von Verpflichtungserklärungen 54, II

Geheimhaltung 17, II; 55

Geldvermögen 91, II

Geltendmachung
- von Ansprüchen der Gemeinde gegen Bürgermeister und Gemeinderäte 126, I
- von Ansprüchen gegen die Gemeinde 17, III

Gemeinde
- allgemeine Aufgaben 1, II
- Benennung von Ortsteilen, Straßen usw. 5, IV; 2, II ff.
- Bezeichnungen 5, II f.; 2, I; 133
- Bürger 12, I
- Eingriff in die Rechte 2, IV
- Einwohner 10, I
- Erhebung von Steuern und Abgaben 78, I
- Erklärung zum Stadtkreis 3, I; 131, I
- Erklärung zur Großen Kreisstadt 3, II; 131, II
- Gebiet 7
- Gebietsänderungen 8 f.; 6
- Gebietskörperschaft 1, IV
- Mehrbelastung der – 2, II
- Name 5, I; 2, I
- Neubildung 8, III
- öffentliche Einrichtungen 10, II
- Pflichtaufgaben 2, II
- Satzungsrecht 4, I
- Stellung im Staatsaufbau 1, I
- Träger der öffentlichen Aufgaben 2, I
- Verlust der Selbständigkeit 9, I
- Verpflichtung zur Einstellung von Beamten und Arbeitnehmern 56, I
- Vertretung bei Auflösung 9, I
- Vertretung durch den Bürgermeister 42, I
- Verwaltungsorgane 23; 24, I
- Wappen, Flaggen, Dienstsiegel 6 f.

Stichwortverzeichnis

- Zusammenwirken mit Landesbehörden bei der Ausbildung von Beamten 56, II
Gemeindebedienstete
- als Vertreter des Bürgermeisters 53, I
- Einstellung, Ausbildung, Fortbildung 56
- Ernennung, Einstellung, Entlassung 24, II; 37, VII
- Hinderungsgrund 29, I
- Übertragung des Vortrags im Gemeinderat 33, II
- Unterzeichnung von Verpflichtungserklärungen 54, II
- Vorgesetzter, Dienstvorgesetzter, oberste Dienstbehörde 44, IV
Gemeindebezirke 64, I
Gemeindedienste
- Hand- und Spanndienste 10, V; 7
Gemeindefachbediensteter 58; 61, II; 109, III; 116, II
Gemeindefreie Grundstücke 7, III
Gemeindegliedervermögen 100 f.
Gemeindegrenzen 8 ff.
Gemeindekasse 93, I
Gemeindenutzungen 100
Gemeinderat – Gemeinderäte
- Abgrenzung der Geschäftskreise der Beigeordneten 44, I
- Akteneinsicht 24, III
- Amtsbezeichnung 25, I
- Amtszeit 30
- Ansprüche der Gemeinde gegen – 126, I
- Ausscheiden 16, I; 31, I
- Ausschluss von Sitzungen 36, III
- Behandlung von Vorschlägen und Anregungen der Einwohnerversammlung 20a, IV
- beratende Mitwirkung 33
- Beschlussfähigkeit 37, II ff.

- Beschlussfassung 37
- Bestellung der Stellvertreter des Bürgermeisters 48, I
- Bestellung zu ehrenamtlicher Tätigkeit 15, II
- Bildung von beratenden Ausschüssen 41, I
- Bildung von beschließenden Ausschüssen 39, I; 10
- Dienstunfall 32, IV
- Eilentscheidungsrecht des Bürgermeisters 43, IV
- Einberufung 34, I
- Entscheidung an Stelle beschließender Ausschüsse 39, III, V
- Entscheidung auf Widerspruch des Bürgermeisters gegen Beschlüsse der beschließenden Ausschüsse 43, III
- Entscheidung ohne Vorberatung 41, III
- Entscheidung über Antrag auf Einwohnerversammlung 20a, II
- Entscheidung über Ausschließungsgrund 18, IV
- Entscheidung über Bürgerbegehren 21, IV
- Entscheidung über Einwendungen gegen die Niederschrift 38, II
- Entscheidung über Einwohnerantrag 20b, III
- Entscheidung über Vertretungsverbot 17, III
- Entscheidung über wichtigen Grund 16, II
- Entscheidung über wirtschaftliche Tätigkeit außerhalb der Daseinsvorsorge 102, II
- Entzug der Leitung des Rechnungsprüfungsamts 109, IV
- Erste Sitzung 30, II

Stichwortverzeichnis

- Feststellung über Ausscheiden **31**, I
- Feststellung über Hinderungsgrund **29**, V
- Feststellung von Jahresabschluss, Gesamtabschluss **95b**
- Finanzplan **85**, IV
- Geschäftsführung des bisherigen – **30**, II
- Geschäftsordnung **36**, II
- Herbeiführung eines Bürgerentscheids **21**, I
- Hinderungsgründe **29**
- Öffentlichkeit der Sitzungen **35**, I
- Rechtsstellung der Gemeinderäte **32**
- Rechtsstellung und Aufgaben **24**, I f.
- Stellung des Bürgermeisters im – **43**
- Teilnahmepflicht **34**, III
- Übertragung weiterer Aufgaben auf das Rechnungsprüfungsamt **112**, II
- Unterrichtung der Einwohner **20**
- Unterrichtung des Gemeinderats **24**, III; **43**, V
- Vereidigung des Bürgermeisters **42**, VI
- Verhandlungsleitung **36**, I
- Verpflichtung **32**, II
- Verschwiegenheitspflicht **17**, II; **35**, II
- Verträge der Gemeinde mit – **126**, II
- Verwaltungsorgan **23**
- Verweisung aus dem Beratungsraum **36**, III
- Vollzug der Beschlüsse **43**, I
- Vorbereitung der Sitzung **43**, I
- Vorsitzender **42**, I
- Wahl der Beigeordneten **50**
- Wahl der Bezirksbeiräte **65**, I
- Wahl des Bezirksvorstehers **65**, IV
- Wahl des Ortsvorstehers **71**, I
- Wählbarkeit zum – **28**
- Wahlgrundsätze **26**
- Widerspruch gegen Beschlüsse **43**, II
- Zusammensetzung **25**
- Zustimmung zu Planabweichungen **84**
- Zwangsmaßnahmen bei Ablehnung ehrenamtlicher Tätigkeit **16**, III; **17**, IV
- Zwangsmaßnahmen bei Verletzung der Pflichten aus ehrenamtlicher Tätigkeit **17**, IV; **9**

Gemeindeteile
- Benennung **5**, IV; **2**, II ff.

Gemeindeverfassung **23**
Gemeindewahlen **14**, I
Gemeindewald **91**, III
Gemeindewirtschaft **77**, I; **78 ff.**; **116 f.**

Genehmigung
- der Kreditaufnahme **87**, II, IV
- der Vereinbarung über freiwillige Grenzänderung **8**, II; **9**, I
- des Gesamtbetrags der Verpflichtungsermächtigungen **86**, IV
- des Höchstbetrags der Kassenkredite **89**, III
- von Bürgschaften, Verpflichtungen aus Gewährverträgen **88**, II ff.

Gesamtabschluss **95a f.**

Geschäftsführung
- des bisherigen Bürgermeisters **42**, V
- des bisherigen Gemeinderats **30**, II

Geschäftsgang
- der beratenden Ausschüsse **41**, III

237

Stichwortverzeichnis

- der beschließenden Ausschüsse 39, V
- im Bezirksbeirat 65, III
- im Gemeinderat 36, II

Geschäftskreis
- Abgrenzung des – der Beigeordneten 39, II; 44, I
- ständige Stellvertreter im – 49, II

Geschäftsordnung 36, II
- Ältestenrat 33a, II
- Anfragen an den Bürgermeister 24, IV
- Fragestunde, Anhörung 33, IV
- Fraktionen 32a, I
- Jugendvertretung 41a, III

Gesellschaft mit beschränkter Haftung
- Errichtung, Übernahme, Erweiterung, Beteiligung 103a

Gesellschafter einer Handelsgesellschaft
- als Befangenheitsgrund 18, II; 51, II
- als Hinderungsgrund 29, II

Gesellschafterversammlung 103a; 104, I

Gesetzmäßigkeit
- Bestätigung bei vorlagepflichtigen Beschlüssen 121, II
- Sicherstellung der – durch Rechtsaufsicht 118, I
- Sicherung der – durch einen Beauftragten 124

Gewerbetreibende 10, III
Grenzstreitigkeiten 5
Große Kreisstadt 3, II
- Amtsbezeichnung des Bürgermeisters 42, IV
- Amtsbezeichnung des Ersten Beigeordneten 49, III
- Erklärung zur – 3, II; 131, II
- Rechnungsprüfungsamt 109, I

- Rechtsaufsichtsbehörde 119
- Stadtbezirke 64, I

Grundgesetz 12, I; 13; 46, I

Grundstücke
- die das Gebiet der Gemeinde bilden 7, I
- gemeindefreie – 7, III
- von Personen, die nicht in der Gemeinde wohnen 10, III

Gutachten
- Abgabe eines – als Befangenheitsgrund 18, II

Haftung
- der Gemeinde bei der Beteiligung an wirtschaftlichen Unternehmen 103, I; 105a, I
- von Vertretern der Gemeinde in wirtschaftlichen Unternehmen 104, II

Hand- und Spanndienste 10, V; 7
Handelsgesellschaft 18, II; 29, II; 51, II
Häufungszahl, zulässige 26, II
Hauptorgan 24, I

Hauptsatzung
- Bestimmung der Zahl der Beigeordneten 49, I
- Bestimmung der Zahl der Bezirksbeiräte 65, I
- Bestimmung der Zahl der Ortschaftsräte 69, II
- Bildung eines Ältestenrats 33a
- Bildung und Zuständigkeit von beschließenden Ausschüssen 39, I f., IV
- dauernde Übertragung von Aufgaben auf den Bürgermeister 44, II
- ehrenamtliche Bürgermeister 42, II
- Einführung der unechten Teilortswahl 27, II

Stichwortverzeichnis

- Einrichtung von Gemeindebezirken **64**, I
- Einrichtung von Ortschaften **68**, I
- Erlass der – **4**, II

Hauptwohnung **12**, II
Haushalt **77 ff.**
Haushaltsführung
- vorläufige **83**

Haushaltsgrundsätze **77**
Haushaltsplan **80**
Haushaltssatzung **79**
- Änderung, Nachtragshaushaltssatzung **82**
- Bekanntmachung **81**, III
- Darlehensermächtigung **87**
- Inhalt **79 f.**
- Inkrafttreten **79**, III
- Kassenkredite **89**
- Kreditermächtigung **87**
- Vorlage an Rechtsaufsichtsbehörde **81**, II

Hausrecht **36**, I
Heilung von Fehlern **4**, IV; **18**, VI; **31**, I
Hilfsbetriebe **102**, IV
Hinderungsgründe
- Entstehen im Laufe der Amtszeit eines Gemeinderats **31**, I
- für Beigeordnete **51**
- für den Bürgermeister **46**, III f.
- für die Mitgliedschaft im Gemeinderat **29**
- für Kassenverwalter **93**, III
- für Prüfer des Rechnungsprüfungsamts **109**, V

Information(en)
- im Internet **41b**, I f.
- zum Bürgerentscheid **21**, V

Informationsrecht
- der Fachaufsichtsbehörden **129**, II
- der Rechtsaufsichtsbehörde **120**

Inkrafttreten
- der Gemeindeordnung, Große Kreisstädte **131**, II
- der Gemeindeordnung, Wiederaufnahme der Bezeichnung Stadt **133**
- der Haushaltssatzung **79**, III
- von Satzungen **4**, III

Innenministerium
- Erlass von Durchführungsbestimmungen **144**
- Erlass von Verordnungen **2**, IV
- oberste Rechtsaufsichtsbehörde **119**
- Zustimmung zu Verordnungen **2**, IV

Innere Darlehen **87**
Internet
- Öffentliche Bekanntmachung **1**, I f.
- Veröffentlichung von Informationen **41b**, I f., V

Investitionsprogramm **85**, III

Jahresabschluss
- bei GmbH **103a**
- der Eigenbetriebe **111**
- der Gemeinde **95**; **95b**
- der selbstständigen Kommunalanstalt **102d**, I ff.
- von Beteiligungsunternehmen **105**, I

Jahresrechnung **95**
Jugendgemeinderat **41a**
Jugendvertretung **41a**
Juristische Personen **10**, IV

Kapitalflussrechnung **95a**, IV
Kassengeschäfte **93 f.**
Kassenkredite **89**
Kassenüberwachung **112**, I
Kassenverwalter **93**, II f.; **94**; **116**, III

Stichwortverzeichnis

Kassenvorgänge
- laufende Prüfung der – 112, I

Kinder 41a, I

Klimaschutz 11, I

Kommunalanstalt *siehe selbstständige Kommunalanstalt*

Kommunale Doppik 77, III

Kommunalwahlgesetz 8, V; 21, IX; 143

Konsolidierungsbericht 95a, III f.; 95b, II

Konzessionsverträge 107

Körperschaft des öffentlichen Rechts 18, II

Kosten
- Deckung der – bei Pflichtaufgaben 2, II
- der Ersatzvornahme durch die Rechtsaufsichtsbehörde 123
- der Rechtsverfolgung bei der Geltendmachung von Ansprüchen der Gemeinde 126, I
- des Beauftragten der Rechtsaufsichtsbehörde 124

Kredite
- Einzelgenehmigung 87, IV
- Festsetzung in der Haushaltssatzung 79, II
- Gesamtgenehmigung 87, II
- Kreditaufnahme 87
- vorläufige Haushaltsführung 83, II

Kreditermächtigung 79, II; 87, III

Kumulieren (Stimmenhäufung) 26, II f.

Lagebericht
- der selbstständigen Kommunalanstalt 102d, I, IV

Land 1, II; 56, II

Landesbehörden 56, II

Landesregierung
- der Bezeichnung Stadt 5, II
- Erklärung zur Großen Kreisstadt 3, II
- Erlass von Verordnungen 2, IV
- sonstiger Bezeichnungen 5, III

Landeswappen 6, II

Landkreise
- als Beigeordnete 51, I
- als Bürgermeister 46, III
- Änderung des Gebiets von – 8, IV

Landratsamt
- als Beigeordnete 51, I
- als Bürgermeister 46, III
- als Gemeinderat 29, I
- Rechtsaufsichtsbehörde 119
- Widerspruch gegen Aufsichtsverfügungen 125

Laufende Prüfung
- der Kassenvorgänge 112, I

Laufende Verwaltung
- bei Ernennung, Einstellung und Entlassung von Gemeindebediensteten 24, II
- Formvorschriften für Verpflichtungserklärungen 54, IV
- Zuständigkeit des Bürgermeisters 44, II

Lebensgrundlagen
- Schutz der natürlichen 11, I

Lebenspartnerschaft
- Befangenheit bei 18, I f.

Leistungsfähigkeit der Gemeinde
- Gemeindegebiet 7, II
- Haftung bei der Beteiligung an wirtschaftlichen Unternehmen 103, I; 105a, I
- Kreditverpflichtungen 87, I
- Öffentliche Einrichtungen 10, II
- wirtschaftliche Unternehmen 102, I

Leistungsziele 80

Stichwortverzeichnis

Leitung
- der Gemeindeverwaltung 44, I
- der örtl. Verwaltung in der Ortschaft 71, III

Liquiditätssicherung 89

Losentscheidung
- bei der Neuwahl des Bürgermeisters 45, II
- bei Stimmengleichheit im Gemeinderat 37, VII
- über den Eintritt in den Gemeinderat 29, II

Mehrbelastung der Gemeinde 2, II

Mehrheit
- absolute *siehe Absolute Mehrheit*
- qualifizierte *siehe Qualifizierte Mehrheit*

Mehrheitswahl
- bei der Bildung von beschließenden Ausschüssen 40, II; 10, III
- bei der Wahl des Bürgermeisters 45, I
- bei unechter Teilortswahl 27, IV
- des Gemeinderats 26, III

Minderheitsrechte im Gemeinderat
- Akteneinsichtsrecht 24, III
- Anfragen 24, IV
- Beschlussfähigkeit 37, III
- Einberufung Gemeinderat 34, I
- Tagesordnung, Aufnahme eines Verhandlungsgegenstandes in – 34, I
- Überweisung eines Antrags in beschl. Ausschuss 39, IV
- Unterrichtungsrecht 24, III

Missstände
- Beseitigung von – 24, I
- in der Verwaltung der Gemeinde und vorzeitige Beendigung der Amtszeit des Bürgermeisters 128, I

Mitteilung
- der Feststellung des Jahresabschlusses, Gesamtabschlusses 95b, II
- der Gründe für die Eilentscheidung 43, IV
- der Verhandlungsgegenstände bei der Einberufung des Gemeinderats 34, I
- eines Befangenheitsgrundes 18, IV

Mitwirkung
- bei Befangenheit 18
- beratende – im Gemeinderat 33, I, III
- ehrenamtliche – 15, I

Mitwirkungsrechte des Ortschaftsrats 70, I

Muster
- für die Haushaltswirtschaft 145

Nachrücken im Gemeinderat 31, II

Nachteil
- unmittelbarer – Befangenheitsgrund 18, I f.

Nachtragshaushaltssatzung 82

Nahwärmeversorgung 11, I

Name
- der Gemeinde 5, I
- Zahl der – auf dem Stimmzettel bei Mehrheitswahl 26, III; 27, IV

Neubildung einer Gemeinde 8, III

Neuwahl des Bürgermeisters 45, II

Nichtige Rechtsgeschäfte 117, II

Nichtöffentliche
- Verhandlungen im Gemeinderat 35, I

Niederschrift
- über die Verhandlungen des Gemeinderats 38

Notfälle
- Einberufung des Gemeinderats in – 34, II

Stichwortverzeichnis

- Gemeindedienste für – 10, V
Nutzung
- des Gemeindegliedervermögens 100, III

Oberbürgermeister 42, IV
Obere Rechtsaufsichtsbehörde 119
- als Beigeordnete 51, I
- als Bürgermeister 46, III
- als Gemeinderäte 29, I
- Verfahren auf vorzeitige Beendigung der Amtszeit des Bürgermeisters 128, II
Oberste Dienstbehörde
- der Gemeindebediensteten 44, IV
Oberste Rechtsaufsichtsbehörde 119
- als Beigeordnete 51, I
- als Bürgermeister 46, III
- als Gemeinderäte 29, I
Offenlegung 37, I
Öffentliche Sitzungen
- bei Vorberatung in Ausschüssen 39, V; 41, III
- des Gemeinderats 35, I
- ortsübliche Bekanntgabe 34, I
- Veröffentlichung von Informationen 41b
Öffentliche(s)
- Abgaben bei Gebietsänderungen 9, VI
- Bedürfnis bei Anschluss- und Benutzungszwang 11, I
- Bekanntmachung 4, III; 1, I
- Bücher, Berichtigung bei Grenzänderungen 9, V
- der Bewerbung um die Stelle des Bürgermeisters 47, II
- der Haushaltssatzung 81, III
- Einrichtungen der Gemeinde 10, II
Öffentliches Wohl
- bei Gebietsänderungen 8, I; 9, III
- bei Geheimhaltung 17, II
Ordnung
- Handhabung der – im Gemeinderat 36, I
- Verstöße gegen die – 36, III
Ordnungsgeld 16, III; 17, IV; 9
Ordnungswidrigkeiten 142
Organe
- der Gemeinde 23
- der selbstständigen Kommunalanstalt 102b
Organisation
- innere – der Gemeindeverwaltung 44, I
- überörtliche Prüfung in Fragen der – 114, II
Örtliche
- Gemeinschaft 1, II
- Stiftungen 101
- Verbundenheit der Einwohner 7, II
Örtliche Prüfung 109 ff.
- bei der selbstständigen Kommunalanstalt 102d, II
Örtliche Verwaltung
- bei Bezirksverfassung 64, III
- bei Ortschaftsverfassung 68, IV
- Leitung 71, III
Ortschaftsrat 69 f.; 72
- Ablehnung, Ausscheiden 16
- Anberaumung von Einwohnerversammlungen 20a, I
- Aufwandsentschädigung 19, III
- Befangenheit 18, IV
- ehrenamtliche Tätigkeit 15, I
- Einwohnerantrag 20b, IV
Ortschaftsverfassung 67 ff.
- Aufhebung 73
- Einführung 67
- Einwohnerversammlung 20a, I
- Ortschaft 68
- Ortschaftsrat 69 f.; 72

Stichwortverzeichnis

- Ortsvorsteher **71** f.
Ortsrecht
- neues - bei Grenzänderungen **9**, I
Ortsteile **5**, IV; **2**, II ff.
- Einwohnerversammlung **20a**, I
- räumlich getrennte - **27**, II; **64**, I; **67**
Ortsübliche Bekanntgabe
- der Einwohnerversammlung **20a**, I
- der Feststellung des Jahresabschlusses, Gesamtabschlusses **95b**, II
- der öffentlichen Sitzungen des Gemeinderats **34**, I
Ortsvorsteher
- Aufgaben **71**, III
- Leitung der Einwohnerversammlung **20a**, I
- Teilnahme an Sitzungen des Gemeinderats und seiner Ausschüsse **71**, IV
- Vorschriften **72**
- Vorsitz im Ortschaftsrat **69**, III
- Wahl **71**, I

Panaschieren (Übernahme von Bewerbern aus anderen Wahlvorschlägen) **26**, II
Parteien
- Ausscheiden aus der - **16**, I
- bei der Wahl der Beigeordneten **50**, II
Personenvereinigungen
- nichtrechtsfähige - **10**, IV
Pflichtaufgaben **2**, II
- Heranziehung der Einwohner **10**, V; **7**
Pflicht(en)
- der Beteiligten bei Grenzänderungen **9**, V
- der Bürger zur Teilnahme an der bürgerschaftlichen Verwaltung **1**, III
- der Einwohner **10**, II
- der Gemeinderäte zur Teilnahme an Sitzungen **34**, III
- der juristischen Personen **10**, V
- der nichtrechtsfähigen Personenvereinigungen **10**, IV
- ehrenamtlich tätiger Bürger **17**, I ff.
- Verletzung **17**, IV
- zur Annahme ehrenamtlicher Tätigkeit **15**, I
Planabweichungen vom Haushaltsplan **84**
Plandefizit **80**, III
Planstellen **57**
Plätze
- Benennung **5**, IV
Prüfung
- bei Beteiligungsunternehmen **103**, I
- bei der selbstständigen Kommunalanstalt **102d**, II ff.
- örtliche **109** ff.
- überörtliche **113** f.
Prüfungsbehörden **113**
Prüfungsberichte
- der örtlichen Prüfung **110**, II
- der überörtlichen Prüfung **114**, IV
Prüfungswesen **109** ff.

Qualifizierte Mehrheit
- beim Entzug der Leitung des Rechnungsprüfungsamts **109**, IV
- für Ausnahme vom Verbot der Befangenheit (als Hinderungsgrund) bei Kassenverwaltern **93**, III
- für die Entscheidung über Ernennung, Einstellung und Entlassung von Gemeindebediensteten **24**, II

Stichwortverzeichnis

- für die Hauptsatzung 4, II
- für einen Bürgerentscheid 21, I
- für freiwillige Grenzänderung 8, II

Ratschreiber 58, II
Rechenschaftsbericht
- bei Jahresabschluss 95, II

Rechnungsprüfungsamt 109
- Eigenprüfung des Gesamtabschlusses 110, I
- Eigenprüfung des Jahresabschlusses der Gemeinde 110, I
- Einrichtung 109
- Jahresabschlüsse der Eigenbetriebe 111
- Leitung 109, III f.
- Prüfung des Jahresabschlusses der selbstständigen Kommunalanstalt 102d, II
- Schlussbericht 110, II
- Unabhängigkeit 109, II
- weitere Aufgaben 112

Recht(e)
- der Beteiligten bei Grenzänderungen 9, V
- der Bezeichnung Stadt 5, II; 133
- der Einwohner 10, II
- der juristischen Personen 10, IV
- der nichtrechtsfähigen Personenvereinigungen 10, IV
- des Bürgers auf Teilnahme an der bürgerschaftlichen Verwaltung 1, III
- Eingriff in die – der Gemeinde 2, IV
- sonstiger Bezeichnungen 5, III
- Übergang dinglicher – bei Grenzänderung 9, V

Rechtsaufsicht 118, I
- Anfechtung auf dem Gebiete der – 125

Rechtsaufsichtsbehörde 119
- Abschluss der Aufsichtsprüfung 114, IV
- als Beigeordnete 51, I
- als Bürgermeister 46, III
- als Gemeinderat 29, I
- Anfechtung von Verfügungen 125
- Anordnungsrecht 122
- Ausnahmen bei der Zulassung von Unternehmen in Privatrechtsform 113, I
- Ausstellung von Unschädlichkeitszeugnissen 9, V
- Beanstandungsrecht 121, I
- bei wiederholtem Widerspruch 43, II
- Bestellung eines Beauftragten 124
- den Entzug der Leitung des Rechnungsprüfungsamts 109, IV
- der Haushaltssatzung 81, II
- der Zwangsvollstreckung gegen die Gemeinde 127
- Durchführung der überörtl. Prüfung 113, I
- Ersatzvornahme 123
- Ersuchen um Berichtigung der öffentlichen Bücher bei Grenzänderung 9, V
- für die selbstständige Kommunalanstalt 102d, V
- Geltendmachung von Ansprüchen der Gemeinde gegen Gemeinderäte und Bürgermeister 126, II
- Genehmigungen *siehe Genehmigung*
- Informationsrecht 120
- Mitteilung des Gesamtabschlusses 95b, II
- Mitteilung des Jahresabschlusses 95b, II
- Veräußerung von Vermögensgegenständen 92, III

Stichwortverzeichnis

- von Ausnahmen für Sicherheiten 88, I
- von Verträgen der Gemeinde mit Gemeinderäten und dem Bürgermeister 126, II
- Wirkungen der Vorlagepflicht 121, II
- wirtschaftliche Betätigung 108
- Zuständigkeit auf dem Gebiet der Fachaufsicht 129, II

Rechtsfolgen
- bei Grenzänderungen 9

Rechtsgeschäfte
- nichtige – 117
- unwirksame – 117

Rechtshandlungen
- aus Anlass von Gebietsänderungen 9, VI

Rechtskraft
- der Wahl zum Gemeinderat 30, II

Rechtsnachfolge
- bei Grenzänderungen 9, I

Rechtsstellung
- der Beigeordneten 50, I
- der Bezirksbeiräte 65, I
- der Einwohner 10
- der Gemeinderäte 32
- der Ortschaftsräte 72
- des Bürgermeisters 42
- des Gemeinderats 24, I
- des Ortsvorstehers 71

Rechtsverordnungen, Erlass von 39, II; 44, III

Rechtswidrigkeit
- von Beschlüssen bei Mitwirkung von Befangenen 18, VI

Rechtswirksamkeit
- Tag der – bei Grenzänderungen 9, I

Regelmäßige Wahl
- Ende der Amtszeit der Gemeinderäte 30, II

- Feststellung der Hinderungsgründe nach – 29, V

Regierungspräsidium
- als Rechtsaufsichtsbehörde 119

Reisekostenvergütung 19, V
Ressourcenschutz 11, I
Rücklagen 90
Rückstellungen 90

Sachverständige
- Gutachten bei Abschluss von Energieverträgen 107, I
- Zuziehung im Gemeinderat 33, III

Satzungen 4
- Bekanntmachung 4, III; 1
- Hauptsatzung *siehe Hauptsatzung*
- Haushaltssatzung *siehe Haushaltssatzung*
- Inkrafttreten 4, III
- über Anschluss- und Benutzungszwang 11, I f.; 8
- über Aufwandsentschädigung für Ehrenbeamte 19, III
- über die Form der öffentl. Bekanntmachung 1, I
- über Durchschnittssätze über die Entschädigung ehrenamtlich tätiger Bürger 19, II
- über Hand- und Spanndienste 10, V; 7

Schadensersatz
- durch Vertreter der Gemeinde in wirtschaftlichen Unternehmen 104, IV
- für Sachschäden 19, VI

Schenkungen 78, IV

Schlachthöfe
- Benutzungszwang 11, I

Schlussbericht
- des Rechnungsprüfungsamts 110, II

Schlüsselpositionen 80, I

Stichwortverzeichnis

Schriftform
- für Verpflichtungserklärungen 54, I

Schriftführer
- im Gemeinderat 38, II

Schriftliches Verfahren der Beschlussfassung 37, I

Schuldenübersicht 95, III

Schulwesen
- Fortgeltung von Aufsichtsbestimmungen 140

Schweigepflicht
- der Gemeinderäte 35, II
- des ehrenamtl. tätigen Bürgers 17, II

Selbständigkeit
- Verlust der – einer Gemeinde 9, I

Selbstständige Kommunalanstalt 102a ff.
- Anstaltssatzung 102a, III ff.; 102b, III; 102c, II
- Auflösung 102d, VI
- Beamte und Arbeitnehmer 29, I; 102a, VII
- Errichtung 102a, I
- Genehmigung 102a, IV
- Jahresabschluss 102d, I ff.
- Organe 102b
- Prüfung 102d, II ff.
- Rechtsaufsichtsbehörde 102a, I; 102d, V
- Umwandlung von Kapitalgesellschaften 102a, I; 102c
- Verwaltungsrat 102b, III ff.
- Vorstand 102b, II
- Wirtschaftsführung, Rechnungswesen 102a, VI

Selbstverwaltung
- bürgerschaftliche – der Gemeinden 1, II f.

Sicherheiten 88

Siedlungsform 5, II

Signatur 54, I

Sitzungen
- Ausschluss 36, III
- Bekanntgabe 34, I
- der beratenden Ausschüsse 41, III
- der beschließenden Ausschüsse 39, V
- Einberufung 34, I
- Öffentlichkeit 35, I
- Vorbereitung 43, I
- Vortrag 33, II
- Zuziehung von Sachverständigen 33, III

Sonderkassen 98

Sondervermögen 96

Spanndienste 10, V; 7

Sparkassenwesen 102, V

Spenden 78, IV

Staatszuwendungen 114, I

Stadt
- Führung der Bezeichnung 5, II; 2; 133

Stadtbezirke 64, I

Stadtgemeinde 133

Stadtkreis
- Amtsbezeichnung des Bürgermeisters 42, IV
- Bestellung von Beigeordneten 49, I
- des Ersten Beigeordneten 49, I
- Erklärung zum – 3, I
- Rechnungsprüfungsamt 109, I
- Rechtsaufsicht 119
- Stadtbezirke 64, I

Stadtrat 25, I

Stellenausschreibung
- für Beigeordnete 50, III
- für Bürgermeister 47, II

Stellenplan 57; 80, I

Stellvertreter des Bürgermeisters 48, I

Stichwortverzeichnis

Steuern
- Erhebung bei vorläufiger Haushaltsführung **83**, I
- Erhebungsrecht **78**, I
- Festsetzung der Hebesätze **79**, I

Stichwahl
- bei Wahlen im Gemeinderat **37**, VII

Stiftungen **101**

Stimmengleichheit
- beim Bürgerentscheid **21**, VII
- im Gemeinderat bei Abstimmungen **37**, VI
- im Gemeinderat bei Wahlen **37**, VII

Stimmenhäufung **26**, II f.; **27**, III

Stimmenzahl
- Eintritt in den Gemeinderat nach der – **29**, II

Stimmrecht
- Ausschluss vom – **14**, II
- des Bürgermeisters im Gemeinderat **37**, VI f.
- in Gemeindeangelegenheiten **14**, I

Stimmzettel
- bei Wahlen zum Gemeinderat **26**, III; **27**, IV
- für Wahlen im Gemeinderat **37**, VII

Straßen
- Benennung **5**, IV
- reinigung
  - Anschluss- und Benutzungszwang **11**, I

Subsidiaritätsklausel **102**, I; **105**, I

Tagesordnung
- Bekanntgabe **34**, I
- Gegenstände für nichtöffentliche Sitzung **35**, I
- Veröffentlichung im Internet **41b**, I

Tätigkeit
- ehrenamtliche **15**, I

Teilnahme
- an der bürgerschaftlichen Verwaltung **1**, III
- an der Einwohnerversammlung **20a**, I
- der Beigeordneten an den Sitzungen des Gemeinderats **33**, I
- Pflicht zur – an den Sitzungen des Gemeinderats **34**, III

Teilortswahl unechte **27**, II ff.

Treuhandvermögen **97**

Übergang
- dinglicher Rechte bei Grenzänderung **9**, V

Überörtliche Prüfung **113** f.
- bei der selbstständigen Kommunalanstalt **102d**, III

Übertragbarkeit
- der Entschädigung für ehrenamtliche Tätigkeit **19**, VII

Übertragung
- der Kassengeschäfte **94**
- der Zuständigkeit zur Ernennung, Einstellung und Entlassung auf den Bürgermeister **24**, II
- einer anders (höher) bewerteten Tätigkeit **24**, II; **37**, VII
- weiterer Aufgaben auf das Rechnungsprüfungsamt **112**, II

Überwachung
- der Ausführung der Beschlüsse des Gemeinderats **24**, I

Umfang
- der Gemeindedienste **10**, V; **7**, I
- der wirtschaftlichen Unternehmen **102**, I
- des Weisungsrechts **2**, III
- von freiwilligen Grenzänderungen **9**, I

Stichwortverzeichnis

Umwandlung
- des Stiftungszwecks 101, II
- von Gemeindegliedervermögen 100, I, IV; 13
- von Kapitalgesellschaften 102a, I; 102c

Unabhängigkeit
- des Rechnungsprüfungsamts 109, II

Unbeachtlichkeit von Fehlern 4, IV; 18, VI; 31, I

Unechte Teilortswahl 27

Unionsbürger
- Ausschluss von der Wählbarkeit 28, II
- Bürgerrecht 12, I
- Verlust des Bürgerrechts 13
- Wählbarkeit zum Bürgermeister 46, I f.

Unschädlichkeitszeugnisse 9, V

Unternehmen
- Bankunternehmen 102, V
- Beteiligung 102 ff.; 105 ff.
- Errichtung 102 ff.
- Erweiterung 102 ff.
- in Privatrechtsform 103 f.
- Jahresabschluss 105, I
- nichtwirtschaftliche 102, IV
- Planung 103, I
- Prüfung 103; 111; 114
- Tätigkeit außerhalb des Gemeindegebiets 102, VII
- Übernahme 102 ff.
- und Hinderungsgründe 29, I
- Veräußerung 106
- Vertretung der Gemeinde 104
- Vorlagepflicht 108
- Zulässigkeit 102 ff.

Unterrichtung
- der Einwohner 20
- des Gemeinderats 24, III; 43, V

Unwirksame Rechtsgeschäfte 117, I

Verantwortungsfreudigkeit 118, III

Veräußerung
- von Unternehmen 106
- von Vermögen 92

Verbindung
- von Wahlvorschlägen bei der Gemeinderatswahl 26, II

Verbundenheit
- örtliche - der Einwohner 7, II

Vereidigung
- des Bürgermeisters 42, VI

Vereinbarte Verwaltungsgemeinschaft 59 ff.

Vereinbarung
- über freiwillige Grenzänderungen 8, II; 9, I, III

Vergabe
- von Aufträgen 106b

Vergütung
- für Gemeindedienste 10, V; 7, II
- für Gemeinderäte 32, V

Verhältniswahl
- bei der Bildung von beschließenden Ausschüssen 10
- des Gemeinderats 26, II

Verhinderungsstellvertreter 48, I; 49, III

Verleihung
- der Bezeichnung Stadt 5, II; 2, I
- des Ehrenbürgerrechts 22, I
- sonstiger Bezeichnungen 5, III; 2, I
- von Wappen und Flaggen 6, I

Verlust
- der Wählbarkeit 31, I
- des Anspruchs auf Entschädigung 36, III
- des Bürgerrechts 13; 15, II

Vermögen 91 f.
- Erwerb 91, I
- Veräußerung 92
- Verwaltung 91, II

Stichwortverzeichnis

Vermögensübersicht 95, III
Veröffentlichung von Informationen 41b
Verpflichtung
– der Gemeinderäte 32, I
– des Bürgermeisters 42, VI
– zur Teilnahme an den Sitzungen 34, III
Verpflichtungserklärungen 54
Verpflichtungsermächtigung 86
Verschwägerte
– Befangenheit 18, I
Verschwiegenheit 17, II; 35, II
Verstoß
– gegen die Ordnung im Gemeinderat 36, III
– örtl. Prüfung 110, I; 111, I
– überörtl. Prüfung 114, I
Verträge
– der Gemeinde mit Gemeinderäten und dem Bürgermeister 126, II
Vertrauenspersonen
– für das Bürgerbegehren 21, III
– für den Einwohnerantrag 20b, II
– für die Beantragung einer Einwohnerversammlung 20a, II
Vertretung
– Befangenheit bei – kraft Gesetzes oder Vollmacht 18, I
– Beigeordnete 49, II f.
– der Bürger 24, I
– der Gemeinde durch den Bürgermeister 42, I
– der Gemeinde in wirtschaftlichen Unternehmen 105
– einer aufgelösten Gemeinde 9, I
– Gemeindebedienstete 53, I
– Stellvertreter 39, II; 48, I
– Unterzeichnung von Verpflichtungserklärungen bei – 54, II
Vertretungsverbot 17, III

Verwaltung
– der eigenen Angelegenheiten 2, I
– Führung der – nach der Haushaltssatzung 80, IV
– laufende 24, II; 44, II; 54, IV
– neue – bei Grenzänderung 9, I
– Organe 23
Verwaltungsgemeinschaft 59 ff.
Verwaltungsrat
– der selbstständigen Kommunalanstalt 102b, III ff.
Verwandte
– Befangenheit 18, I f.
Volkszählung 143
Vollmacht
– Befangenheit bei Vertretung kraft – 18, I
– Erteilung von – durch den Bürgermeister 53, II
– Formvorschriften bei Erklärungen auf Grund einer – 54, IV
Vollzug
– der Beschlüsse des Gemeinderats 43, I
– vorlagepflichtiger Beschlüsse 121, II
Vorberatung
– durch beschließende Ausschüsse 39, IV
– in beratenden Ausschüssen 41, I
– nichtöffentliche Sitzung 39, V; 41, III
Vorbereitung
– der Sitzungen des Gemeinderats 43, I
Vorbereitungsdienst 56, II
Vorbildung
– der Fachbeamten für das Finanzwesen 116, II
– des Leiters des Rechnungsprüfungsamts 109, III

249

Stichwortverzeichnis

Vorgesetzter
- der Gemeindebediensteten 44, IV

Vorlagepflicht
- Beteiligung an Unternehmen in Privatrechtsform 103, I f.; 103a; 105a; 108
- der Haushaltssatzung 81, II
- des Beteiligungsberichts und des Prüfungsberichts bei Beteiligungsunternehmen 105, IV
- des Finanzplans 85, IV
- des Invesitionsprogramms 85, IV
- Energieverträge 107 f.
- Entzug der Leitung des Rechnungsprüfungsamts 109, IV
- Unternehmen und Einrichtungen 108
- Veräußerung von Unternehmen und Einrichtungen 106a; 108
- Veräußerung von Vermögensgegenständen 92, III
- Verträge mit Gemeinderäten oder Bürgermeister 126, II
- Wirkung der – 121, II

Vorläufige
- Dienstenthebung 128, II
- Haushaltsführung 83

Vorschläge
- der Einwohnerversammlung 20a, IV

Vorsitzender
- Aufnahme des Namens in die Niederschrift 38, I
- der beratenden Ausschüsse 41, II
- der beschließenden Ausschüsse 40, III
- des Bezirksbeirats 65, III
- des Gemeinderats 42, I
- des Ortschaftsrats 69, III
- Übertragung des Vortrags 33, II
- Unterzeichnung der Niederschrift 38, II
- Verhandlungsleitung 36, I
- Verweisung aus dem Beratungsraum 36, III
- Verweisung in nichtöffentliche Sitzung 35, I

Vorstand
- der selbstständigen Kommunalanstalt 102b, II

Vorstellung
- der Bewerber vor der Bürgermeisterwahl 47, II

Vorteil
- unmittelbarer – als Befangenheitsgrund 18, I f.

Vortrag
- in den Sitzungen des Gemeinderats 33, II

Wahl
- als Form der Beschlussfassung im Gemeinderat 37, V f.
- des Bezirksvorstehers 65, IV
- des Bürgermeisters 45
- des Bürgermeisters in mehreren Gemeinden 63
- des Ortsvorstehers 71, I
- unechte Teilortswahl 27, II ff.
- von Vertretern in Unternehmen 104, I f.
- Wahlgebiet 27, I
- Wahlgrundsätze 26

Wählbarkeit
- in den Gemeinderat 28
- in den Ortschaftsrat 69, I
- Verlust der – 28, II
- zum Beigeordneten 50
- zum Bürgermeister 46

Wahlberechtigung 14, I
- Ausschluss von der – 14, II

Wählervereinigung
- Ausscheiden aus der – 16, I

Stichwortverzeichnis

- bei der Wahl der Beigeordneten 50, II
Wahlgang
- besonderer – für die Bestellung jedes Beigeordneten 50, II
Wahlgebiet 27, I
Wahlgrundsätze
- für die Wahl des Bürgermeisters 45
- für die Wahl des Gemeinderats 26
Wahlrecht 14
Wahlvorschlag 26, II
- bei unechter Teilortswahl 27, III
- für die Bildung von beschließenden Ausschüssen 40, II; 10
- für die Wahl des Gemeinderats 26, II
- Stimmenhäufung (Kumulieren) 26, II; 27, III
- Übernahme von Bewerbern aus anderen – (Panaschieren) 26, II; 27, III
- Verbindung von – 26, II
Wald 91, III
Wappen 6, I f.; 3, I
Wasserleitung
- Anschluss- und Benutzungszwang 11, I f.
Wasserverträge 107
Weisungsaufgaben 2, III; 130
- Aufsicht 118, II; 129, II
- Satzungsrecht 4, I
- Zuständigkeit 44, III
Weisungsfreie Angelegenheiten
- Aufsicht 118, I
- Satzungsrecht 4, I
Weisungsrecht
- des Bürgermeisters gegenüber Beigeordneten 49, II
- in Weisungsaufgaben 2, III; 130
Weiterführung
- der Bezeichnung Stadt 5, II; 133

- der bisherigen Gemeindenamen 5, I
- der bisherigen Wappen und Flaggen 6, I
- der Geschäfte des Bürgermeisters 42, V
- der Geschäfte des Gemeinderats 30, II
- des Amts des Bürgermeisters bei Missständen 128, I
- sonstiger Bezeichnungen 5, III
Wertansätze 91, IV
Wettbewerb
- von Unternehmen 102, VI
Widerspruch
- gegen Beschlüsse des Gemeinderats 43, II
- gegen Beschlussfassung durch Offenlegung und im schriftlichen Verfahren 37, I
- gegen offene Wahl im Gemeinderat 37, VII
Wirkungskreis
- der Gemeinden 2
Wirtschaftliche
- Betätigung der Gemeinde 102 f.; 103 ff.
- Interessen beim Abschluss von Energieverträgen 107, I
- Verhältnisse der Gemeinde bei der Verleihung der Bezeichnung Stadt 5, II
Wirtschaftliche Unternehmen 102
- Arten, Zweck 102 f.; 103 f.
- Beteiligung 102 f.; 103 f.
- Veräußerung 106
- Vorlagepflicht 108
Wirtschaftlichkeit
- Beratung durch die Prüfungsbehörde 114, II

Stichwortverzeichnis

Wirtschaftsführung
- der selbstständigen Kommunalanstalt **102a, VI**
- der wirtschaftlichen Unternehmen **102, III**
- geordnete **77**

Wirtschaftsgrundsätze **77**

Wirtschaftswissenschaftliche Vorbildung **109, III; 116, II**

Wohnbezirke **27, II ff.**

Zahl
- der Beigeordneten **49, I**
- der Bezirksbeiräte **65, I**
- der Gemeinderäte **25, II**
- der Ortschaftsräte **69, II**
- der Planstellen **57**

Zivilprozessordnung **127**

Zulassung
- der Zwangsvollstreckung **127**
- zu den Gemeindenutzungen **100, II**

Zurücknahme
- der Bestellung zu ehrenamtlicher Tätigkeit **15, II**

Zusammenschlüsse
- für kommunale Datenverarbeitung **114a, II**

Zusammensetzung
- der beratenden Ausschüsse **41, I**
- der beschließenden Ausschüsse **40 f.**
- des Gemeinderats **25**
- des Ortschaftsrats **69**

Zuständigkeit
- der Fachaufsichtsbehörden **129, II**
- der Rechtsaufsichtsbehörde **118 f.**
- des Bürgermeisters für die laufende Verwaltung **44, II**
- des Bürgermeisters für Weisungsaufgaben **44, III**
- des Gemeinderats **24, I**
- des Ortschaftsrats **70**

Zustimmung
- des Gemeinderats zu Planabweichungen **84, I**
- zu Verordnungen **2, IV**
- zur Feststellung oder Änderung des Gemeindenamens **5, I; 2, I**

Zuwendungen **78, IV**

Zwangsvollstreckung
- gegen die Gemeinde **127**

Zweck
- wirtschaftlicher Unternehmen **102, I; 105a, I**

Zweckmäßigkeit
- Beratung durch die Prüfungsbehörde **114, II**

Zweckverband **39, II**

*4. Auflage. Loseblattausgabe
Gesamtwerk: Ca. 3.320 Seiten
inkl. 3 Ordner. € 199,–
ISBN 978-3-17-017619-5*

Loseblattwerke werden zur Fortsetzung
geliefert. Eine Abbestellung ist jederzeit
möglich. Auf Wunsch auch als Einmalbezug.

Kunze/Bronner/Katz

Gemeindeordnung für Baden-Württemberg

Das 1956 begründete, dreibändige Werk ist der bewährte und führende Standardkommentar zur Gemeindeordnung für Baden-Württemberg mit einer ausführlichen und grundlegenden Kommentierung des Gesetzes. Die fundierten Erläuterungen stellen Entstehungsgeschichte, Zweck und Entwicklung sowie die Systematik der Regelungen praxisnah dar. Die Hinweise auf weiterführendes Schrifttum und die höchstrichterliche Rechtsprechung beziehen auch die parallele Entwicklung der Materie in den anderen Bundesländern mit ein. Das Gemeindehaushaltsrecht ist während der mehrjährigen Übergangszeit für die Einführung der Reform („Kommunale Doppik") in der bisherigen und der neuen Fassung nebeneinander dargestellt.

Leseproben und weitere Informationen unter www.kohlhammer.de

W. Kohlhammer GmbH
70549 Stuttgart

6., überarbeitete Auflage 2014
XVI, 556 Seiten. Kart. € 89,90
ISBN 978-3-17-023695-0
Kommentare

Quecke/Gackenholz/Bock

Das Kommunalwahlrecht in Baden-Württemberg

Das Werk enthält die Texte des Kommunalwahlgesetzes und der Kommunalwahlordnung mit den amtlichen Vordruckmustern und erläutert die Vorschriften umfassend und praxisnah. Im Anhang sind neben weiteren wichtigen Vorschriften vor allem die ausführlichen Berechnungsbeispiele der Sitzverteilung nach dem Verfahren Sainte-Laguë/Schepers von besonderer Bedeutung. Somit ist der Kommentar für alle, die sich in der Praxis mit der Vorbereitung und Durchführung der Kommunalwahlen befassen, eine unentbehrliche Arbeitshilfe.

Leseproben und weitere Informationen unter www.kohlhammer.de

W. Kohlhammer GmbH
70549 Stuttgart